电子商务系列教材

信息采集学教程

夏南强　殷克涛　主编

科学出版社
北京

内 容 简 介

本书是一部比较全面地论述信息采集知识的教材。全书在阐述信息采集基本理论的基础上，对纸质信息资源，数字化信息资源，社会信息资源的采集工具、采集方法、采集途径；信息分析；信息服务机构所拥有的信息资源和信息服务方式，以及如何借助其实施信息采集；信息采集相关的法律问题等做了较系统而深入的论述。内容丰富，结构严谨，知识新颖，自成体系。

本书可作为高等院校信息管理与信息系统、信息资源管理、电子商务、新闻学、社会学、政治学、图书馆学等专业课或选修课的教材，也可以供企业信息高层主管，咨询服务机构人员，网络从业人员，信息管理、新闻学、社会学等相关领域的科学研究工作者参考使用。

图书在版编目（CIP）数据

信息采集学教程 / 夏南强，殷克涛主编. —北京：科学出版社，2020.6

电子商务系列教材

ISBN 978-7-03-065504-2

Ⅰ. ①信… Ⅱ. ①夏… ②殷… Ⅲ. ①信息学－教材 Ⅳ. ①G201

中国版本图书馆 CIP 数据核字（2020）第 100094 号

责任编辑：闫 陶 李亚佩 / 责任校对：高 嵘

责任印制：彭 超 / 封面设计：苏 波

科 学 出 版 社 出版

北京东黄城根北街 16 号

邮政编码：100717

http://www.sciencep.com

武汉中科兴业印务有限公司印刷

科学出版社发行 各地新华书店经销

*

2020 年 6 月第 一 版 开本：787×1092 1/16

2020 年 6 月第一次印刷 印张：15 1/2

字数：367 000

定价：55.00 元

（如有印装质量问题，我社负责调换）

丛 书 序

近些年，国际竞争日益激烈，人才培养与人才争夺成为焦点。十八大以来，习近平总书记多次强调人才对创新的重要性，并指出创新是引领发展的第一动力，创新驱动实质上是人才驱动，要重视人才的培养。教育部"十三五"规划也提出，人才培养是国家可持续发展的重要驱动力，必须要优先发展教育，培养大批创新人才。

随着计算机、互联网以及云计算技术的飞速发展，我国逐渐进入信息化社会。信息技术渗入到各行各业，对个人生活、企业与政府的管理和运行均产生重要影响，尤其对企业经营活动的选择与组织产生着越来越关键的作用。数据、信息和知识已成为社会的主要资源，如何应用该类资源创造价值成为当代社会的主要课题。

因此，根据当今时代的要求与社会的发展，信息化与学科知识结合，逐渐衍生出电子商务与信息管理类相关的专业。高校长久以来承担着人才培养、发展科技与服务社会的重要职责，如何培养出符合时代发展的人才是高校始终在思考的问题。新型复合人才的培养对高校教育提出了更高的要求，其中，教材在人才培养中起着至关重要的作用。教材不仅体现了丰富的专业知识和教学方法，也从侧面折射出教育思想的变革。为此，我们以教育素质为核心组织相关教材，力求处理好知识、能力与素质三者的辩证统一关系，实现教材内容和体系的创新。

我们根据高校课程设置，编写电子商务专业本科专业的系列教材。我们对本套教材也提出了较高的要求。①系统性。本套教材注重系统性，便于读者对各知识层次有准确的理解，以帮助读者深入掌握相关知识模块，并构建知识体系。②前沿性。本套教材不断地与时俱进，及时地将新理论、新技术、新成果与新趋势补充在教材中，使读者能紧随社会发展的脚步，掌握前沿知识。③实用性。结合实际，注意案例教学，本套教材由教学经验丰富的高校教师编写，了解本科生的实际教学与专业需求，并通过案例教学，加深学生对相关理论知识的理解与掌握。

本套丛书共 22 本，其中《学会阅读》《信息素养修炼教程》和《创新理论与方法》帮助读者为后续的专业学习奠定基础，其余教材大致可分为三类。

第一类，电子商务类基础课程，包括《电子商务概论》《电子支付与网络金融》《电子商务安全》《市场调查理论与方法》《客户关系管理》《管理学》《管理信息系统》，共 7 本教材，主要是帮助读者掌握信息技术在商业领域的应用，了解商务过程中的电子化、数字化和网络化。

第二类，电子商务与信息管理相结合类课程，包括《信息组织》《信息管理学》《信息经济学》《信息分析与预测》《信息采集学教程》《数字图书馆》，共 6 本教材，主要是帮助对信息技术在管理学与经济学等领域的应用有所掌握。

第三类，电子商务技术类课程，包括《数据库系统实验》《云数据管理与服务》《大数据技术与原理应用教程》《数据结构》《面向对象程序设计 Java》《数据分析技术》，共 6 本教材，主要帮助广大读者学习与掌握信息化的前沿技术。

本套教材在高校教师、专家学者、科学出版社的共同努力下，陆续出版并与读者见面。我们希望，凝聚我们多年教学成果的系列教材可以为我国信息化人才的培养贡献力量，推动我国信息化工程的建设。同时，对参与教材编写以及出版的各位专家学者表示感谢。

本套教材适用于电子商务、信息管理与信息系统、信息资源管理专业的本科生、研究生教学，也可供其他相关学科、专业教学使用，或作为有关人员的培训教材和自学参考书。我们的目标是尽善尽美，但限于我们的水平，书中难免有不妥和错漏之处，恳请广大读者批评指正，帮助我们不断地提高本套教材的质量。

编委会

于华中师范大学信息管理学院

2020 年 3 月

前　言

人类已经进入21世纪信息社会。信息无所不在，无所不有，充斥于宇宙，萌生于万物。有些信息能够被人类所认知，也有些信息尚不能为人类所认知。本书所讲述的信息采集，显然是针对人类已经认知的这部分信息。

人类认知的信息，也是流行于人类社会的信息。其主要表现形式是文字、语言、声音、形态、图像和符号。它们或借助于一定的载体而呈现，或在人与人的交往中起思想沟通、情感沟通的作用。在现代技术条件下，前者能够长久保存流传；后者则大都随时湮灭。仅就此而言，我们所说的信息采集，也不可能是将人类社会流行的所有信息都视为采集对象的。信息采集的对象，只能是信息资源，即经过人类主观判断处理后，能够创造物质财富或精神财富，并且能够被人类所认识、了解、传播或传输的文字、声音、图像、符号、形态、气味、数据和实物。但为了叙述的简便，以及考虑到社会上约定俗成的说法，本书还是将信息资源的采集统称为信息采集。

人类流行的信息，在当代社会有三大主要类别，即以纸质为载体的文献信息，以网络为载体的数字化信息，以及蕴藏于人的大脑中的事实、观点、见解、知识等方面的信息。前两类信息是显性信息，后一类信息则是隐性信息，须通过调查、采访等面对面交流方式，或利用网络、电话等信息交流工具进行信息沟通与发掘。本书所讨论的信息采集，即以此三大类别信息为对象。

毋庸赘言，当代社会，只要是正常人，在日常生活、学习、工作中都离不开信息采集。这种信息采集，有时是无意识地“悄悄”进行的，有时则是有意识地专门施行的。社会发展越迅速，信息采集对于人的发展、企业的发展、国家的发展就越重要。遗憾的是，我国关于信息采集方面的专业教材较少。

本书承乏而编，在介绍信息采集基本理论和基本知识的基础上，对纸质信息资源，数字化信息资源，社会信息资源的采集工具、采集方法、采集途径；信息的分析；信息服务机构所拥有的信息资源和信息服务方式，以及如何借助其实施信息采集；信息采集相关的法律问题等做了较系统而深入的论述。

本书原名《信息采集学》，2012年出版。夏南强提出编写大纲，殷克涛、谢乘风参与了大纲的修改讨论。硕士研究生王暘、郭力维、胡红翠、喻琳、肖祥云、陈明等参与编写了部分章节初稿。此次修订，更名为《信息采集学教程》，新增写了第6章“信息采集分析”的内容。第9章“网络信息的采集”则由王忠义在上一版的基础上撰写了增补内容。全书其余各章内容均经夏南强和殷克涛在2012年版的基础上做了较大的增补修订。最后由夏南强统稿和定稿。

本书在写作过程中，参考了许多相关的文献。为阐述信息服务机构的信息资源及其服务，也引述了一些信息服务机构网站上的介绍文字。限于教材体例，未能一一注明，谨此表示衷心的感谢。

我们诚恳地接受读者的批评和建议，以便在本书有机会再次出版时，不断地补充、修改完善。

夏南强

2019 年 12 月 16 日

目　录

第1章　信息与信息资源

社会信息化、信息社会化是人类社会发展的必然趋势。作为信息社会的主导因素，信息在当今社会倍受人们的关注。信息的生产、加工、利用一直主导着人们的生活。随着信息开发利用的深入，信息资源成为人类社会战略资源的重要性日益彰显。信息资源采集、开发、利用的水平，成为衡量社会发展程度的重要标志。现代社会，各国政府、科研机构、企业纷纷致力于信息资源的开发、利用，以提高工作和服务效率，多出高质量的科研成果，增加经济效益和社会效益。信息环境的改变使人们意识到只有认识信息、掌握信息的特征，才能合理、高效地开发信息资源。只有明确信息资源的重要性，合理采集、组织、利用信息资源，推动社会信息化，才能更好地造福社会、造福人民。

1.1　信　　息

"信息"一词，在我国可以考据的古代文献中，有唐代崔备的《清溪路中寄诸公》："野笋资公膳，山花慰客心。别来无信息，可谓井瓶沉"，南唐李中的《暮春怀故人》："梦断美人沈信息，目穿长路倚楼台"等，都是"音信、消息"的意思。现在，"信息"作为我们耳熟能详的词语，已广泛出现在现代社会生活中。信息科学、信息管理、信息技术、信息化、信息经济、信息社会等与"信息"相关的用语随处可见。"信息"已经被赋予了新的含义。

1.1.1　信息的概念

关于信息的概念，目前的说法很多，至今还没有形成统一的观点。信息研究领域的专家、学者各持己见，争辩不休。仔细分析各方论点，发现造成不同见解的主要根源在于研究信息的角度和目的不同。有关"信息"概念的解释可以归纳为以下几类。

第一类是从"事物"来定义。典型的代表有G·克劳茨、钟义信、岳剑波等。G·克劳茨认为信息是物质成分与意识成分按着完全特殊的方式融合起来的产物，它是一种"客观而不实在的东西"。钟义信将信息理解为信息是事物存在的方式或运动的状态，以及这种方式/状态的直接或间接的表述。岳剑波的观点是：所谓信息，并非指定事物本身，而是指用来表现事物特征的一种普遍形式。这类信息的定义借用哲学语词，试图抓住信息的本质。但是，概念的定义太过空泛，不易理解，忽略了信息的多样性，在进行信息采集甚至研究时都不好把握。因此钟义信后来又提出了狭义的概念：信息就是消息，即通信包括面对面的通信和远距离通信的内容。这就走向了另一个极端，更是欠妥。

第二类是从信息的可交流、交换性来定义。这类定义以美国的维纳为代表。美国数学家、控制论的奠基人诺伯特·维纳（Norbert Wiener）在他的著作《控制论：或关于在动物和机器中控制和通讯的科学》（*Cybernetics or Control and Communication in the Animal and the Machine*）中认为，信息是我们在适应外部世界，控制外部世界的过程中同外部世界交换的内容的名称。这类定义着眼于信息的可交流、可交换性，可以说，为信息利用研究拓展了理论空间。但是，单从利用的角度来定义比较片面，难以把握信息的整体内涵。

第三类是从信息的可记录性来定义，注重信息的表现形式。这类观点以史密斯、谢拉（J.Shera）为代表。在信息资源管理领域颇有建树的美国学者史密斯认为信息是"事物或记录"，许多事物都可以是信息，文本固然是信息，图片、录音磁带、博物馆陈列品、自然物体、试验、事件也是信息。谢拉则从生物学家与图书馆员的眼光来定义信息，认为信息都表示一种"事实"，它是我们通过感觉所获得的刺激，它可以是一个独立的事实，也可是一组事实，但它仍然是一个单位，是一个思维单位。这种定义以单一的形式来看待信息，不注重信息的内容，使信息的表现形式与内容脱钩，在认识上缺乏完整性，也缺乏以发展的眼光看待新形式，致使我们只能从表面认识事物，很容易在信息的采集、开发中陷于困境。

第四类是从信息的内容和意义特性来定义。麦凯（D.Mckay）认为，（信息）是有助于表述的……，当"我们所知道的内容"发生变化时，我们就接受了信息。信息是能够对一个表述或事件状态进行逻辑转换或强化的内容。表述可以是明晰的（如一幅地图或一剂药方），也可以隐含在接受者的定向行为中。我国的《信息分类和编码的基本原则与方法》（GB/T 7027—2002）将信息定义为"一切有含义的具体或抽象事物或概念的真相及相关陈述，通过数据、消息及其进一步细节表达出来"。这类观点抓住了信息的可识别性，以及信息的有意义特性，作为解释信息的出发点，从内容与意义上来看待信息，能够抓住信息所表达的含义。但是忽略了信息的主体与外在形式，使信息的含义变得难以琢磨。

第五类是从信息的可选择、可获取的角度来定义。米勒（G.Miller）认为信息是我们进行选择时所需要的某种东西。不论它是什么内容，我们所需要的信息的量取决于我们选择时的复杂程度。当我们面临许多互相平等的选择，并作出某件事能够发生的选择时，我们所需要的信息量就比在两种选择方案中选择一种方案时所需要的信息量要多。《辞海》（1999 年版）对信息的解释是"通信系统传输和处理的对象，泛指消息和信号的具体内容和意义，通常须通过处理和分析来提取"。这类定义显然比较狭隘，没有从哲学的高度来认识事物的本质。众所周知，信息不一定可供人类选择、获取，如动物、植物发出的信息。蚂蚁利用味觉和嗅觉获取信息，彼此进行联系，识别同窝伙伴；野猪在平时总是把尾巴转来转去，但一旦觉察到有危险时，就会扬起尾巴，在尾尖上打个小卷以给同伴报警信息；蜜蜂在发现蜜源以后，就会用特别的"舞蹈"方式（圆形舞和"8"字形摆尾舞）发出信息，向同伴通报蜜源的远近和方向。日本京都大学的科学家发现，利马豆植株会产生特殊的化学物质，从而发出危险信息保护自己并警告邻居们害虫蛛螨正在迫近。动物乃至植物之间通过气味、行为、声音等表达各种信息用于它们之间的传递，自然生物间充斥着各种信息。

第六类是从人对事物认知的角度来定义信息，认为信息是知识。持这类观点的学者有布鲁克斯（B.C.Brooks）、米哈伊洛夫等。英国的布鲁克斯认为，“信息是使人原有的知识结构发生变化的那一部分知识”。苏联信息（情报）专家米哈伊洛夫将信息（情报）视为存储、传播和交换对象的知识。《牛津词典》对信息的解释是“信息就是谈论的事物、新闻和知识”。国际标准化组织（International Organization for Standardization，ISO）对信息的解释是“对人有用，能够影响人们行为的数据，而在日常用语中，信息仍然是消息、情报、情况、资料、知识等的总称”。实际上我国许多学者都认为，信息包含知识。从这个意义讲，将信息简单地认同为知识实际上是片面地理解和阐释了信息。

信息是事物存在的方式或运动状态的表现。随着科学技术的进步，人们对人类社会、自然界的认识越来越深入，社会信息不仅包括了人与人之间的信息交流，还包括了人与机器之间、机器与机器之间的指令转换，以及其他动物界、植物界气息、信号的发出，等等。在研究、理解信息时，应重点强调信息的主体与表现方式。武汉大学严怡民的定义综合了前面几种观点，突出了信息的主体，认为“信息是生物及具有自动控制系统的机器通过感觉器官或相应设备与外界交换的一切内容”。这种观点比上述几类观点前进了一大步，但定义比较笼统，不太清晰明确，也没有顾及信息的表现形式。而且信息的表现，也并非为了与外界交换。

我们认为，信息是生物及具有自动控制系统的机器，通过感觉器官或者细胞组织，或者具有类似功能的设备部件，所发出或表现出来的文字、语言、声音、形态、图像、符号、气味等。这样定义，既抓住了信息的本质特征，也把握了信息的表现形式，有利于在理论研究和实践工作中对信息的认识、采集、分析、获取和利用。

1.1.2　信息的特征

维纳说过：“信息就是信息，不是物质也不是能量。不承认这一点的唯物论，在今天就不能存在下去。”这说明信息作为独立的概念，具有区别于其他事物的自身特性。信息不是具体的物质，无法手把手地捉摸衡量。信息与物质相比，既有相同之处，但更有其独特的地方。通过人们长期对信息的了解和把握，信息的特性主要表现在以下几方面。

1）普遍性

按照广义的理解，信息是事物存在方式或运动状态的体现。作为事物的呈现方式——物质，是具有普遍性的，是无处不在的，因此，信息具有物质的特性，具有普遍性。在我们生活的世界中，无论空中、水底还是陆地，生物无处不在。这些生物与人类共存，组成多姿多彩的世界。在这世界上，各种有形的、无形的信息充斥其间。有些信息为人类所认识、察觉、体会、感觉，有些则尚不为人类所认识、感知、了解。人类通过其发展，借助技术和工具，慢慢在拓展其认识信息的视野。尽管存在许多难以认知的信息，但可以肯定的是，信息是普遍存在的。

2）动态性与时效性

事物是在不断变化发展的，信息作为事物的反映也必然随之变化发展。因此，信息具有动态性，会随着事物的变化而展现不同的内容。社会的不断变化、不断进步，改变着人们对信息的认识，也提醒着我们要用发展的眼光看待信息、定义信息、利用信息。

当今社会，许多信息能够产生巨大的经济效益，特别是重大的商业信息，往往能够带来巨大的财富。一个能够产生经济效益的信息，其使用价值会随着时间的流逝而衰减。从产生到被利用，时间越短，其利用价值越大，反之就越小。这也就反映出信息具有时效性的特点。

3）可识别性、可传递性、可共享性

信息作为人类社会交流的内容通常以文字、图像、声音、符号、数据、形态等形式展现出来，为人类所识别。这种可识别的信息经过人类智慧的加工处理，以简单易懂的方式为人们所理解。同时，信息这种能够被人类用感觉器官和科学仪器等方式来获取、整理、认知的特性，也进一步促进了信息的交流，实现了信息在人与人、人与物、物与物之间的传递。这种传递最大的影响是促进了人类文明的发展、科技的进步。而信息的可传递性使同一信息可以在不同时间、不同空间被多个个体所共有，而且还能够被无限地复制、传递，甚至人类共享。

4）可扩充与可压缩性

随着时间的推移，事物在不断变化，信息也可以不断被扩充，以适应对事物的相应反映。同时，从系统论的观点出发，整体大于部分，大量的信息聚集在一起，经过加工整理，可以表达更为丰富的内容。信息的可扩充性，为信息汇集、组织、分类、利用奠定了基础。现代社会的很多联机数据库，是不断在进行扩充的，随着信息的与日俱增，其扩充的进度非常惊人。技术的进步，使得人类还可将聚集的信息浓缩，存储在不同的载体上，形成多样的信息种类。2010 年日本电子高新技术博览会（Combined Exhibition of Advanced Technology，CEATEC）上，电气化学工业株式会社展示了一款可存储 1TB 内容的光盘原型，该技术让一张光盘拥有 16 个存储数据的层面，每层可存下 32GB 信息，当时引起了很大的社会轰动。信息的这种可压缩性，为我们传播和利用信息提供了便利。

正是具有这些非常重要的特征，信息在人们生活中的地位才显得更加突出，所起到的作用也就更大。早在 1944 年，罗斯福总统就在给科学研究与发展局（Office of Scientific and Development，OSRD）局长 V·布什博士的信中指出，“由 OSRD 发起的，大学与私营企业中数千名科学家所发展的信息、技术与研究经验，在和平日子里可为改善国民卫生、建立能够带来就业机会的新企业、改进国家生活标准做好准备”。可见，开展信息的采集、利用活动，对整个国民经济发展起着至关重要的作用。

1.1.3　信息的分类

信息广泛分布于自然界与人类社会。依照不同标准可以把信息区分为不同的类型，各类型之间相互交叉，并无明确界限。

1）按信息产生的来源分

按信息产生的来源可以将信息分为自然信息和社会信息。自然信息是自然物及自然现象的存在方式和状态的自身显示，包括自然界中人类以外的各种生物信息、非生物物质的存在与运动信息（如地震）、非生物物质与生物物质之间的作用信息等。它不以人的存在而存在。社会信息是人类对自然、人类社会现象及人类思维的反映。它以人类的活动为出发点，是人类在社会活动中产生、认识、传播的信息。其作用对象主要是人，并能被人类所认识或利用。

2）按人类认识论层次分

按人类认识论层次可以将信息分为语法信息、语义信息和语用信息。我们通常把与事物运动状态及变化方式的因素相联系的认识论信息称为语法信息，把与含义因素相联系的认识论信息称为语义信息，把与效用相联系的认识论信息称为语用信息。这三个层次依次体现了人们对事物认识的程度，也是人们认识事物、理解事物的过程。

3）按信息所体现或表述的内涵分

按信息所体现或表述的内涵可以将信息分为政治信息、经济信息、军事信息、法律信息、艺术信息等。政治信息是指人类政治活动中形成的信息总和，主要包括政治制度、意识形态、国内外政治态势、国家方针政策等信息。经济信息是指在经济活动中形成的信息总和，随经济活动而产生发展，主要包括国家经济政策、社会生产力发展、国民经济水平、经济系统比例与结构、新技术开发与应用、金融、市场、生活需求等方面的信息。军事信息是指在军事活动中所需要的信息总和，如国家军备力量评估方面的信息、战争信息、武器信息等。法律信息主要由法律制度、法律体系、立法、司法等各种法律法规构成，还包括法律执行信息、社会治安信息等。艺术信息主要是社会个体和群体在发展过程形成的与艺术相关的信息，如书法、美术、戏曲、电影等方面的信息。

4）按信息的运动状态分

按信息的运动状态可以将信息划分为动态信息和静态信息。动态信息指时间性强，处于不断变化的信息，如市场信息、交易所价格指数、金融信息、战场军事信息、时事新闻等。静态信息则指被记载并存储在一定载体上的信息，如纸质文献信息、磁盘文献信息、光盘数据库信息等。

1.2　信息资源

随着人们对信息认识的加深，人类从事信息活动的范围越来越大，信息产生的效益也越来越明显。信息推动社会进步的作用及现代信息技术的发展，使信息采集、利用的领域正逐步扩散到全世界，人类社会也由此进入信息社会。在信息社会中，信息的地位越来越重要。特别是现代科技的发展，使信息成为推动社会发展的重要因素，信息资源也成为社会重要的资源。将信息作为资源来采集、存储、开发与利用，成为现代社会工作中最重要的领域之一。

1.2.1　资源与信息资源

1）资源的定义

顾名思义，“资源”之所以能成为资本的来源，首先，它可以代表财富的来源。如《辞海》（1999 年版）对“资源”的解释是：“资财的来源，一般指的是天然的财源”。《现代汉语词典》(2012 年版)的解释是:“生产资料或生活资料的天然来源”。西方学者兼经济学家阿兰·兰德尔(Alan Randall)在《资源经济学》中提出,“资源是有人发现的有用途和有价值的东西”,并将资源分为两个范畴:一是自然界赋予的自然资源;二是人类社会中人们劳动创造的各种资源。其次,资源具有可用性,也就是可以以某种形式为人类所开发利用。资源来源于英语的 resource 一词,英语的 resource 则源自法语 ressources,在法语中为“再生(兴起)”之意。根据《牛津英语大词典》(第 2 版)等释义,资源的义项有 6 项:①满足需求和匮乏的手段,在必需时可以提取的原料与存储;②援助或帮助的可能性;③可以从困境和紧急状态下解救出来的方法、权宜之计、办法、谋略;④放松与娱乐的手段;⑤采取手段达到目的或应付困难的能力;⑥定语和搭配,如资源配置、资源密集、资源贫困、资源中心等。从以上释义我们可知,resource 一词既可以指物质的自然资源,也可以指非物质的精神和智力方面,或者兼指两者。再次,资源是一定的客观存在。这种客观存在一般为人类所熟知。马费成在《信息资源管理》中说:资源是指自然界和人类社会中一种可以用以创造物质财富和精神财富的具有一定量的积累的客观存在形态,如土地资源、森林资源、海洋资源、人力资源等。资源一般可以分为经济资源和非经济资源两大类。

上述有关“资源”的定义,除了马费成的定义比较符合现代社会有关“资源”的客观实质外,其余定义大都忽视了“人”和“信息”这两个很重要的因素。但马费成的定义,“具有一定量的积累的”这个定语及“形态”这个词语使用欠妥。当今社会,不仅“物”是资源,可以用来创造财富和价值,“人”和“信息”也是资源,甚至是更重要的资源。在政治、经济、军事等方面的重大决策中,“信息”作为资源,从某种意义上说,比“物质”资源更为重要;在科技强国、创造发明中,一流科学家也可视作“资源”,而且肯定是比“物质资源”更为重要的资源,是各国争相“抢夺”的对象。因此,我们可以从高度抽象的角度,把“资源”定义为:资源是一切可被人类开发和利用的客观存在。

2)信息资源的定义

在信息没有充分受到重视之前,作为资源,物质、能源一直是人类争夺的对象,有时甚至引发战争。开采矿山金属原料、开发地下和海洋石油等活动,都是人类追求物质资源的表现。随着科学技术的发展及信息社会的到来,信息的重要性越来越被人们所认识,信息推动社会进步的作用不言而喻。信息已经成为一种人类赖以生存和发展的战略资源。

随着信息量的增长及信息技术的进步,人们对信息资源有了新的认识。但是,仁者见仁,智者见智。国内外专家、学者对信息资源这一概念尚未达成统一的观点。现将有代表性的见解列举如下。

美国著名信息管理专家霍顿(F.W.Horton)从政府文书管理的角度认为,信息资源有两层意思:一是当资源一词为单数时,信息资源是指某种内容的来源,即包含在文件和公文中的信息内容;二是当资源一词为复数时,信息资源指支持工具,包括供给、设备、环境、人员、资金、环境等。

列维坦(K.B.Levitan)在《美国情报科学会志》(*Journal of American Society for Information Science*)上发表了题为《在信息生命周期中作为“商品”的信息资源》(*Information Resources as ‘Goods’ in the Life Cycle of Information Production*)的重要论文,提出了著名的信息生

产寿命周期说，并对信息资源进行了定义。他认为从字面上具体地讲，信息资源就是已经建立的，因而能够一再使用的信息源。换句话说，它是一系列已经制度化了的，为一个或多个用户集团反复使用的信息。

霍顿与马尔尚（D.A.Marchand）出版了题为《信息趋势：从信息资源中获利》（*Infotrends: Profiting from Your Information Resources*）的专著，认为信息资源的含义包括：拥有信息技能的个人；信息技术及其硬件与软件。例如，图书馆、计算机中心、传播中心、信息中心等信息设施，信息操作和处理人员。

1991 年，孟广均在给《知识工程》杂志的贺词中写道：信息资源包括所有的记录、文件、设施、供给、系统和搜集、存储、处理和传递信息所需的其他机器。

乌家培认为：狭义的信息资源指信息内容本身；广义的信息资源除指信息内容本身外还包括与其密切联系的信息人员、信息系统、信息设备等。

符福峘在其《信息资源学》一书中，认为信息资源是：信息和与操作信息有关的物理设施、人力、机构、资金和运行机制等的总称。

代根兴、周晓燕撰写了《信息资源概念研究》的论文，比较和分析了多种定义，将信息资源定义为：信息资源是经过人类选取、组织、序化的有用信息的集合。

高波、吴慰慈在《从文献资源建设到信息资源建设》一文中认为：信息资源是经过人类采集、开发并组织的各种媒介信息有机集合。所谓“各种媒介”，是指信息资源既包括制品型的文献资源，也包括非制品型的电子信息资源。

马费成认为，信息资源就是指人类在信息活动中积累起来的以信息为核心的各类信息活动要素（信息技术、设备、设施、信息生产者）的集合。

邱均平从广义和狭义两个角度提出了对信息资源的理解。他认为：在狭义上来讲，信息资源是指文献资源或数据资源，抑或各种媒介和形式的信息的集合，包括文字、声像、印刷品、电子信息、数据库等；在广义上讲，信息资源是信息活动中各种要素的总称，这既包含了信息本身，也包含了与信息相关的人员、设备、技术和资金等各种资源。

我们认为，这些定义，虽然或多或少都涉及了信息资源的本质，但仍有欠缺之处。在人类信息活动中，人是主体，只有发挥人的主观作用，技术方法、机器设备、资金才会生成文字、音像、数据等信息，才能够被传播。否则，它们就像其他的“物”，无论放到哪里，也不能发挥作用，不能为人类创造财富，也就不会成为信息资源。所以，在信息活动中的“人”，应该是信息生成源，也可以归属于资源，但并非信息资源。如果按照“广义的理解”，信息资源的定义就会与资源的定义没有什么区别。信息资源之所以被认定为资源，肯定是经过了人的选取，经过了人脑的判断，打上了人类思维的印记。但它不一定是集合体，也不仅仅局限于语言文字。信息资源的定义，更不是“信息”和“资源”两个概念的简单相加。换言之，信息资源定义的要素应该具备以下几方面的内容。

（1）能够被人类认识、传播或传输。

（2）经过人类主观处理。

（3）表现形式为文字、声音、气味、图像、符号、形态、实物等。

（4）能够被利用来创造物质财富或精神财富。

因此，我们把信息资源定义为：信息资源是经过人类主观判断处理后，能够被利用来创造物质财富或精神财富，并且能够被人类所认识、感觉、理解、传播或传输的文字、声音、气味、图像、符号、形态、数据和实物。

1.2.2　信息与信息资源的关系

目前，对于信息与信息资源之间的关系形成了三大观点。第一种观点认为，信息与信息资源是交叉关系，认为信息资源是信息及与信息相关联的人与机器的总称。信息资源中的信息是所有信息的一部分，但信息资源中的人、机器等不属于信息的范畴，故两者之间是交叉关系。第二种观点认为，信息与信息资源是包含与被包含关系，信息资源属于信息。持这种观点的人强调信息资源只是信息的一部分。第三种观点是将与信息相关联的人、机器等纳入信息资源，也认为信息资源属于信息，信息与信息资源之间是包含与被包含关系，如图 1-1 所示。

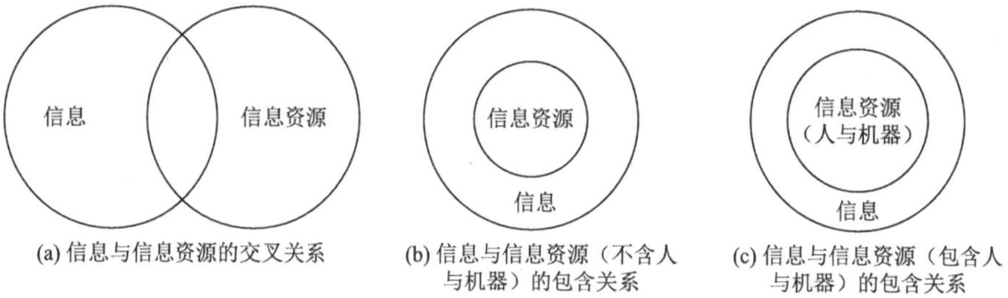

图 1-1　信息与信息资源的关系

持第一种与第三种观点的人主要在对于信息资源的理解上出现差错。我们在前面讲过在信息活动中的“人”，应该是信息生成源，而非信息资源。机器更不能算是信息资源。我们认为，信息资源并无广义与狭义之分，如果两者之间是交叉关系，那就意味着信息资源中的一部分是普通的信息，而不是资源，这显然是错误的。故信息与信息资源之间不能是交叉关系，更不能视为等同关系。

信息资源与信息之间既有区别又有联系。首先，信息并不等于信息资源。并不是所有的信息都是信息资源。只有经过人类处理的，能够表现为文字、符号、声音等形式的，并且对人有利用价值的信息才是信息资源。其次，信息资源属于信息中有社会利用价值的信息。信息是个普遍的概念，是事物特征的表现形式。只有对信息更进一步地认识到其价值时，信息才成为信息资源。因此，信息与信息资源是包含与被包含关系。信息包含信息资源。信息资源只是广泛信息中能够被人类所认识和利用的那部分含有社会利用价值的信息。所以，我们赞同第二种观点，即信息与信息资源之间的关系是包含与被包含的关系，信息资源是信息的一部分。

1.2.3　信息资源的类型

信息资源的生产、采集、加工、处理、传递、利用等工作，都离不开对信息资源类型的正确认识与区分。由于人们的认识水平不同，看待事物的角度不同，信息资源可以划分为不同的类型。

从人与自然关系的角度出发，我们可以将信息资源分为自然信息资源和社会信息资源。自然信息资源是以天然存在的物质为载体的信息资源。在自然界中，无论是无生命的天气变化、天体演变、地壳运动，还是有生命的动植物的繁殖生长，各种自然现象时刻都在散发着大量的信息。这种运动变化是按其固有的规律运动着、发展着，不受人的主观意志的影响。自然信息资源广泛分布于自然界的各个角落，包含了人类认识自然、改造自然所必需的信息，与人类社会的生存环境息息相关。因此，对自然信息资源的探索与开发是人类社会发展的先决条件。社会信息资源是指在社会中人与人之间交流的信息资源，它是人类社会群体联系的纽带。社会信息资源以人类的社会活动为基础，以人形成的各类社会组织作为信息传播的渠道，在人与人之间形成一个复杂的信息交流网络。社会信息资源以人的信仰、喜好、活动、关系等各个方面作为反映形式，形成政治、经济、法律、文化等丰富的信息内容。社会信息资源与人类的生产、生活的发展紧密相关，是重要的信息资源。

从知识、文明发展的角度出发，我们可以将人类所创造出来的信息资源分为记录型信息资源和口头信息资源。记录型信息资源又可分为以龟甲为载体的信息资源，以青铜器为载体的信息资源，以简牍为载体的信息资源，以布帛为载体的信息资源，以纸质为载体的信息资源，以光盘、磁盘、网络为载体的数字信息资源，等等。口头信息资源以人类口耳相传的方式流传下来，如民间故事、歌谣等。

从信息资源加工的深度出发，我们可以将信息资源分为零次信息资源、一次信息资源、二次信息资源、三次信息资源。零次信息资源是最原始的信息资源，没有经过加工处理的信息资源，如草稿、原始口头调查信息等。一次信息资源是零次信息经过加工后的信息资源。而二次信息资源是对一次信息资源的整理“微缩”。三次信息资源是对一次信息资源综合分析的结果。

从信息资源载体的形态出发，我们可以将信息资源分为天然型信息资源、实物型信息资源、智力型信息资源、纸质文献型信息资源、数字信息资源。天然型信息资源是指自然界天然存在的信息资源，如候鸟的迁徙、四季气候的变化等，其载体就是宇宙，表现出来的是一种生物现象或自然现象。实物型信息资源是以人造物为载体，体现了人类思想、审美情趣的信息资源，如一块玉石，经过工匠的雕琢，成为一件工艺品，体现了人的审美情趣，寄托了人的审美信息。智力型信息资源是指以优秀人才为代表（载体）的信息资源。纸质文献型信息资源是以符号、文字等形式存储在纸张上的信息资源。数字信息资源是以数字方式存储在硬盘、磁卡、芯片、网络等载体上的信息资源。

1.2.4 信息资源的特点

信息资源具有自身的特点。

1）经过人类主观的处理

信息资源的首要特点是，作为资源，它经过人们主观的处理。传统的物质资源如煤炭、水、渔业资源等，很多都是天然形成的，无须通过人类的加工，便能够为人类直接所用。而信息资源是通过人们对事物的理解、判断，以语言、文字、图形、符号等形式表达出来的资源。它是经过人的头脑处理过的资源。即使信息的本质、形态没有任何改变，但一旦被认定为资源，就经过了人的大脑的判断处理，打上了人类思维的印记。如果没有经过人类大脑的思考，将其从“信息”的海洋中抽取出来，它就是“信息”而已，无法被利用，更不能产生价值。有些信息资源，人工处理的时间比较长，需要大量的人力、物力、财力，通过对信息的甄别、选择、加工，才能为人们所利用。

2）具有利用价值

自然资源是能够创造物质财富与精神财富的。作为资源的一种，信息资源也具有同样的特性，即具有利用价值，能够创造物质财富和精神财富。但是信息资源自身的价值却是难以评估的。有些信息资源在某些人看来价值不大，而在另一些人看来却价值连城。同时，信息资源所产生的价值影响力比较大，时间一般也比较久远，无法从经济学的角度对其价值进行评估。

3）可开发性

信息资源源自各种各样的信息，它剥离于信息，提炼于信息，必定经过人类的判断、选择、采集，甚至组织和加工整理。它必须能够为人们所获取、利用，才能创造财富。因此，信息资源具有可开发性的特点，其价值的体现方式是，通过人类的信息活动转化为物质财富和精神财富。

4）可共享性

信息资源有不同于其他资源的特性。自然资源一般来说具有排他性。世界上的自然资源如矿石、石油等，一旦为某一对象所占有，就享有所有权，受到法律的保护，其他人除了用金钱购买或战争等非法手段夺取外，无法用一般方法获取。而信息资源不像其他资源那样具有排他性，它可以在不同群体、不同国别、不同民族间实现资源的共享，也不会因为某个人、某个民族、某个国家的占有、使用而消耗，除非故意毁弃；或者由于天长地久，各种天灾人祸（如战争等人为的破坏行为），保护不善（如许多纸质文献）而消失湮灭。

1.2.5 信息资源的作用

随着人类认识水平的提升，信息资源越来越受到重视。它不仅能够帮助人们更好地认识世界、了解世界，还能够促进生产，提高经济效益，创造财富。因此，信息资源与物质资源、能量资源一起被称为当今社会三大资源，成为人类社会开发的重点。在新兴技术不断诞生及人类科学知识飞速增长的现代社会，信息资源的开发利用尤为重要。信息资源本身不能产生价值，但经过人类的开发利用，就能发挥其社会作用，产生巨大的社会效益和经济效益。

1）创造财富

现代社会，信息资源日益成为重要的生产要素、无形资产和社会财富。著名美国未来学家阿尔文·托夫勒（Alvin Toffler）在他的《力量转移：21 世纪边缘的知识、财富和暴力》（*Power Shift*：*Knowledge*，*Wealth and Violence at the Edge of the 21st Century*）一书中认为，以信息为基础创造财富体系的崛起是当代经济方面最重要的事情，知识已成军事和经济中最重要的因素。在以信息为基础创造财富的体系中，信息资源巨大的经济价值和社会效应尤其能够为信息资源拥有者带来巨大的财富效益。掌握信息资源便拥有财富，成为现代社会的典型写照。我国中共中央办公厅和国务院办公厅印发的《2006—2020 年国家信息化发展战略》中明确提出，确立科学的信息资源观，把信息资源提升到与能源、材料同等重要的地位，为发展知识密集型产业创造条件。

同时，信息资源还衍生出了信息商品、信息市场、信息产业和知识产业，促使以信息社会为主导的经济体系的形成，把经济发展与信息资源的开发与利用紧密结合起来，以信息资源建设推动经济整体发展成为国家发展战略的重要措施。

信息资源的利用，还可以减少其他资源消耗，提高其他资源的利用率。因为信息资源的利用，可以打破时间和空间的局限，帮助各国政府、企业节约成本，减少对自然资源的需求。如无纸化办公，就是现代社会的发展趋势。加强信息资源的管理，促使信息资源的整合，以信息产业为先导，以信息资源为基础，以信息产品的生产和消费为主导，是利用信息资源创造社会财富的重要途径。

2）促进社会的变革

信息资源的流动与利用，可以促使人们更深入地了解和认识社会的落后和弊端，激发其进行社会改造与社会革命的信心和激情，推动社会的进步和发展。

信息资源的开发利用，可以节约资源、能源，提高经济效益，促进经济增长方式的转变，从而引导社会民众、物质和资金合理的流动，促使社会发生变革，建设资源节约型社会、和谐发展型社会，从而进一步改变人们的生活方式，使社会由农业社会和工业社会向信息社会转变。同时，推动社会结构变革，将以工业为主导的社会结构变成以信息产业为主导的社会结构。

利用网络传输快捷、获取信息方便的特点，信息资源以共享、共建等新的呈现方式可以将政府部门、事业单位、企业紧密联系起来，以信息资源的开发与利用为纽带，实现它们之间的分工与协作，使社会组织之间的合作得到了加强，信息资源的社会效用也得到了放大。同时，信息资源的国际流动使其打破了国家界限，有利于加强国际交流，降低国家之间合作的门槛，有助于推动全球经济一体化的进程，推动人类社会的变革，朝着“大同”的方向迈进。

3）推动科学研究的发展

由于各个国家、各级政府、各大型企业的重视，信息资源建设，特别是数字信息资源建设，近年来得到飞速的发展。世界主要的发达国家、主要的发展中国家、国际大型企业，都把信息资源建设视为科学研究的重要组成部分，视为引领科学研究、发展生产力的动力之一。因此，加强信息资源建设，提高信息资源利用，以推动社会科技事业的发展，成为当今世界各国发展的共识。大量的资金、技术、人力投入信息资源建设之中，形成了信息资源建设“遍地开花”的可喜局面。

信息资源的建设，尤其是数字信息资源的建设，提升了科学研究的水平，促进了科学技术的进步。它使科学研究资料的借鉴、查询变得容易，科学研发得到加速，科研人员的素养得到了提高。光盘数据库数字资源、网络数据库数字资源的建设成果，已经使科学研究者可以坐在一台电脑前，甚至手握一部手机，就可了解、把握、搜集自己关注的学术前沿信息，免除在信息海洋中寻觅、搜索之劳，收“得来全不费工夫”之效，从而加快科学研究的进程，早日得出科学研究成果。而着眼全球，各类信息资源宝藏都在被数以千万计的科学研究者广泛利用，其促进科学研究发展的功绩，无论怎样形容，都不算过分。可以说，信息资源的建设，已经成为推动世界科技发展的不可或缺的重要力量。

信息资源的建设，有助于科学研究成果的迅速推广。信息资源建设者将众多科学研究成果有序地收集、组织、整理出来，以统一、规范的形式提供给大众查阅、参考和使用，使得许多原本“躲在深闺人未识”的科学研究成果，迅速地走向市场，造福于社会；同时，这些成果及时传递到第一线的科学研究者手中，并为广大的科学研究者所重视与利用，从而加速了科学研究成果的传播与推广，推动了全社会科学的进步和发展。

第 2 章　信息采集基本理论

信息不仅能够消除人们认识上的不确定性，帮助人们解决各种社会活动中的许多疑难问题，还可以作为各项行动的参考依据，指导人们有目的、有计划的活动。可以说，掌握信息、利用信息是制定计划、保证各项计划正确实施的前提，更是决策制胜的法宝。维纳曾说过，“要有效地生活，就要有足够的信息”。在现实生活中，人们通过不断地获取信息，丰富自身的知识，来解决学习、工作、生活中的种种问题。而信息的采集和利用，是人们认识问题、深入了解问题症结所在的第一步，也是人们认识事物、分析研究事物的第一步。信息采集工作完成的好坏，直接影响到信息利用活动的开展，进而影响到事业的进展和成败。科学、合理的信息采集活动，是获取丰富的、准确的信息，开发信息资源的保障。而如何科学合理地采集信息，则是我们在开展信息采集活动之前值得深入思考的问题。因此，我们需要充分了解、熟悉信息采集的基本理论，为信息采集活动打下坚实的理论基础。也可以说，把握信息采集的内涵，了解信息采集的对象和功能，明确信息采集工作的一般流程，熟悉信息采集的原则，是科学、合理地开展信息采集活动的基础，是保障信息采集活动顺利进行和取得成功的先决条件。

2.1　信息采集内涵

2.1.1　信息采集的实质

信息具有普遍性，它是事物的存在方式或运动状态，以及这种方式状态的直接或间接的表述或反映。世界上的事物每时每刻都在发送和传递着信息，人类也在不停地接收着外界传递来的各类信息。维纳指出，“接收信息和使用信息的过程，就是我们适应外部世界环境的偶然性变化的过程，也是我们在这个环境中有效地生活的过程。”接收信息是人类有意识或无意识的活动，而如何有意识地、高效地获取有价值的信息，是我们信息采集工作研究的范畴。

人类的信息采集活动，往往是有意识地进行的，是为了满足其生活、学习、工作、自身发展、社会斗争等需要而产生的。同时，这种有意识的信息采集活动带有选择性，并充分利用人的创造力所生产的各类工具，以加强其获取信息的能力。需要区分清楚的是，我们从各种已有的信息资源如光盘数据库、网络数据库中获取信息，不能算采集信息，它是信息利用工作的一部分。本书所说的信息采集，包括利用社会调查采集信息，利用网络工具采集信息，利用图书、报刊资料采集信息等专门性的信息采集工作。其目的是为自身从事科学研究需要，或者是供他人或企业决策、研究参考。信息采集的实质可以从三个方面阐释。

第一，大多数情况下，信息采集是人类有意识、有目的的活动。人类获取信息不是盲目的，而是为了满足自己或他人的各种信息需求。世界上的信息斑驳陆离，无所不在，无所不有。但我们在采集信息时，并不是漫无目的地随意采获，也不是“满天的麻雀都捉尽”，将所见信息，不问青红皂白，统统收入囊中。而是根据自身或他人的信息需求，有意识、有目的地采集。人与人之间，由于生活和成长的环境不同，受教育的程度不同，知识体系和经验积累不同，工作性质不同，意识形态不同，所隶属的国家与民族不同等，信息需求存在很大差异，信息采集活动也存在巨大差异。信息采集活动中，有的是个人为了特定课题的需要在图书馆馆藏文献或数据库中搜集信息；有的是信息机构为了向用户提供信息而进行的信息资源采集；有的是个人短时间内突击性的信息采集行为；有的是信息机构长期的、日积月累式的信息采集活动。但是无论其差异有多大，信息采集都是以满足其自身或他人的信息需求为前提进行的，是人类有意识、有目的的信息活动。尽管有时候信息采集者的目的与意图表现的并不明显，我们仍可以从其采集信息的内容、类型中看出其主观意识的端倪。

第二，信息采集具有选择性。信息是由信息源产生的。外界的信息源数量多、范围广，所产生的信息也是种类繁多，内容芜杂。有用信息、无用信息、垃圾信息、虚假信息、有害信息鱼龙相混。有时甚至“你中有我，我中有你”。有用信息中包含了无用信息，无用信息中含有有用信息的内容。因此，信息采集必须进行认真选择，仔细甄别。信息选择的依据，是以采集的信息与用户的信息需求是否匹配为准则的。人们在采集信息时，要根据自身或他人的信息需求，在众多的信息中有针对性地、有选择地进行寻觅。那些无用的信息，一般是不会予以关注的。而那些至关重要的信息，信息采集者会采取各种手段、想尽各种方法采集到。同时，面对众多相关信息的选择，信息采集者也会遵循一定的标准，一般以信息价值大小作为评判的依据，从众多相关信息中，选取最具有使用价值的信息。因此，无论是从单一的信息源采集信息，还是从多种信息源采集信息，都需要信息采集者认真选择，仔细甄别；都需要信息采集者根据自身活动的条件，根据各种社会的、政治的环境，根据信息价值的大小，灵活地、有目的有选择地采集信息。

第三，信息采集往往需借助一定的工具或利用一定的手段。凭借自身的眼、耳、鼻、舌、口等器官，通过视觉、听觉、嗅觉、味觉、触觉等来获取信息，是人类特有的获取信息的主要途径。这种特有的信息获取能力，是人类天生所具备的本能，是人类拥有认识世界、改造世界的能力。但是社会越发展，人类对自然社会和人类社会的探索越来越多，对微观问题和宏观问题的认识越来越深入。人类深深感受到信息的海洋是多么的广阔深邃，信息的种类是多么的多样，仅凭借人类自身的器官，许多信息根本无法认识和发现，更不用说去采集获取了。于是，人们发明了各种机械工具，应用于信息的采集获取活动中。例如，利用显微镜获取生物细胞方面的信息，利用望远镜获取远距离空间的信息等。而照相机、录音机、复印机等设备，更是人们常用的采集一般信息的工具。在高度信息化的现代社会，科技的发展，特别是信息技术的发展，计算机、网络等在帮助人们快捷、高效地采集信息方面发挥着越来越重要的作用。计算机、摄像机、照相机、手机、电视等已成为当前人们主要的信息获取工具。借助高技术开发的计算机、摄像机、照相机、夜视仪、手机与数字电视等工具，信息采集的对象已经可以不受地域和空间的制约，信息采集的时间可以自由支配，信息采集的范围也可以自由选择——信息采集的种种限制降低了或者消除了，信息获取的能力得到了很大程度地提高。另外，如果人们不知道利用工具，不借助工具，在信息泛滥的现代社会，就会跟不上时代前进的步伐；面对信息的海洋，免不了要望洋兴叹，徒生无可奈何之感！

2.1.2　信息采集的对象

在信息采集过程中，要提高信息采集的质量与效率，节约信息采集过程中的人力、物力与经济成本，就要依据自身的实际需求与特定需要，明确信息采集对象，有针对性地开展信息采集活动。

信息是事物的运动方式和状态的体现，是人、动物、植物展示自我，与外界进行交流的内容或形态。无疑，我们在搜集信息时追求的是直接的、有用的信息；或者是能够产生重要影响的、间接的信息，而无关的、无用的、有害的信息往往被摒弃。有用的信息，对信息用户来讲就是一种资源。这种资源能够通过用户的利用产生效益，包括社会效益和经济效益。所以，信息采集者采集的对象只是可以成为资源的那一部分信息，即信息资源。因为只有能够被利用，且能够产生社会效益和经济效益的信息，才是信息用户所需要的。

显然，无用信息不属于信息采集的对象。人作为地球上的高智商生物，在发展过程中的各种活动是以其需求为目的进行的，与需求目的无关的信息，一般不会引起他的注意。因此，那些和信息采集活动没有关联，对信息利用活动没有任何作用的信息，并不是信息采集者所需要的信息，也不会成为信息采集者关注的对象。

但是，这些对某些信息采集者无用的信息并不一定不是资源，它们也有可能是很有用的信息，被另外的信息信息采集者所采集和利用。因此，对于信息采集者来说，即使那些无用信息不是采集的对象，不会纳入信息采集的视野，但在从事信息采集工作时，也不应随便破坏和毁灭。而且，还要特别注意的是，无用信息也可能蕴涵着重要的有用信息。由于信息采集者对它们的重视不够，或者受自身知识素养、能力水平的制约，并没有认识到它的价值，从而放弃了对其进行采集。对信息用户来说，这往往是很大的损失。所以，我们在确定信息采集对象时，要格外慎重，特别要注意那些表面上看似无用，但却实质上有用的信息，要将其纳入信息采集的范畴。此外，事物发展，既有突变的过程，也有循序渐进的过程。这也是人们认识新事物的规律，符合人们的认知习惯。有些信息，可能我们一时意识不到它们的作用，但如果用发展的眼光来看，肯定是有用信息，就应该作为采集对象。总之，信息采集的具体对象有时并不是十分明显的，需要我们去挖掘、辨别、发现。但信息采集对象的实质是明晰的：信息采集对象的实质是信息资源，也就是经过人类主观或客观判断处理，能够被利用，来创造物质财富或精神财富的，并且能够被人类所认识、了解、传播或传输的文字、声音、图像、符号、形态、气味、实物。

2.1.3 信息采集的工作流程

信息采集，尤其是规模较大的信息采集，如国家级、省部级的信息资源建设所从事的信息采集，大型网络信息资源建设所从事的信息采集，在实施之前，必须制订科学、详细的信息采集计划，明确信息采集的工作流程，以便信息采集工作有条不紊地执行。信息采集计划因项目的不同而有差异，信息采集的工作流程一般可以包括以下几部分。

1）确定信息需求

从事信息采集之前，先应该把握所需信息的内涵实质。如果是根据信息用户的信息需求，有计划地广泛搜集信息，则更应该透彻地了解信息用户的信息需求，既包括用户明白无误表达出来的信息需求，又包括尚未明确表达的潜在信息需求，如信息的主要内容、形式特点、涉及的范畴、信息所在的地域、信息是否有时间段的限制等。只有在采集信息之前明了用户的信息需求，知晓用户所求采集信息的用意，才能确定具体的信息采集对象。如果是信息采集者自觉的信息采集行为，或者是大型的信息资源建设项目，没有明确的信息用户，则在确定信息需求的过程中，信息采集者也应该通过信息服务目标对象的需求分析，进一步认识、明确信息采集任务。从信息采集者的角度来看，需求分析是整个信息采集的出发点，也是整个信息采集工作效率高低和成败的关键。就大型信息资源建设项目而言，需求分析，是针对信息资源的使用者进行的。例如，信息资源使用者的年龄因素、性别因素、知识素养、工作性质、利用信息资源的目的等。通过需求分析，明确用户信息需求，为信息采集的实施奠定基础。

2）确定信息采集目标

进行信息需求分析，确定用户信息需求，其目的就是要明确信息采集目标。有些信息采集活动，并不是短时间内就能完成的，而是需要长期、分阶段逐步完成。例如，大型数字信息资源的采集，涉及光盘数据库数字资源、网络数据库数字资源、电子图书、电子音像制品等，需要大量的人力日积月累、年复一年的辛勤劳作，往往是一个长时间的信息采集过程。因此，在信息采集活动开始之前，分阶段或根据人员的分工确定信息采集目标，是十分必要的。它是我们按计划、有步骤地完成信息采集工作的保障。信息采集目标可以根据信息类型、时间来设定。例如，上述大型数字信息资源的采集，就可以分别以光盘数据库数字资源、网络数据库数字资源等为分阶段的信息采集的目标；或者分信息采集小组设定信息采集目标；也可以按具体年份设定信息采集目标。当然，如果信息采集任务比较简单，信息采集可以只有一个总体目标。但信息采集活动比较复杂，需要分阶段、分时期进行时，信息采集就不仅要有总目标，也要设置分目标。将每个阶段、每个时期的信息采集活动需要完成的内容作为分目标，是明确职责，明确任务，顺利完成整个信息采集工作的重要环节。

3）制定信息采集方案

我国有“凡事预则立，不预则废”的古训，意思是做任何事情，事先制定周密的计划，就能成功；事先没有计划，临事莽撞蛮干，则肯定会失败。信息采集工作也是如此。要取得好的信息采集效果，就要避免盲目性，加强计划性。科学、合理的信息采集计划，是完成信息采集任务的保证。信息采集计划可以根据信息采集任务的大小情况来制订。大型信息采集计划可以分为中长期计划、年度计划。中长期计划一般是针对大型信息资源建设的需要而制订的，它具有前瞻性、战略性的考虑，是信息采集总目标的体现。年度计划是根据中长期计划的年度信息采集目标而设置的计划。年度计划的制定，要突出信息采集的目的，以信息采集整体活动为对象，以信息采集目标为任务，以信息采集进度为主线，将信息采集活动的内容完整地以计划的形式表达出来。它包括：具体的信息采集对象；信息采集人员的分工、职责和权限；信息采集进度的安排；信息采集范围的确定；信息采集活动的经费使用；信息采集活动的管理等内容。小型信息采集计划可以按信息采集主题来制订，计划要详细地揭示和明确信息采集主题相关的内容，可以采用分类的方法，将信息采集对象全面而深入地揭示出来。其余内容与年度计划略同。

4）选择合理的信息采集策略

信息采集策略是指引我们完成整个信息采集工作的方向标。尽管有周密的计划作为信息采集行动的指南，有用户信息需求作为信息采集的依据，但面临复杂的信息环境，实施具体的信息采集计划时，信息采集者仍然需要有正确的信息采集策略。例如，面对众多的信息资源，是采取全方位的信息采集策略，还是采取有选择的信息采集策略？是联合其他单位实施委托式的信息采集策略，还是依靠自身力量独立地进行信息采集？信息采集策略的选用，是与信息采集任务的大小、难度，本单位或个人具备的条件、资源等情况密切相关的。如果不考虑自身具备的条件，好大喜功，一味地选择信息全采集策略；或者只着眼于经济效益的考量，不顾信息资源的实际情况，忽视信息用户的信息需求，盲目地采用选择性的信息采集策略，都会造成巨大的损失、前者会浪费大量的人力、物力、财力，信息采集的成果也会大而失当；后者虽然节省了经费开支，但遗漏许多应该被采集到的信息资源，信息使用价值也会因此大打折扣。而采用合理的信息采集策略，不仅能使信息采集工作顺利进行，高标准、高质量地完成整个信息采集任务，而且在大多数情况下，也能够以较少的人力、物力、财力获取较大的经济效益和社会效益。

5）明确信息采集分工

科学合理的分工，是确保信息采集活动完成的条件。信息采集活动，尤其是大型的信息采集活动需要分工，一是因为信息采集活动涉及面广、参与人员多、关系复杂，需要用分工来明确各自的工作任务；二是信息资源种类繁多，载体多样，内容芜杂，需要通过分工来实现资源的合理采集；三是分工能够提高工作效率，缩短工作时间，保证工作进度。信息采集人员的分工要遵循三个原则：有利于工作开展的原则；有利于效益提高的原则；有利于管理指导的原则。分工可以根据信息采集者的情况而定，即根据信息采集者各自的特长，安排“适销对路”的信息采集任务；也可按信息采集对象所属的学科门类分工，按所采集信息隶属的自然地域分工，按所采集信息隶属的行业分工，按所采集信息的文字种类分工，按所采集信息载体的不同分工等。

6）采集信息，整理信息

面对众多的信息，头绪万千，如何着手进行采集？仁者见仁，智者见智，也许并无规律可循。这里介绍两种具体的信息采集模式。其一，“抓主要矛盾”模式。主旨信息、关键性信息，无疑是信息采集最重要的对象，在信息采集过程中是丝毫也不能忽略和遗漏的。信息采集者可以先摸清主旨信息、关键性信息之所在，集中全部力量，利用各种方法，将其“采集入库”，然后根据重要程度，选择性地采集与之相关的信息，以便从不同的角度来辅助论证、说明、阐释所采集的主旨信息。这种模式适应小规模的信息采集项目，如小范围、小主题的社会调查、社会问题研究，等等。其二，“划块”模式。这种模式适宜于大规模的信息采集项目。可以将信息采集对象按不同的标准“划块”，以便信息采集的分工，使信息采集工作有条不紊地进行。例如，可以根据不同的信息主题划块，根据不同的采访对象（人物）划块，根据不同的信息载体划块，根据不同的信息采集地域划块，根据不同信息的形式特征划块等。

信息采集工作不是将所采集的信息杂乱无章地传递给信息用户，而是要将用户满意的信息传递给用户。因此，将采集到的杂乱无章的信息进行整理，仍然是信息采集工作的职责范畴。最常见的信息整理方式有三种。一是分类加主题方式。这种方式适宜于整理大型信息资源。在整理信息时，先将所采集的信息分门别类；在每类信息中，又按主题将有关信息聚集一起。根据信息量的多少，还可以采用在大类下再设置小类、大主题下再设置小主题的方式。二是主题方式。将采集到的信息，按不同的主题区分，相同主题信息归纳到一起。可以在大主题下设置小主题，使信息的归属更加科学合理，更便于利用。这种方式适宜于中小型信息资源整理。三是调查研究报告方式。这种方式，通常是应信息用户的要求而进行的。信息用户在委托从事信息采集的同时，要求信息采集者根据信息采集结果，撰写出相关的信息调查研究报告。有时还要求就信息用户所关心的问题，利用所采集的信息，有针对性地进行论证分析，并提出相关的应对策略或者建议。这种信息整理方式，实质上已经上升到情报研究的高度，是最高级别的信息整理方式。它要求信息采集者不仅具备信息采集方面的知识和专长，还要具有从事信息研究的能力，具有驾驭信息资料、语言文字的组织表达能等。

2.1.4 信息采集在信息服务工作中的地位

1985 年，霍顿在《信息资源管理》（*Information Resources Management*）一书中提出，信息是一种具有生命周期的资源，其生命周期由一系列逻辑上相关联的阶段或步骤组成，体现了信息运动的自然规律。霍顿定义了两种不同形态的信息生命周期：①基于人类信息利用和管理需求的信息生命周期，由需求定义、收集、传递、处理、储存、传播、利用等 7 个阶段所组成；②基于信息载体的信息生命周期，由创造、交流、利用、维护、恢复、再利用、再包装、再交流、降低使用等级、处置等 10 个阶段组成。按照霍顿的思想，信息采集活动处于信息生命周期的第二个阶段，也就是在需求定义或创造之后。

从信息服务活动出发，对用户的需求定义，应该属于信息服务工作的范围，但是，因为信息采集除了信息采集者自身的需求外，许多信息采集活动是根据用户的需求进行的。

在许多情况下，信息采集的实质，是将信息资源从众多复杂的信息中提炼出来的过程。在信息服务工作中，信息采集具有举足轻重的地位。

信息采集和获取是信息服务工作的首要环节。从事信息服务的机构或个人，只有通过各种渠道，有计划、有目的地广泛搜集，并系统地采集到一定数量的有关信息，才能有效地提供服务。信息组织、信息存储、信息检索和信息服务，都是在掌握了必要信息的基础上，才能顺利进行的。没有信息采集，信息服务就是无源之水，无本之木，信息服务也只能是一句空话。图2-1非常明确地显示了信息采集在整个信息服务工作中的地位。

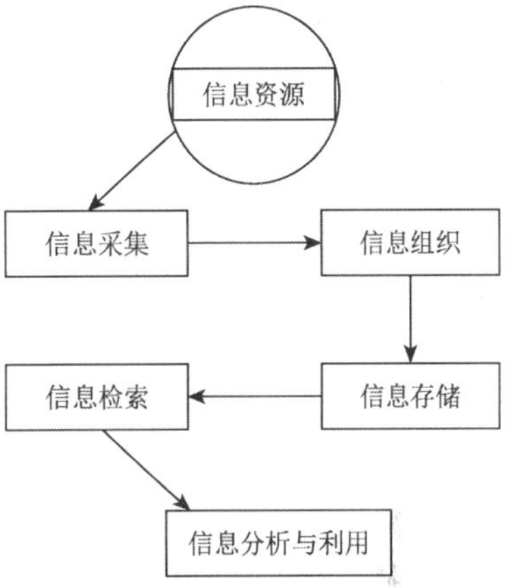

图2-1 信息采集在信息服务工作中的地位

信息机构的信息服务活动包括信息采集、组织、信息存储、信息检索、信息分析与利用等环节在内的全过程，信息采集工作是这一过程的起点。没有信息采集，信息活动的其他环节就无法顺利开展；在整个信息活动的其他各个环节中，都是以搜集到的信息为前提开展的，所采集信息的可靠性、时效性、真实性和实用性与信息的组织、分析、提供利用等信息活动息息相关。信息采集工作的好坏，信息采集质量的高低，关系到信息服务工作的优劣甚至成败。因此，信息采集是做好信息服务工作的前提和基础，是各项信息活动顺利进行的保证。

2.2 信息采集的功能

信息采集工作是整个信息活动的前提和基础，在科学研究、科学决策、经营管理、社会生活等人类社会实践活动中发挥着重要作用。我们可以从以下几点探讨信息采集的功能。

2.2.1 信息采集使信息资源“脱胎”于信息

信息采集，并非简单的体力劳作，也非具备一般的智力即可胜任的脑力劳动。它是一项要求具备较高智商，有时甚至要求具备一定的学科知识素养才能从事的脑力劳动。信息采集的过程、信息采集的成果，凝聚了信息采集者的聪明才智，是信息采集者见识、判断力的体现。当信息资源“隐身”、混杂于信息的汪洋大海时，人们也许并不会发现它的存在，或没有认识到它们的社会价值。正是由于信息采集，经过信息采集者的“慧眼识珠”，爬梳剔抉，才将这些有用信息即信息资源，从有用无用交织在一起的信息海洋中分辨、选拔出来，得到充分利用，造福于人类。如果没有信息采集行为的发生，或许信息资源就会在信息海洋中自生自灭，根本就无法发挥其本来就具备的社会作用，更谈不上利用其来创造社会财富和精神财富，产生社会效益和经济效益了。

2.2.2 信息采集为科学研究提供参考资料

科学研究的任务就是要将自然状态的信息加工成知识，在已有的信息或知识中提炼创造出新知识。科学研究所需要的科研原料来源于自然界和人类社会中普遍存在的信息，它们是人类知识发展和创新的源泉。而信息采集是从自然界和人类社会中存在的各种信息中甄别、选择信息资源的行动，是科学研究的重要组成部分。在科学研究中，无论是知识的创新，还是知识的利用，都必须有信息采集工作为其提供参考资料，否则科学研究将无法正常进行。信息采集提供科学研究参考资料的功能，主要体现在以下两个方面。

其一，开拓科学研究的视野。科学研究是从旧事物中发现新事物的过程，这也就包含了对新事物的认识过程。在从事某项科学研究工作之前，了解、掌握有关新事物某些方面的信息，阅读相关研究领域的文献，知道相关研究领域的进展，对科学研究的成功是至关重要的因素。而这些信息，主要来源于信息采集。没有信息采集提供的信息资源，囿于见闻，有关新事物方面的信息大多数科学研究者可能并不知晓；或者一鳞半爪，未知其详；或者囿于本研究领域的狭隘眼光，对相邻、相近领域的研究成果和研究进展一无所知。信息采集汇聚的信息资源，可以拓展科学研究者的视野，帮助其了解和掌握相关研究进展，避免"闭门造车"，重复前人劳动的风险。信息资源汇聚的前人研究成果，是智慧的结晶。其研究方法、研究思路、论证方式等，都可供后来的研究者参考和借鉴。

其二，加快科学研究的进程。前面说过，信息采集本身就可以隶属于科学研究，是科学研究的重要组成部分。在进行信息采集时，信息甄别、信息选择等研究活动，没有学术知识的背景，没有学术研究的眼光，是无法胜任的。正是由于专门的信息采集工作，科学研究才一开始就站在直接利用信息的高起点，免除了信息采集之劳，收到了"坐拥书城"之效，节省了大量的科研时间。况且经过专门的信息采集汇聚的信息资源参考资料，往往不是单一方面的信息资源成果，而是将相关、相邻的信息资源汇编在一起，它可以帮助科学研究者启迪思想、拓展思路、触发灵感，促使科学研究成果早日问世。

2.2.3 信息采集为科学决策提供支撑

决策的思想和方法渗透于一切管理职能的执行过程中。换句话说，决策是科学管理的首要任务。恰当、正确的决策，是建立在科学决策方案基础之上的。科学决策方案的形成，必须以厚实的信息资源作为基础。而信息资源的获取，离不开信息采集工作。所以，信息采集在科学决策中有着至关重要的作用。

科学决策，必须有丰富的信息资源作理论支撑。在决策过程中，无论是目标的制定，还是方案的拟定、优选，或者是决策的贯彻执行过程，都要依靠信息采集活动为其提供相关信息作为参考。如决策的可行性，决策的科学性，决策方案的优劣比较，决策执行的影响因素，决策执行的可能后果，诸如此类的问题，在决策形成之前，都要深入地分析论证。既要正面分析其有利因素，又要从反面分析其不利因素，还要考虑多种可能性，考虑多种决策方案。这些分析论证，没有信息采集积聚的厚实的信息资源基础，是根本不能完成的。撇开信息采集这个重要环节，没有信息资源做理论支撑，拍脑袋想当然地决策，在科学发展一日千里、信息传输无所不至的现代社会，毋庸置疑，其决策往往是难免失败的。而且，一旦决策形成，进入实施阶段时，也必须依靠采集外界的反馈信息，了解其执行情况及决策的科学与正确程度，以便适当作出调整修正，做到决策执行的最优化。因此，广泛采集与决策相关的系统、全面的信息，进行归纳、整理、分析、组织、加工，是各级各类各种科学决策不可或缺的重要工作环节，也是科学决策的重要支撑和可靠保障。

2.2.4 信息采集为企业经营管理提供依据

当前，我们已经进入信息社会。人们对信息的需求越来越多，对信息的依赖性也越来越大。社会产生了信息领域的马太效应。作为重要的社会细胞，企业对信息的敏感更为突出，更加强烈。企业经营管理对信息的需求超过了以往任何时代，许多大中型企业更是设置专门的信息机构，配备专门的信息人员，甚至安排专门的高端信息主管职位，主管和从事信息采集、信息分析研究、信息利用方面的工作。

企业的经营管理涉及企业的各个部门，管理者要对企业做到经营有方，使整个企业运转有序，除了熟知企业内部各个部门、单位及员工的具体情况外，还必须了解当前形势下科学技术和经济的发展水平、动向和趋势，市场需求、供应与消费的变化，企业竞争对手等相关信息。这些信息的获取都离不开信息采集，只有信息采集工作做得好、做到位，企业管理者才能及时了解和把握有关情况，正常顺利地进行经营管理，也才能使企业在激烈的市场竞争中立于不败之地。就企业的信息需求来说，信息采集涉及十分广泛的内容。如外向型企业，其采集的信息领域就包括以下几方面。

（1）政治环境信息。例如，国家、地区政权稳定的程度；领导人的政治倾向对发展经济的影响等。

（2）经济环境信息。例如，经济发展现状、趋势、速度；经济结构；经济政策；人民生活水平；自然资源及其开发利用情况等。

（3）消费者需求信息。例如，人口总数、年龄、性别、受教育情况、收入情况、消费习惯；商品需求与承受能力等。

（4）企业竞争对手信息。例如，竞争对手的实力，包括人力、财力、技术、设备、管理方面的实力；市场占有情况；发展动向；原材料的供应情况；与当地政府管理部门的关系。

这些信息，无论是对企业的海外投资决策，还是对企业的商品出口决策，都是必不可少的参考依据，其进一步的分析论证，则更是企业海外决策经营不可或缺的理论支撑，是企业海外实践运作的决策依据。

2.2.5 信息采集为社会生活提供便利

现代社会，每个人每天都自觉或不自觉地在进行信息采集活动。在人们的日常学习、工作、生活和社会交往活动中，每时每刻都在看到、听到大量的信息，会有意识或无意识地采集利用这些信息。

但是，这种自由自在的“感受型信息采集”，是远远不能满足需要的。因为人们受生活圈子的制约，受工作和居住条件的约束，受自身感觉器官生理功能方面的局限，亲身感受到的信息是非常有限的，与实际社会生活中的信息需求无法完全匹配。因为远离自己日常生活、工作圈子的人、事物方面的信息，就无法靠感受去了解和接收信息了。例如，要想事先了解准备去旅游的目的地的风俗、风情、物产等方面的信息，就必须依靠信息采集者专门采集提供的信息。即使居住在一个城市，也不可能对本地的信息了如指掌，也必须有热心的信息采集者专门采集提供信息，为人们的社会生活提供参考使用的便利。值得庆幸的是，网络的出现和发展，为社会生活信息的热心采集者提供了展现的平台，也给千千万万的民众提供了参考使用的便利。例如，百度知道就是著名的网络社会生活信息服务平台，其包罗万象的信息库，凝聚了无数信息采集与提供者的心血，涉及现代社会生活中方方面面的问题，既有知识性的信息，也有一般性的信息，如问路乘车等方面的信息、求医问药方面的信息、旅游景点方面的信息、天气预报方面的信息、商品知识方面的信息……。虽然平台对信息内容的准确性并未作出评价，但为人们解决社会生活中遇到的棘手问题，却是提供了十分难能可贵的选择利用机会。信息采集者的信息采集、信息服务行动，使处于快节奏的现代社会的人们，在无须付出经济费用的情况下，以轻松便捷的方式获得了迫切需要的信息和知识，为人们的日常生活、工作、学习的参考利用提供了极大的便利。

2.3　信息采集的原则

信息采集，要遵循一定的原则。这些原则，既是信息研究领域专家学者的共识，也是从事信息采集与利用工作实践经验的概括和总结。虽然原则的多少、命名方式有着这样或那样的差异，论述的角度也有不同，但整体上看，区别不是很大。这也更说明，我们在从事具体的信息采集时，要遵循这些原则的必要性。抛开这些原则，另起炉灶，寻求另外的执行原则，是不可取的，也是不科学的、不必要的。一般来说，信息采集工作需要遵循以下原则。

2.3.1　针对性原则

随着科技、经济和社会的发展，信息类型呈现爆炸式增长的局面，并且形成了庞杂无序的“信息海洋”，任何个人和组织都不会有精力涉足其全部。对于信息用户而言，其信息需求的范围都是确定的、具体的，真正需要的信息往往只是“信息海洋”中的沧海一粟。采集信息的目的是使人们能够利用信息资源，而不是一般的无用信息。因此，必须针对信息需求，确定信息采集的内容，不能将所确定采集信息范畴以外的信息一概“拿来”，“眉毛胡子一把抓”。

另外，所采集到的信息，应该是最直接的，与信息需求相吻合的。但我们在从事信息采集工作时应该特别注意，不要被一些表面现象所迷惑，一些看似毫不相干的信息，也可能隐藏着针对性的、有用的，而且是十分重要的信息。信息采集的针对性原则，是就所采集信息的内容定的，而不是就信息的表面形式特征定的。

2.3.2 真实性原则

真实性，即所采集的信息内容必须是真实的、可靠的、客观的，没有掺杂任何信息采集者的个人主观意志和个人喜好的情感因素在内。在调查研究的基础上，通过比较、鉴别、选择，采集客观、真实、可靠的信息，是从事信息采集工作必须遵循的基本原则。所采集的信息一旦失去了真实性，就失去了可靠性，失去了利用价值，整个信息活动就无法在正确的基础上顺利进行。其所导致的后果也是可想而知的：轻则是信息的失效与无用；重则产生相反的负面效果。当然，信息的真实性，往往不是显而易见的，它有可能蒙上了一层薄薄的面纱，甚至隐藏在层层的黑幕之下。在信息采集过程中，我们要用辩证的眼光看待所要采集的信息，切忌将个别当作普遍，将局部视为全局，更不能囿于形式和外在特征。要实事求是，善于去粗取精、去伪存真、由表及里、深入细致地了解、考察信息的实用价值及可靠程度。

尤其是必须仔细考察深究信息来源。如果来源不靠谱，是建立在虚假、伪造基础之上的信息，就很容易落入圈套。如《三国演义》第四十五回“三江口曹操折兵，群英会蒋干中计”，蒋干就是被假象迷惑，采集到了伪造的信息，导致曹操判断错误，错杀了自己倚重的将领。

2.3.3 系统性原则

这个原则主要是针对专门的信息采集/服务机构而言的。信息服务机构要想卓有成效地开展信息服务，满足专门的用户信息需求，就需要追踪科学技术和国民经济的发展进程，了解和掌握信息源的动态变化，系统和连续地采集和积累有关的信息。因此，对信息服务机构中从事信息搜集工作的人员来说，根据用户的信息需求，全面系统完整地采集与用户所需信息相关的各个方面的信息，是必须遵循的原则。只有连续、系统地采集和积累信息，才能充分发挥信息服务的效用，才能满足用户的信息需求。尤其是重点领域信息的搜集，更应力求保持连续性、系统性和完整性。一般来说，带有宏观性和战略性的研究课题对信息的系统性要求比较高。大型学术机构，如大学、国家级和省部级研究院等单位对信息的系统性要求更高。如果信息采集/服务机构采集和积累的信息缺乏连续性、系统性和完整性，就不能满足这些用户的信息需求，从而使信息服务丧失良好的客户和市场。

2.3.4 全面性原则

全面性主要是指针对某种信息需求，尤其是决策信息需求全方位地采集信息。从内容上说，包括有利的信息、不利的信息，甚至有害的信息；支持的信息、反对的信息。从表达方式上说，包括口头表达的信息、书面表达的信息、网络表达的信息。从时间方面来说，包括历史的信息、现实的信息、涉及未来思考方面的信息。从地域方面来说，所采集的信息不仅要有国内的信息，还要有国外的信息；不仅有本地区、本部门、本单位的信息，也要有相关地区、相关部门、相关单位的信息。古人云："兼听则明，偏信则暗"，只有全面采集有关的信息，才能为科学决策提供重要的参考，未雨绸缪，对各种可能性采取必要的防范措施，保障决策的正确，保证决策方案的顺利实施。

2.3.5　及时性原则

及时性是指信息采集者对有用信息高度敏感，不失时机地采集到能够反映事物活动、体现事物性质、映射事物未来发展方面的信息，也包括及时地从信息海洋中挖掘出别人未发现和未使用过的，独具特色的信息。我们都知道，时效性是信息的基本特性之一。在一般情况下，生产时间越长，信息的效用就越小；生产时间越短，信息的效用就越大。尤其在经济和军事领域，过时的信息，其价值很可能已经降低或丧失，如果继续使用，很可能给工作造成不利影响，甚至产生负面的效果。因此，信息采集者除了要对有用的信息保持高度敏感外，还要具有强烈的时间观念、强烈的信息价值观念，及时地发现信息、搜集信息，力争在最短时间内为用户提供最新鲜、最急需的信息。

从信息自身的角度来看，有些信息本来就属于瞬时信息，如战时军事信息、金融证券信息等。如果我们对此类信息不敏感，漠然置之，做不到采集的主动性和及时性，很可能会与很多机会失之交臂，甚至造成在军事、投资等方面的一败涂地。

2.3.6　预见性原则

当代社会，科学技术的发展一日千里，经济发展和增长是主流。因此，信息采集者要密切注视科学技术和经济的发展水平、动向和趋势，不仅要充分关注和采集对当前社会有用的信息、企业时下必需的信息，还要着眼未来，采集可能对国家、社会、企业未来发展有用的信息。在采集信息时，既要着眼于信息用户的现实需求，又要有一定的超前性，要注意了解用户的潜在信息需求，以及信息需求未来变化的趋势，搜集那些对将来发展有指导意义、使用价值、能产生社会效益和经济效益的信息，提高信息服务的主动性。

2.3.7　科学性原则

社会信息数量庞大、形式多样、内容分散、品种繁杂，给信息的选择和采集带来了极大的困难。因此，科学采集信息显得尤其重要。信息采集人员应在充分了解各种信息源的信息分布和变化规律的基础上，根据实际需要，选择和确定那些可靠性强、密度大、效益含量多的信息源。例如，应优先考虑从专家那里咨询和获取的权威信息；从驰名商标拥有者那里获取的实物信息；从了解内情的人和目击者那里获取的有关事物的真实信息；从权威机构采集获取的经济统计信息；等等。

信息采集的科学性还体现在采集方法的科学合理方面。例如，利用各种信息采集工具挖掘、采集网络上的有用信息；利用归纳、综合、分析的方法，从信息海洋中筛选、提炼有用的信息；等等。

2.3.8　计划性原则

对专门的信息采集/服务机构而言，对企业、事业单位所属信息部门而言，信息采集是一项耗时、耗力、规模庞大的工作，同时又是一个日积月累的过程。应该根据本公司、本部门的工作性质、任务和未来发展方向，事先制定合理周密的信息采集计划，有步骤、有条理地进行信息采集。在制定信息采集计划时，既要考虑当前需要，又要考虑未来发展的需求，广辟信息来源，使信息采集工作做到持之以恒。

信息采集计划从时间的角度可分为长期计划、中期计划、短期计划或年度计划和季度计划；从内容的角度可分为综合计划、专题计划和补充计划。信息采集计划的制定一般要考虑“4W1H”，即为什么（why）搜集、谁（who）搜集、搜集什么（what）、什么时候（when）搜集，以及如何（how）搜集。计划内容要包括信息采集目的、采集对象、采集步骤、经费预算、人员配备、限定日期等情况。所制定的计划需要有一定的弹性，以便随着形势的发展变化及时调整，使计划的实施尽可能符合客观实践的发展。

2.3.9　经济性原则

信息采集的经济性原则，也可称为适度原则。现代社会信息数量急剧增加，信息环境复杂多变，如果对信息采集不加以必要的限制，不仅会造成人力、物力和财力的巨大浪费，而且会使所采集的信息主次不分，杂乱无章，有用的信息也会隐藏于无用的信息之中，甚至被无用的信息所淹没覆盖。所以，信息采集必须要坚持经济性原则。采集信息时应该从使用方便的角度考虑，选择合适的信息源，选用合适的信息采集途径与方法，确定最佳的信息采集数量与载体形式，选择最实用的、最需要的信息，提高信息采集工作的经济效益。

此外，在信息采集过程中，一般来说，在信息源质量相近或相同的情况下，我们应优先选取成本最小（如路径最短、收费最低、获取最易）的信息采集路线。信息密度大，权威程度高、获取成本低、信息价值高的信息源是信息采集的首选对象。

第3章　信息采集的途径与过程

人类社会越进步，信息的产生就越丰富，信息的采集和利用率也随之越高，信息采集的途径也会越来越多种多样。对信息采集途径的梳理分析，可以帮助我们根据不同的信息采集对象和信息内容，选择恰当的、正确的信息采集途径，以免“缘木求鱼”，走入歧途，甚至“南辕北辙”，作出错误的选择。而信息采集的过程，则伴随着脑力劳动的始终。无论是信息需求分析、信息甄别或者信息选择，都要求信息采集者运用知识和智慧，理智地、实事求是地作出自己的判断。

3.1　信息采集的途径

信息是生物及具有自动控制系统的机器与外界进行交流的一切内容。自然界中，信息资源的表现方式、储存载体与各项属性存在较大的差异性，采集不同事物的信息，往往需要选择不同的途径。同时，信息资源所能够接受的信息交流的方式也各有不同，需要用不同的信息交流手段来获取信息。加上信息需求的差异性，也需要我们针对不同的信息资源采用不同的信息采集途径来获取。

现代社会，人们在信息内容获取上重点关注自然、社会方面的信息；在信息载体上重点关注纸质载体、网络载体等方面的信息，这是由人们生活的特定时代环境形成的。针对自然物及自然现象，人们主要是通过观察、描写来获取其所包含的信息；针对以人的交流活动为中心的社会信息，一般是通过调查、走访等人际沟通途径获取信息；针对以知识为体现的文献类信息，大多通过专门的信息服务机构提供的信息资源来获取信息；而针对以互联网为载体的数字信息，则只能利用计算机、智能手机等通过网络方式来获取信息。

3.1.1　自然观察描写途径

自然观察描写，是信息采集者在自然条件下通过眼睛、耳朵等自身的感官系统，对周围的环境、事物、人物等进行有目的地、有针对性地观察，通过记忆、摄像、录音、笔记等方式，复制、描述记录下相关信息的一种方法。自然观察描写是采集信息的重要途径。

我们生活的自然界存在着千千万万的生物。万物的外在特性，使其表现出许多不同的信息，供我们去识别。例如，我们可以根据植物的根、茎、叶、花的颜色、大小、纹理等来区别植物种类；可以根据矿石的色泽、重量等来区分不同的矿藏品种；根据人物的面部表情来判断其心理状况等。从大的范围来讲，世界是由物质组成的，物质处在运动中，物与物的差别主要是其运动方式和存在状态的不同。这种不同往往会显示出不同信息。因此，自然物是以其运动方式和存在状态来展示其所包含的信息的，而这些信息正是我们认识万物的基石。

人具有能够获取外界信息的功能器官，能够通过自身器官的感觉功能获取外界事物的信息。直接观察是信息采集者通过自身参与或是以旁观者的身份利用自己的眼、耳等感觉器官来获取事物信息，并将信息记忆和描述下来的过程。通过观察，人们可以了解事物，将事物的客观存在的主观映像刻在脑海里，从而能更进一步地认识事物的本质。人获取外界的信息，主要是通过感觉器官来完成的。

据说，人的感觉早在胎儿的孕育中就有了，怀孕第 8 周时，胎儿的皮肤便有痛、痒的感觉。怀孕 4 个月，胎儿就能够听到子宫外的声音，能够接受外界音乐的熏陶。自然观察描写途径是将信息采集者置身于自然环境之中，亲身观察、聆听、感受，直接获得第一手资料，没有经过任何中间环节。因此，所获取的资料一般是较为真实、可靠的。

同时，人有制造工具的能力，能够借助工具来提高自身的感知能力，进一步获取更为详细的信息。人自身的感觉器官只能采集比较显而易见的、比较容易获取的信息，对于一些细微、渺小的事物，距离遥远的事物，就难以获取其更多更准确的信息了。据说，正常人只能听到 20～20000Hz 的声音，不在此频率范围的，不论响度多大，都听不到。假如排除一切干扰，使人眼具有完美的屈光系统，人类的裸眼视力最多也只能达到 3.0 的极限视力。因此，人不能仅仅凭借自身的感觉器官来采集信息。于是，人类不断创造发明各种工具，以提高自身的观察力，使自身具备更深入细致的观察事物的能力，从而能够获取事物更详细的信息——我们把它称为借助工具观察。借助工具观察，是信息采集者借助观察工具从事物那里获取信息，并记录下来的过程。借助工具观察与直接观察相比，信息获取更为详细、具体，往往也更为准确。借助工具观察采集信息，主要适用于那些靠人类感觉器官难以采集的信息，在科研、实验中有广泛应用。例如，显微镜、望远镜的使用；摄像机、照相机的使用；等等。

当前，人工智能的兴起，使人的制造能力与自身的感官能力结合起来，进一步提升人对事物信息的感知和采集能力。人工智能是利用我们所熟知的认知科学、数学、神经生理学、心理学、计算机科学、信息论、控制论、不定性论、仿生学等学科知识，通过自然语言处理、智能搜索、机器学习、模式识别、神经网络等复杂的方法来模拟或者提升人的智能，目的是利用人工智能的机器系统来采集处理有关信息，完成需要人的智能和超过人的智能才能完成的工作。人工智能能够模拟、结合人的感觉器官，并结合人的思维能力来感知、接收外界事物的信息，并作出相应的反应，完成人指令的工作任务。

自然观察是信息采集者有目的、有计划的活动，在观察过程中带有信息采集者的主观思维意识。这种主观思维意识容易影响信息采集者对信息的判断，在信息采集过程中也许会出现带偏见地采集信息的情况。另外，在实际生活环境中，人的活动常常受到各种各样自然环境和条件的制约。当信息采集对象伪装自己的时候，信息采集者容易产生错觉。如变色龙将自己身体的颜色和周围环境的颜色伪装得相似时，观察者一般难以发现它。人类生活中的“障眼法”也会使信息采集者出错。为了某种目的，人们伪造信息，制造假象，在现实社会中，也是司空见惯的。例如，1999年北约军队在轰炸南斯拉夫期间，南斯拉夫人制造了许多模具坦克、飞机，引诱北约轰炸，这些模具被北约的卫星摄像器材拍照之后，有关信息就传输到北约，北约军队就大上其当。可见，当信息采集者不能亲临其境，亲聆其音时，利用机器进行远程照相和传输，尽管可以弥补其不足，但也不是万能的，更容易被假象所迷惑。此外，机器在使用过程中，特别是高精密仪器，不仅需要相关专业知识，还需要专业的操作技术，稍有不慎就会产生错误，导致采集信息的失真。同时，机器也容易受到外界环境的影响，当环境出现不利状况时，可能会错失很多采集信息的良机。

自然观察描写途径是我们获取第一手信息的主要来源，很多原始的信息都是由这种途径获取的。它是针对事物状况的主要信息采集途径。通过自然观察描写途径采集的信息，一般能够反映事物最真实的本质特征，尤其是对人物信息的采集。要全面地了解某个人，采集与之相关的信息，自然观察采访是必不可少的途径。孔子说："视其所以，观其所由，察其所安，人焉廋哉？"（《论语·为政》）的意思是说：考查一个人所结交的朋友；观察他为达到一定目的所采用的方式方法；了解他的心情，安于什么，不安于什么，那么，这个人怎样隐藏得住呢？（杨伯峻先生译文，见《论语译注》）。孔子的论说表明，古人很早就知道通过观察人的言行举止、情绪心态来采集有关信息，从而了解人的内心世界、操守和品德。

3.1.2　社会调查走访途径

社会调查走访，是信息采集者通过调查、访问等一些具体的人际沟通活动进行信息采集，以获取所需信息的过程。社会调查走访途径是采集非文献信息的最常用也是最重要的途径。它主要适用于社会信息的采集，通过面谈、座谈、会议等方式获取信息。

由于有了人的活动，有了人与人之间的交往，就形成了人类社会。人类社会信息是人与人之间关系的反映。社会信息是以人的活动为中心所形成的。从宏观上来讲，政治、经济、法律、教育、军事、体育等方面的信息无所不包；从微观上来看，人与人之间的个体交流所产生的信息也是社会信息的重要组成部分。社会信息构成了人们生活的外部信息环境，也是人们与外部社会进行联系的客观反映。

社会信息主要是通过人际沟通获取的。自从有了人类，人与人之间的信息交流就一直存在。世界文明的产生和发展，正是因为人与人之间信息的相互交流。在人类信息交流活动中，交谈、对话等人际沟通方式，是人们最重要的获取信息的方式。通过这种信息交流，人们彼此了解，增加相互之间的联系；通过这种信息交流，人们可以表达内心的情感，表达对生活的需求，表达对某些事物的意见和看法。因此，社会调查走访途径，是政府部门、社会科学研究机构了解民情民意、获取相关信息、制定政策时常常采用的途径。

同时，社会信息中包含大量的隐含信息，它们可能隐藏在当事人、当事人亲属、旁观者的记忆中。这些信息没有用书面记述的方式表述出来，也就没有文献可供查证。只能通过个别的、单独的调查走访方式，通过当面语言交流和情感交流的方式来获取。与上述群体性的社会调查走访采集信息不同，这种信息采集往往要保护信息提供者的个人隐私，甚至调查采访过程也要注意保密。信息采集行为也可能不是政府的、社会科学研究机构的行为，而是信息需求者个人的行为。

社会调查走访途径通过交流能够发现隐藏的信息，而且采集的资源多为第一手资料，内容真实、可靠，非常适合经济领域市场行情、商业数据等基础数据的采集。社会调查走访途径通过采集者亲自与被采集者进行交流，能够随机应变，及时纠正采集信息过程中的偏差；也能够晓之以理，动之以情，通过心灵的沟通，打动信息拥有者无保留地提供有关信息，从而使信息采集任务顺利地完成。

但是，大规模的社会调查走访采集信息，需要大量的人员参与，对人员选择、组织安排本身就是挑战。大量人员的参与，也需要耗费很大的物力、财力，增加信息采集的成本。此外，声势浩大的社会调查采集信息行动，也容易造成信息采集对象轻视，随便应付了事。因此，除非是国家层面的大规模人口调查采集信息等任务，一般情况下，不宜采用大规模的社会调查采集信息的方式。

3.1.3 文献检索查阅途径

文献是人类文化积淀的结晶，是传承文明的重要工具。人类文明大都靠文献来记载。在中华民族发展史上，诞生过很多伟大的思想家、科学家、政治家、军事家、文学家和艺术家，产生了丰富的文献典籍。如果从最古老的甲骨刻辞、青铜器铭文、石刻文字算起，经过简牍、帛书的发展阶段，到后来出现以纸张为载体手写的书、雕版印刷的书，其发展可谓绵远流长。中国书籍历史之悠久、数量之丰富，在世界历史上无可匹敌。这些古代文献记载着大量的人类生活事迹，表达了人类历史上形形色色人物的喜怒哀乐，反映了人类探索自然奥秘、改造自然的种种行为，是人们探索世界、了解世界、改造世界的经验总结。人们将许多认识世界、认识社会、改造世界、改造社会的经验都记载在文献里，通过代代传承，使后代能够继承这些知识。文献是我们了解过去、了解历史的重要依据。通过阅读文献，能够帮助我们学习前人的经验，提高我们的知识水平，增强我们认识世界、改造世界的能力。

现代文献是现代人思考探索的结晶，是更为重要的可以利用的信息资源。现代社会，科学技术的发展日新月异，人类认识世界、改造世界的水平大大提高。教育的普及和发展，提升了人类的整体素质。一方面，越来越多的人将自己的所思、所见、所闻、所感付诸文字，形成文献，使得文献的数量滚雪球般不断扩大；另一方面，人们也越来越多地通过学习文献、利用文献，提高自己的知识文化水平，以跟上时代前进的步伐，服务于社会，为社会创造出更多的物质财富和精神财富。终身学习的理念，已经是现代社会知识阶层的共识。而文献，则无疑是终身学习的老师，是用之不竭、取之不尽的知识源泉。此外，现代文献出版发行力度大，印刷技术先进，文献使用群体也更为广泛。文献的生产、加工、出版、利用等已经形成一条重要的产业链。许多复杂的仪器、设备应用于文献信息的处理，许多科学方法和软件工具应用于文献的分析加工，使得文献的内容和形式得到很好的展示，为我们更快更好地利用文献提供了便利。

文献收藏、保存、借阅、利用，是文献服务机构的职责。图书馆、档案馆是这类文献服务机构的代表。图书馆有官方的，也有私人的。从我国古代的藏书楼到现代的公共图书馆、高校图书馆，文献收藏规模较大，收藏的文献种类也较丰富。档案馆收藏规模较小，文献种类也大多局限在“档案”的范畴。此外，现代社会，还有一些企业、科研机构、社会组织，也设有图书馆、档案馆，收藏了许多文献信息资源，但一般不对外开放，只供本单位职工查阅。通过这些文献服务机构提供的文献资料，人们能够比较容易地查阅采集古今中外历史事迹、现代科技进展、社会科学和自然科学研究成果、世界各地的人物风情等几乎无所不包的文献信息。

通过查阅文献资料采集信息，要注意以下三点。

1. 掌握文献检索途径方面的知识

古往今来，文献数量何止千千万万！如恒河沙数，无法计量。要通过一本本的文献查阅来采集信息，如大海捞针般困难。掌握了文献检索途径的有关知识，就能得心应手地去采获想要采集的文献资料。文献资料检索主要有两个方面的途径：一是反映文献内容特征的途径；二是反映文献外部特征的途径。文献的内容特征体现在文献的本质属性、所论及的事物、提出的问题、涉及的基本概念等方面；而文献的外部特征包括题名、作者、作者单位，以及某种特殊文献自身的标识，如文献分类号、专利文献的专利号、标准文献的标准号、科技报告的报告号等。

1）文献内容特征途径

文献内容特征途径主要包括分类检索途径、主题检索途径、分类与主题结合途径三种。

分类检索途径是一种按照文献内容所属类别进行检索的途径。提供此种检索途径的检索工具通常设置有分类表或分类索引，其检索的关键在于正确理解检索工具中的分类表或分类索引，将检索文献与相应的类别进行匹配。也有部分检索工具的正文即按照分类的方式进行编排，因此也可利用其分类目次表，按类进行查找。分类检索途径的优点在于可把同一类别的文献集中检索出来，可以很好地满足族性检索的需要，但其不足表现在一些新兴学科、边缘学科的文献难以给出确切的类别；有些文献分布在交叉学科中，易造成误检和漏检。因此，从分类途径查找和采集文献信息，要掌握文献的分类体系并对文献内容的交叉情况有所了解。

主题检索途径是一种按照文献的主题内容进行检索的途径，即利用从文献中抽象出来的，或经过人工规范化的，能够代表文献内容的标引词（主题词、关键词、叙词）来检索。它打破了按学科分类的方法，使分散在各个学科领域里的有关文献集中于同一主题，使用时检索者只要确定了检索词，便可像查字典一样，按字顺逐一查找，从检索词之下的索引款目找到所需的线索。检索工具有主题索引、关键词索引、叙词索引等。其最大优点是表达概念灵活、准确，能把同一主题内容的文献集中在一起，同时检索出来。在各学科和其分支交叉渗透日益强化的当前，这种途径的检索可作为分类检索途径的有力补充。

分类与主题结合途径是指一些大型的文献信息加工产品，如综合性书目、综合性论文索引、大型文献数据库、网络信息数据库等，由于汇聚了大量的文献信息，为便于检索利用，常采用先分类别，再按主题汇聚文献信息的方法。信息采集者在检索和采集文献信息时，应注意配合利用两种途径去检索采集。

2）文献外部特征途径

文献外部特征途径主要包括题名途径、著者途径、号码途径、其他途径等。

题名途径即根据文献题名来检索文献所在的途径。它以文献题名字的部首、笔画、号码等为序，编排成一个体系，比较符合一般用户检索文献的使用习惯。一般较多用于查找图书、期刊、单篇文献。信息用户只需知道文献的题名，就可以通过检索工具获取所需文献。

著者途径是根据已知文献著者姓名查找文献的一种途径。编排时将文献资料按照署名者（包括个人及团体著者）名称的字顺组成一个体系，即个人著者索引、机构团体著者索引等。该检索途径方便获取某位著者的所有文献，将该著者的所有文献集中起来。这种汇聚信息的方法在国外尤其受重视，许多文摘性刊物和题录性刊物都把著者索引作为最基本的必备的辅助性索引之一。

号码途径是通过已知文献信息的专用代码，如国际标准书号（International Standard Book Number，ISBN）、国际标准连续出版物号（International Standard Serial Number，ISSN）、专利号、合同号等，查找有关文献信息的途径。所谓号码，是一些文献信息类型的特有标识，与文献信息有对应的关系。在已知文献信息代码的前提下，用此途径检索比较方便、快速。

有些检索工具还附有一些特殊的索引，可用特殊途径找到所需文献的线索。如已知题名、会议时间和地点，则可用“图书索引”和“会议索引”等来检索所需的文献。另外根据学科性质和它们的不同特点，也出现了一些特殊的标识，由这些标识构成了辅助检索途径，如以地质地理科学的地城区划和地名为标识编制的专门索引。

选择恰当的检索途径是进行检索的关键一步。检索途径各有其特色和作用，使用时不可偏废。在检索查阅文献时，应根据检索要求、已知条件、设备是否齐全等因素，尽量综合利用各种途径，取长补短，以提高检索效果。通常在选择检索途径时，应注意以下几点。

第一，根据文献的已知条件选择检索途径。如果已知文献的外部特征，可选择题名、著者、代码等检索途径；如果已知文献的内容特征，则应选择主题途径或分类途径。例如，已知文献外部特征如著者、号码和地名等，就可利用相应检索点迅速有效地查获所需文献。

第二，根据检索工具的具体情况选择检索途径。所使用的检索工具本身可能提供的途径有几种。一般来说，为了进行深入全面的检索，往往是以主题途径或者分类途径作为主要检索途径。若文献信息检索的泛指性较高，范围较广，选用分类途径较好。反之，文献信息检索的专指性较强，或涉及跨学科的文献信息则选主题途径为宜。

第三，查找文献时，如果条件允许，可综合利用各种途径，以便取长补短。例如，为科学研究确定选题，了解某一学科的发展历史、研究现状和发展趋势，为制定战略决策和预测而搜集有关文献，应以分类途径为主，以主题检索途径为辅；为研究解决某一具体问题或攻克某一技术难关采集有关文献信息，应以主题途径为主，以分类途径为辅。

在工具书领域，许多工具书的功能具有多样性，其检索途径也不是单一的，如汉语拼音、四角号码、汉字部首等。甚至大型工具书的书脊，一些工具书的切口，都是检索信息的途径。此外，随着计算机检索系统的快速发展，许多计算机检索系统可以同时提供多种检索途径，尤其是在全文检索系统中，几乎文献的每一个特征（无论是外部特征还是内容特征）都可作为检索途径。例如，我国古代的《四库全书》《二十五史》等，就能由一般的字、词、句入手，更直接、更快捷地从文献中查找采集到有关信息，省却大量的翻阅之劳。

2. 具有文献学方面的知识，防止被文字的表象所迷惑

自古以来，文献便是精华与糟粕并存，腐朽与神奇同在。通过查阅文献采集信息，事先必须要对所查文献的有关情况有所了解，具有披沙拣金的能力。此外，即使是同一文献，也可能由于版本的不同，出版地域的不同，出版商的不同，出版时间的不同，形成文献内容、文献出版质量上的差异。因此，信息采集者具备一点文献学方面的知识，对选择文献、了解文献来说，也是非常必要的。还要引起重视的是，文献内容，并非都是作者经历或者所见所闻的真实记载，也并非都是作者真情实感的自然流露。为了某种目的，作者恣意添油加醋，甚至歪曲事实、捏造事实，制造种种假象；无病呻吟，虚情假意的现象，在文献中比比皆是。文献信息采集时，要随时保持清醒的头脑，避免被种种文字假象所迷惑。

3. 了解图书馆、档案馆等文献服务机构的服务方式

不像古代的藏书楼，现代图书馆、档案馆一般具有先进的服务理念，把为读者服务视为工作的核心，提供多种多样的服务。如文献的代查代阅；文献信息的检索；文献复制；文献资源的馆际互借；文献咨询问题的解答；文献的代购和邮递；文献需求的定制，等等。信息采集者可以根据自身的需要，委托图书馆、档案馆工作人员，从事相关的工作，节省信息采集的时间和成本，获取更多的效益。

需要注意的是，现代社会，无纸化趋势越来越快，纸质文献资源的数字化，特别是传统典籍的数字化，可能不用很长的时间就可基本实现。数字文献的检索利用，更为方便快捷。人们甚至可以由文献中的任意字词或组合，检索到自己所需要的信息。在文献检索利用途径，利用数字文献取代纸质文献的趋势将不可逆转。

3.1.4 网络信息共享途径

网络环境下信息资源的共享，是指网络信息拥有者根据众多用户的信息需求，利用计算机、通信电子、多媒体等先进的信息技术，通过网络将各种电子信息资源和网络信息资源提供给广大用户，实现信息资源拥有者与用户间的信息流动，“一对多”地达到信息资源的阅览、采集、利用与开发的过程。

进入 21 世纪以来，随着网络技术的飞速进步，网络存储的信息呈海量增长。一方面，人们将传统的纸质文献源源不断地电子化、数字化，放置在网络上，形成了数量庞大的网络文献信息资源；另一方面，随着博客、微博等的推出，越来越多的网民将网络作为发布信息的窗口，作为展现自我的平台，把各种各样的信息上传到网络。而数不清的网站，更是日夜不停地向外发布和展示政治、军事、科技、社交、文化等各种信息内容。网民与网站的结合，使得网络成为现代社会生活信息的渊薮。中国互联网络信息中心（China Internet Network Information Center，CNNIC）发布的第 43 次《中国互联网络发展状况统计报告》显示，截至 2018 年 12 月，我国网民规模达 8.29 亿，普及率达 59.6%，较 2017 年底提升 3.8 个百分点，全年新增网民 5653 万。我国手机网民规模达 8.17 亿，网民通过手机接入互联网的比例高达 98.6%。2018 年，互联网覆盖范围进一步扩大，贫困地区网络基础设施“最后一公里”逐步打通，“数字鸿沟”加快弥合；移动流量资费大幅下降，跨省“漫游”成为历史，居民入网门槛进一步降低，信息交流效率得到提升。

网络的便利性使网络成为信息的集散地。世界发达国家、重要的发展中国家，都在大规模利用网络进行信息收集与传播。网络信息共享途径已成为人们主要的信息采集途径。例如，中国知识基础设施工程（China National Knowledge Infrastructure，CNKI），就聚集了中国大量科学文化知识资源，每年我国有大量的科研单位、高等院校在其上面采集获取所需要的知识信息。北京万方数据股份有限公司是我国知名的高科技信息服务公司，信息服务范围从学术期刊、学位论文、会议文献、外文文献等文献信息服务到视频服务、专业医学服务，面向社会的各行各业。在国外，如源自美国军方的 Dialog 大型数据库集群拥有 900 多个数据库，收录了全球以千万计的科研论文，其用户遍及世界各地。全球许多高等学校、大型企业、高科技公司和专业情报机构，都是 Dialog 的用户。

网络上信息资源的种类也特别繁多，给用户有很多选择余地。互联网上不仅有文字信息资源、图片信息资源，还有动画、视频、音频等多媒体信息资源。资源的格式也具有多样性，不仅有 txt、doc、PDF 等传统格式的文档，也有 HTML、XML、XHTML、RSS 等网络格式的文档，并且文档之间可以自由转换。用户可以根据自身的需要选择合适的文档，选择合适的类型作为采集的对象。

网络信息资源信息量大、资源丰富，容易保存，并且通过网络传递速度快、效率高。利用网络信息共享途径复制比较容易，成本低，很多资源网络都提供免费使用。利用网络采集信息可以不受时间、空间的限制，甚至可以利用计算机自动完成全球某方面的信息采集，以最少的人为、物力采集到最多的信息资源。同时，网络信息更新快，时效性强，信息资源价值优势明显。

网络信息的采集必须借助一定的工具，利用一定的检索方法。计算机、智能手机等能够上网的工具，是信息采集必不可少的“硬件”。此外，还需要通过一定的软件工具来辅助获取信息，如专门设计的信息采集软件等。网络信息资源丰富，但虚假信息、垃圾信息也更多，信息真假难辨，用户对采集信息的甄别难度也更大。

3.2　信息采集的过程

一般情况下，实施信息采集有信息需求分析、信息甄别、信息选择三个环节。

3.2.1 信息需求分析

信息采集活动是建立在信息需求之上的。信息采集者在采集信息工作开展之前，必须了解个人用户、机构用户或自身的信息需求——用户对信息内容、数量、形式和质量的具体要求。信息需求是在信息刺激下产生的，这些刺激可能是为了了解某一物品、解决某一问题、完成某项任务等所产生的。要明确用户最真实的信息需求，首先最好能知晓刺激用户信息需求的诱因，找到用户产生信息需求的源头。这样，对准确把握用户信息需求的内容有帮助。刺激信息需求的诱因往往有很多，有显性的，有隐形的。显性的诱因往往比较明显，而隐形的诱因一般难以发现。

在了解用户产生信息需求诱因的基础上，进一步深入细致的分析，扩展或缩小需求的外延，找出真实、贴切的信息需求。按照信息需求显示的程度，信息采集者可以将信息需求的层次分为深层次信息需求、浅层次信息需求两个层次。深层次信息需求是用户或信息机构为达到某一目的所需的全部信息，包括有意识和无意识的信息需求。浅层次信息需求是用户或信息机构所认识到的信息需求，不包括未被用户认识和发现的信息需求。认识到的信息需求可能与实际的信息需求相吻合，也可能与实际的信息需求不一致。在开始信息采集之前，有时会发现用户提出的信息需求可能只是浅层次的信息需求，或者是漫无边际的信息需求，这就需要信息采集者帮助用户扩展或缩小信息需求的内涵和外延，力求所采集的信息符合用户自身的实际信息需求。

3.2.2 信息甄别

现代信息社会，处处充斥着信息。尤其是网络信息，既是信息的聚宝盆，也是信息的万花筒、信息的垃圾场。采集网络信息，如果不具备相应的审视和判断能力，就有可能被大量的信息垃圾所误导甚至湮没。面对形形色色、五花八门、良莠不齐的信息海洋，如何进行信息甄别，是信息采集时首先面临的棘手问题。

信息甄别是指以所采集信息为考察对象，在法律法规许可的前提下，以严谨、认真、科学的工作态度，通过头脑分析判断和各种技术手段，识别、区分、检查、验证信息的真实性、有效性的信息检验过程。也可以说是将有用信息与无用信息、垃圾信息、虚假信息、有害信息区别开来的过程，是信息的鉴别、发现、过滤过程。

信息甄别可以从宏观和微观两方面来进行。

从宏观方面来说，首先，可以划分所采集信息存在的畛域。在从事信息采集时，先要将所采集信息所在领域（包括地域、范畴、时间段等）圈定，避免信息采集的盲目性。这样做，可以节省大量的时间和精力，将许多与所采集信息内容无关的、无用的信息隔离于含有有用信息的信息群之外，为微观的信息甄别和选择奠定良好的基础；其次，考察信息来源的可靠性，如果信息来源本身不可靠，那么信息的真实性、利用价值就成问题。在圈定的信息群中，将那些来源不可靠的信息隔离、区别开来，就进一步缩小了信息采集的范畴。

从微观方面来说，就是对所圈定的信息群中的具体信息进行辨别、鉴别。首先，我们可以辨别信息内容与用户信息需求的相关性，将那些明显无关的、无用的信息与用户信息需求相关的信息区别开来；其次，鉴别信息内容的真实性，将那些貌似与用户信息需求相关，实则是无关的，甚至是虚假的、捏造的信息与相关的、真实的、有用的信息区别开来；最后，撩开笼罩的面纱，透过层层迷雾，将那些貌似无关的、无用的，但在深层次上却与用户信息需求相吻合的有用信息挖掘出来。

在甄别、剔除无用的信息之后，就为下一步的信息选择打开了方便之门。

信息甄别的开展也可以从以下几方面入手。

从信息的来源进行判断。可以通过查看信息来源是否可靠，判断信息要素是否齐全，运用逻辑推理和资料查阅的方法进行考证和深入的调查，来判断信息中涉及的事物是否客观存在，构成信息的各个要素是否真实。信息来源的权威性、可靠性也是信息甄别的重要筹码，可以通过考察信息来源是否具有权威性，以及与同类信息相互比较等方法，研究此信息是否具有代表性、真实性。

从信息的主题相关性判断。考察信息的内容是否与所采集信息主题相关。因为只有与主题相关的信息才具有可用性，对信息用户才具有利用价值。与主题相关性的大小、程度的高低也比较重要。有些采集的信息与主题的相关度不高，信息采集的价值不大，如果不将其区别开来，一概采入，不仅耽误信息采集者处理的时间，浪费大量的精力，而且还会造成信息利用的主次不分，难得要领的现象。

从信息的时效性进行判断。某些信息具有很强的时效性，如一些经济方面的信息。我们在获取这类信息时，需要通过判定其时效性来确定信息的价值。判断信息的时效性的方法可以归结为：在第一时间里的报道，具有很强的时效性；渐进式的事实，应在事实变动中找到一个最新、最近的时间点来判断时效性；过去发生的事实，新近才发现或披露出来的，则可以通过说明自己得到信息的最新时间和来源的办法加以说明。

根据原有经验判断。经验判断虽然不完全准确，但速度较快，有时能够迅速识别信息的价值。因此，信息采集者除了根据自己的已有经验，在第一时间判断有关信息的价值外，如果条件许可，可以组织专家，依靠专家的经验来判断、采集信息。有时候经验可以起到很重要的作用，很多隐含很深的信息，要依靠具有丰富经验的信息采集者的判断，才能使之彰显并挖掘出来。

向权威机构或权威人士核实。存在疑问或影响重大的信息，如果条件具备，在甄别、采集时，应该向权威部门或权威人士核实其可靠性，比如涉及国家、政府甚至大型企业的重要信息，不能对道听途说的获取奉为至宝，或者对一些“小道消息”信以为真，应该想方设法得到权威机构或权威人士的核实。

充分利用信息识别工具来甄别信息。信息技术的使用，有时可以使信息的识别变得更容易。借助工具，特别是处理能力很强的信息处理工具，能够快速、高效地从一大堆信息中找到自己所需的信息。信息识别工具可以极大地提高人们的信息甄别能力，尤其是在网络信息甄别处理领域。

3.2.3 信息选择

信息选择，是指信息采集者对甄别后可以采集的信息，结合用户的信息需求进行筛选和排查，以获得最满意信息的过程。

信息选择是选择行为的主体根据信息需求分析的结果所作出的行动，是一个既受主体主观意识的制约，又受信息本身价值制约的复杂活动。信息采集者往往会选择采集那些认为对满足用户信息需求能起到绝对作用的信息。信息选择需要依靠信息采集者的信息意识和信息经验，即能充分地认识到信息对解决问题起到的作用。信息采集者对信息价值大小的判断构成信息选择的标准。

同时，信息本身的价值，在信息选择过程中也起到重要的作用，直接影响到信息选择的结果。信息本身的价值是相对于信息需求分析的结果而言的。信息本身价值越大，信息被选中的可能性就越大。另外，信息选择还与信息的展现方式有关。显性的信息能够轻易被发现，而隐形的信息却很难被发现，选择的难度相对就大一些。

信息选择主要的工作有筛选、去重、留精等。筛选是根据信息甄别的结果将许多作用不大的信息丢弃掉，留下与信息需求分析相吻合的重要信息。信息筛选需要信息采集者依据信息甄别的结果来进行，将所采集到的信息中符合采集标准的次要信息去掉。去重是指将筛选后的信息中内容重复者去掉。去重可以避免信息使用者多次浏览内容相同的冗余信息，减少信息利用者的工作时间和工作量。留精是指将所获取的信息按照一定的价值取向排序，将那些与信息需求相关但是利用价值不高的信息抛弃，留下那些利用价值高的信息。

信息选择的原则主要有有用性原则、最优化原则、宁缺毋滥原则。

（1）有用性原则。即所选择的信息是有用的，能够创造效益，能够解决问题，能够满足人们实践活动中多层次、多种类、多变化性的需求。

（2）最优化原则。所选择的信息，应该是最有用的，最优秀的，最贴近信息需求，与信息应用的领域最相关的。信息应用在不同领域会产生不同的功效，只有那些最符合应用领域需求的信息才能产生最大的功效。这就需要我们采取最有效的方法，实现信息选择的最优化。

（3）宁缺毋滥原则。有时候有些方面的有用信息阙如，或者信息选择会受到一些条件的限制和阻碍，我们不能选择有关对应的信息。这时就必须根据实际情况，说明未能采集的原因，做到宁缺毋滥，而不要将一些无关的信息硬拉进来，滥竽充数。

影响信息采集者信息选择的因素有很多，从内因方面分析，有知识结构、观念、习惯等因素；从外因方面分析，则主要为外部条件等因素。

（1）知识结构是指知识的构成，即各类知识构成的结构框架和各类知识所占的比例。信息采集者所具有的能力与他所掌握的知识、工作技能是相互联系与制约的。信息采集者所具备的知识结构体系与其信息判断、选择能力成正比。

（2）观念是人脑中的意识。它由印象、经验、成长和生活环境等因素影响形成，在一定程度上支配人的行为。正确的观念就是人的大脑对客观环境的正确反映，错误的观念会不顾事实的真相，采取一意孤行的行动。人类的行为都是受行为执行者的观念支配的，观念正确与否直接影响到行为的结果。因此，信息采集者观念的正确与否，与信息采集结果息息相关。

（3）习惯是人较为固定的行为模式，影响着人的思维和行为。一般说来，信息采集者会根据以往的信息采集经验、常用的信息采集途径、习惯的采集方法从事信息选择。

（4）外部条件主要指经济条件、权力条件和环境条件等影响信息采集活动的外部因素。例如，信息采集往往会涉及具体的信息所在机构、单位的实际情况，涉及具体的经济利益，从而影响信息采集行为和后果。有时候，条件还决定选择。例如，得不到一定的权利许可，许多机密级别的信息便无法采集。而在一个观念保守、信息闭塞的不发达地区，要采集一些对开发当地经济、促进社会进步有利的信息，有时也会遇到意想不到的种种阻力。

第 4 章　信息采集策略

信息采集策略是信息采集工作实施之前制订的信息采集方针。在开始信息采集前，应该根据不同的信息需求，结合各类信息的特点，制订正确而适当的信息采集策略。正确而适当的信息采集策略能指引我们驾轻就熟、轻而易举地采集到想要的信息，不恰当的信息采集策略会使我们浪费大量的人力、物力，甚至南辕北辙，指引我们采集无效或者无用的信息。

信息采集策略视具体的信息采集任务而选择，没有一成不变的固定模式可供遵循。在这里，我们将信息采集策略的类型略加介绍，是为了给有关机构、公司、个人从事信息采集时，选择信息采集策略参考。从这个意义上说，本节内容是描述一种可供制订信息采集策略选择的“路线图”，而不是提供具体的信息采集实施策略的“蓝图”。

4.1　信息全采集策略

信息全采集策略，强调在信息采集过程中要把握一个“全”字，注重信息采集内容的完整性和全面性。但这个“全”，是相对的，而不是绝对的。因为任何信息采集，都无法做到空间或时间方面漫无止境的信息“全”采集。我们可以从不同层面来了解和把握其实质：它可以是针对不同类别信息的全部采集，也可以是针对某种类别信息的全部采集；可以是某一时间段全方位信息的采集，也可以是某一时间段某方面全部信息的采集；可以是某一地域内所有信息的采集，也可以是某一地域内针对有关信息的全部采集；可以是有关某一事件的全部信息的采集，也可以是有关某一事件中涉及某问题的全部信息采集；等等。因为注重“全”，大型信息采集项目采取信息全采集策略，就需要调动一定的人力、物力、财力来完成。对信息采集所涉及的对象要尽可能网罗到，就需要信息采集者能用各种方式接触到所有信息，并尽可能熟悉它、获取它，这需要信息采集者具备丰富的信息采集经验和良好的知识素养。

信息全采集策略常被从事大型信息资源建设所采用。例如，中国国家图书馆承担着大量文献信息资源的采集与保存，建设高质量的国家文献信息资源保存基地的任务。面对文献信息资源载体多样化趋势，针对中文文献始终贯彻“中文求全”“国内出版物求全”的采选方针，它全面入藏中文各学科各类型文献；全面采集海外中国学、中国研究及有价值的海外中文文献，并有计划地收集流散海外的中文善本古籍的原件或复制品；重视音像资料、缩微文献的入藏；加大电子出版物、网络文献等中文数字资源的采集；采取必要的措施提高国内出版物的缴送率；倡导社会机构和个人捐赠；加强文献的交换与补缺；探讨数据库购买使用与许可使用同步实施的方式。多种信息采集行动，都是为实施中文信息全采集策略而具体开展的。为巩固中国国家图书馆作为世界中文文献保存中心的地位而不断地添砖加瓦。

信息全采集策略也常被决策者采用，以利于决策参考。聪明的决策者大都深谙“兼听则明，偏信则暗”的道理，在任何决策之先，总是全面地采集各种有关信息，帮助自己全方位思考，作出判断，形成决策。其要采集的信息，从信息载体来说，有纸质载体方面的信息，也有网络载体方面的信息。从信息内容上说，包括有利的信息、不利的信息，赞成的信息、反对的信息。从信息表达形式来说，有书面表达的信息，口头表达的信息，等等。正因为有信息做可靠的保证，才能“运筹帷幄之中，决胜千里之外”，作出正确的决策，赢得事业的胜利。

信息全采集策略也常用于科学研究。为了掌握某方面的研究进展，对其相关的研究信息做全面的采集是必不可少的。这也是撰写学术论著的第一步。硕士学位论文和博士学位论文中的研究综述，也必定是在全面采集相关论著信息的基础上撰写的，否则就是无源之水，无本之木。清代王引之撰著《经传释词》，花了20年的时间和精力，遍采九经三传、《史记》、《汉书》等西汉以前典籍中160余个虚词中的用例，罗列排比于每个虚词之下，以致每个虚词释义下引征的例句达数十条之多。这种全面采集信息资料、归纳论证的方法，为后来张相的《诗词曲语辞汇释》等著作所沿用，在学术界享有盛誉。

选取信息全采集策略来采集信息，需要根据不同的信息需求采取不同的对策。因为作为存在方式的体现，事物常常具有较大的差异性，某一事物总是表现出与其他事物不同的特点。虽然同样是信息全采集策略，针对不同事物的信息采集，并不是能够照搬照抄、一概而论的。需要根据事物、信息的特点，结合实际情况采取不同的信息采集对策。但是，在从事信息采集时，无论是哪种类别的信息全采集策略，有一点是必须要清楚的：这就是对所采集领域的信息要尽量做到“竭泽而渔”，不放过任何信息，包括内容、形式、载体等各不相同的信息。

还需要注意信息对象是否适合采取信息全采集策略的问题。采取信息全采集策略，对信息采集对象有特殊的要求。重点在于其具有使用或参考的价值。因为，信息全采集策略耗费人力、物力一般较大，采集的信息价值过低会造成资源的严重浪费，可以说是劳民伤财。尤其是大规模的信息采集项目，实施信息采集时更需要慎重考虑。

选择信息全采集策略采集信息的好处是，能够从整体上了解、认识、把握事物的所有信息，包括正面的信息、反面的信息，减少分析、研究问题的片面性和盲目性，可以为科学决策提供可靠的信息保障。同时，它也便于针对所采集到的某方面信息开展具体问题的研究。例如，我国2010年第六次全国人口普查，采用的就是信息全采集策略。此次普查耗资80多亿元，涉及13亿人口对象。参与普查人员达到600万人，在全国各地深入4亿多户家庭，采取入户登记方式进行。普查内容包括：姓名、性别、年龄、民族、户口登记状况、受教育程度、行业、职业、迁移流动、社会保障、婚姻、生育、死亡、住房情况等。普查覆盖面广、人员多、耗资巨大，既为我国从整体上全面地了解人口的总数、性别比例等提供了有用的信息，也为从事某一类问题进行深入研究提供了信息资源，如男女比例、婚姻情况、受教育情况、人口迁移流动情况等。

信息全采集策略涉及的信息面广，信息内容多，耗费的时间、精力、经费等一般都比较多，也必定会给信息处理、分析、研究带来难度。因此，大规模信息资源建设或大型信息采集项目，采用信息全采集策略，都是由国家或大型事业单位、大型企业组织完成的。信息采集任务完成后，一定要有科学的信息处理加工方案，以有利于信息的尽快利用。

当代，一些国家开始对网络信息实施信息全采集策略。例如，瑞典在 1996 年就设立了名为 Kulturarw3 的网络信息资源收集项目。该项目由瑞典国家图书馆负责实施，以瑞典全国的网络信息资源为对象，制定了一揽子信息采集计划。其网络信息资源的采集范围为瑞典国内 se、com、org、net、nu 等域名的网站资源，包括所有的文字、声音、图像等网络数字资源。主要是通过网络机器人进行数据的自动采集，并提供网上获取。

CNNIC 也在承担类似网络信息全方位采集工作。其工作的重点是统计和公布网络发展情况。CNNIC 是 1997 年 6 月 3 日经国家主管部门批准组建的管理和服务机构，行使国家互联网络信息中心的职责。主要承担互联网地址资源注册管理、互联网调查与相关信息服务、目录数据库服务、互联网寻址技术研发、国际交流和政策调研等功能。其中的互联网调查是 CNNIC 负责开展的，关于中国互联网络发展状况等多项统计调查工作，以了解中国互联网的宏观发展状况，忠实记录其发展脉络。其调查数据涉及网民规模与结构特征、互联网基础资源、网民互联网应用情况、互联网安全环境等内容，并且对于某一特定群体如青少年，或某一特定范围如农村，或某一特定网络行业如社交网站等相关的数据进行统计调查，掌握了大量的一手资料，并按时公布于众。其统计调查的权威性和客观性已被国内外广泛认可，得到国际组织（如联合国、国际电信联盟等）的采纳和赞誉，部分指标已经纳入我国政府年度统计报告。

4.2 选择性信息采集策略

选择性信息采集策略，是根据信息需求及信息自身特点，结合信息采集者的判断有选择性地对信息资源进行采集的策略。选择性信息采集策略实施的前提，一是所采集信息涉及面广，但信息内容性质雷同的情况多，选择性信息采集能够“以点代面”地反映问题，说明问题；二是选择性信息采集策略是相对于信息全采集策略而言的，信息采集机构面对庞大的信息资源，没有足够的人力、物力、财力来进行全方位的信息采集时，可以采用选择性信息采集策略，其采集的信息仅仅是其中的一部分，对用户而言，是最需要的、使用价值最高的信息；就所采集对象而言，是信息中的精华。例如，中国国家数字图书馆对于外文文献资源的采集策略，就是选择性信息采集策略。其重点采集的是外国社会科学文献，国际组织与外国政府出版物，小语种文献和周边国家与地区出版物，外文古籍善本，名人手稿、信札，以及近现代珍稀文献等。

选择性信息采集策略，还可以再区别为两种：针对所有信息对象的选择性信息采集策略和针对某类信息对象的选择性信息采集策略。前者是“普选”，后者是“优选”。普选主要是调查信息对象普遍存在的某种现象或者普遍具有的某种性质，所采集的信息具有普遍性特征，多适应于社会调查研究信息的采集。优选是针对某类特殊信息对象进行的信息选择，所采集的信息具有自身的独特性，一般适合学术研究类信息的采集。

选择性信息采集策略的实施有四点要求。其一，要求信息需求方的信息需求比较明确，对所需信息涉及的内容有一个清晰的认识，对所要采集的信息对象有明确的说明。其二，对信息采集者专业水平要求较高。信息采集者不仅需要具备一定的信息获取能力和对涉及的信息的认识能力，还需要有对所采集信息与其他信息进行甄别的能力，对所采集信息是否有用进行判断的能力。其三，选择性信息采集要有一个选择标准做依据，不能盲目选择。对信息进行选择时，要制定一个合适的选择标准，既能选择出信息采集者所需要采集的信息对象，又能够避免信息资源的漏选，还能考虑到合理的费用支出。其四，要有科学的方法。科学的选择方法是有效而又高效地采集信息的保证。通过科学的选择方法能够更快、更好地选择出所需信息。常用的科学选择方法主要有统计方法，如抽样统计方法、概率统计方法等。

选择性信息采集策略的优点是，信息采集对象明确，信息采集范围较小，能够节省大量的时间、经费。但该方案对信息采集者的素质要求较高，不仅需要其具备信息素质，还要求具备敬业素质，对所要采集的信息内容有专业的认识、了解与判断能力。因为对信息进行选择带有人的主观色彩，无论是“普选”，还是“优选”，都与信息采集者的意识形态和专业素养相关，都是根据信息采集者的经验和知识来进行选择的。因此，在采集过程中，有时也可能遗漏一些具有重要价值的信息。

选择性信息采集策略在信息采集业务中经常采用。一般的个人信息需求，大都是选择性信息需求。大多数企业、研究机构的信息需求也是选择性信息需求。例如，要了解城市大龄未婚青年的信息，我们可以选取某一个年龄段（如30～40岁）的大龄青年进行社会调查，了解其性别、学历、工作、收入、择偶要求等信息的分布情况。

《参考消息》是我国非常有影响力的报纸，是新华通讯社主办，参考消息报社编辑出版的日报，其所刊载的信息大部分是从国外报纸、杂志中采集过来的，以转载摘载的形式发布。《参考消息》每天选择性地采集世界各国（地区）通讯社、报刊及因特网上的最新消息、评论的精华，报道世界各国（地区）的政治、经济、军事、科技、体育、文化，以及对华反应等各方面的最新情况。其选择性采集的信息，大多是与中国相关的，它提供了一个国人了解其他人看中国、其他人看世界的窗口。从某种意义上说，它也是选择性信息采集的成功范例之一。

针对网络信息的选择性信息采集策略，国外实施也比较多。例如，澳大利亚的PANDORA（Preserving and Accessing Networked Documentary Resources of Australia）项目。1996年，澳大利亚国家图书馆启动了PANDORA项目。该项目是一个多馆合作项目，以收集、保存与澳大利亚相关的网站信息资源和联机出版物为目标，为用户提供对这些资源的长期存取与利用。考虑到很多网络信息没有或很少有保存的价值，澳大利亚国家图书馆和合作者没有抓取所有和澳大利亚相关的网站信息，而是采取选择性信息采集与存取的策略。Lay在解释澳大利亚PANDORA项目选择性标准时说：“收集和保存数字信息非常复杂、费时和昂贵，因此现阶段只能将精力集中在那些现在和未来具有研究价值的资源上”。

该项目侧重于收集只有网络版的出版物，也就是说，对于有对应纸印本形式的电子资源，除非电子版中包含有印刷版中不包括的重要信息，否则不在考虑范围之内。采集的信息资源包括澳大利亚作者完成的关于澳大利亚的社会、政治、文化、宗教、科学和经济信息等有研究价值的权威数字出版物。澳大利亚国家图书馆拥有选择的最优先权，它们并不保存网站所有信息内容的变化，而是建立标题定期收集制度。该项目每个参与组织都有自己的网络资源选择方针，负责地方或特殊网络资源的保存。采集的信息按照内容共分为18个专题，公众可以通过网络免费获取。

4.3　呈缴本制度式的信息采集策略

呈缴本制度，是指国家用法律或法令的形式规定图书出版单位在出版某一出版物后，有义务向指定的图书馆免费缴送一定数量的样品。样品被称为呈缴本，此制度也被称为呈缴本制度。当代社会，“呈缴本制度”式的信息采集方式，广泛应用于文化、税务、工商、企业部门的信息采集。

呈缴本制度可以分为规定呈缴和自愿呈缴两类。对于规定呈缴，即基于呈缴本制度的采集需依靠法律或制度来保证呈缴本制度的实施。信息采集单位对信息资源呈缴单位有管辖权或法定接收权，能够制定或依据法律、法规、制度来约束信息缴送方。因此，呈缴本制度式信息采集一般应用在上级单位对下级单位，管理方对被管理方等情况。对于自愿呈缴式信息采集，其呈缴方是在自愿情况下发生的。因此，没有任何法律、制度的约束，只是体现信息呈缴方在自愿履行一定义务，体现呈缴方的责任心。现在又产生了一种协商呈缴制度，即信息收取方和信息提供方通过协商方式进行呈缴，但从实质上来看其仍然是自愿呈缴。

一般来说，呈缴本制度的实施需要有一定的时间。因此，呈缴本制度式的信息采集策略适合那些机构比较固定，上下级关系长期存在的信息采集。例如，税务部门需要了解企业的运行情况，要求企业每月提供其财务信息；档案管理部门要求事业单位按时提供文件、材料信息；大型企业要求下属机构、生产部门按时提供有关管理、业务进展信息等。

呈缴本制度式的信息采集所涉及的信息往往是信息缴送方中比较重要的信息，具有一定的经济价值和社会价值。因此，信息采集方对采集工作的管理比较严格，甚至需要采取保密措施，以免影响信息缴送方的利益。

以图书为例，对于印刷本出版物来说，呈缴本的使用不会影响出版者的经济利益。但是对于电子出版物而言，情况就发生了很大变化。图书馆只需借助相关设备就可以向多个用户提供联机服务，如果不在使用上对呈缴的电子出版物进行必要的限制，就势必会影响到出版商的利益，从而影响到出版商呈缴的积极性。所以，很多国家纷纷制定措施对呈缴资料的使用进行规范和限制。

在丹麦，接收呈缴网络信息的单位——皇家图书馆不能将这些资源在网络上提供给公众使用，只能在皇家图书馆的阅览室浏览，但是允许个人打印使用。2002年，瑞典政府颁布了一项特殊的政令，允许瑞典皇家图书馆对瑞典网络上所有的信息资源进行收集、保存，并且允许公众在图书馆内进行检索利用。出版者也比较能够接受在图书馆内独立的工作站上一次供一个用户使用的方法。这种方法同印刷本出版物的使用基本一致，不会对网络出版物的销售和使用造成太大的影响。

我国在清政府时期就确立了出版物的法定呈缴制度。其后，民国各时期的中央政府也陆续颁布了多件含有出版物呈缴规定的法规，如北洋政府颁布的《出版法》(1914年)、南京国民政府大学院公布的《新出图书呈缴条例》(1927年)等。中华人民共和国成立后，我国国内出版物的呈缴工作一直由国家出版管理机关出台的一系列部门规章来规范。到20世纪90年代，国家修订和颁布了一些行政法规和部门规章对出版物呈缴问题做了进一步的规定。例如，1991年新闻出版署①修订了《关于征集图书、杂志、报纸样本的办法》，对多年来我国实施的印刷本出版物呈缴制度作了部分调整和规范。同年，新闻出版署下发了《关于调整向北京图书馆缴送杂志样本数量的通知》，该通知对向北京图书馆缴送杂志样本的数量进行了调整，由1本增至3本。

20世纪90年代中期以后，随着电子出版物数量的不断增多，新闻出版署于1996年制定了《电子出版物管理暂行规定》，其第十二条规定："电子出版物出版单位应当自电子出版物出版之日起30日内向新闻出版署、北京图书馆和中国版本图书馆缴送样品。"随后，新闻出版署又发布了《关于缴送音像、电子出版物样品的通知》，对实体电子出版物的缴送范围、缴送办法和督缴措施做了具体规定。这一系列规章的颁布，标志着我国面对信息技术带来的挑战，开始对传统的呈缴制度进行调整，并正式确立了电子出版物的法定呈缴制度。

进入21世纪后，为了适应信息时代出版活动的管理要求，国务院于2001年重新制定颁布了《出版管理条例》。我国的法定呈缴制度已经为法律效力更高的国务院行政法规所确认，并且电子出版物的呈缴也被包括在其中，这对于我国出版物呈缴制度的实施提供了更强有力的法律保障。

很多欧美发达国家已经把传统的呈缴本制度扩展到了数字资源领域。国外主要有"法定呈缴""协议呈缴""自愿呈缴"等三种网络数字资源呈缴方式：大多数国家通过立法或修改传统呈缴法，以"法定呈缴"的方法将电子出版物纳入呈缴范围；有的国家没有颁布相关的呈缴法规，就与出版社协商，通过"协议呈缴"的方式解决。也有少数国家采用"自愿呈缴"的方式。但由于网络信息资源的复杂性，大多数国家采集的主要是静态网络信息资源或电子出版物。例如，丹麦的呈缴范围包括实体数字信息出版物和静态网络出版物，而由于技术和版权问题还没有解决，动态网络出版物目前还没有被纳入呈缴之列。挪威、新西兰、芬兰等国也有类似的规定。

呈缴本制度式的信息采集，对于政府机构、大型企业、事业单位的管理来说，是十分重要的。它是了解下属单位或部门运作、活动情况不可或缺的重要方式，也是在此基础上，进行管理、指导的重要环节。

4.4 委托式信息采集策略

委托式信息采集策略是企业常用的一种信息采集策略。它常常与信息咨询和管理咨询等结合使用。一般来说，企业尤其是中小企业专门从事信息采集、信息分析的人员数量较

① 现为国家新闻出版署。

少，无法对庞大的市场信息（顾客、竞争对手、供货商、政府政策法规、经济环境、政治环境等）进行系统、全面的采集，更难以深入分析论证，撰写出有针对性、有见地的论证报告。因此，在企业面临重大决策或遇到棘手问题时，往往会委托信息咨询公司、管理咨询公司去从事所需信息的采集、分析、处理、论证的工作。

信息需求者采取委托式信息采集策略，主要原因是缺乏专业信息采集人员与管理人员，自身采集信息的能力有限；或者认为委托信息咨询、管理咨询公司帮助采集所需求信息更合适，经济上更合算。采取委托式信息采集策略的首要条件，一是市场必须存在专门从事信息采集服务的企业，并且有足够的实力能够提供信息采集服务；二是委托方必须具有一定的经济实力，因为委托式信息采集，一般付出的经济报酬也是比较高的，尤其是大规模的信息采集项目。对于受委托的信息采集/服务公司来说，必须有实力承担委托方提出的信息采集要求，有能力组织人力、物力完成信息采集工作。目前委托式信息采集工作，大多集中在科技信息查新、市场信息调研、决策咨询等方面。

科技信息查新主要是为科研立项提供客观依据，为科技成果的鉴定、评估、验收、转化、奖励等提供客观依据，为科技人员进行研究开发提供可靠而丰富的信息。科技信息查新需要专业的信息检索人员利用专业数据库进行检索，从而获取有关科技成果的最新信息。科技信息查新人员根据信息需求者提供的信息查新要求，确定检索词（含中英文对照的规范词、同义词、缩写词等），以及分类号、分子式、化学物质登记号，编写专业检索式，利用检索指令进入联机数据库进行科技查新。信息需求者委托科技查新机构时需要提出委托请求，签订委托协议，则科技查新机构根据委托请求完成科技查新，提供查新报告。目前，我国许多大型高校图书馆、大部分省级以上科研院所，都可以接受委托信息采集任务，提供科技信息查新服务。

市场信息调研主要是了解市场行情、市场竞争、消费者分析、宏观经济和政治环境等情况，采集相关信息。市场信息调研不仅需要大量的人力、物力，也需要调研机构有足够的覆盖面，能够对市场信息准确深入地了解和把握，还需要运用有效的市场调研手段来采集所需的信息。目前，很多企业专注企业的生产、经营、管理，市场信息采集调研一般委托专业的信息采集/服务公司来做。我国市场信息采集咨询服务公司很多，比较著名的如零点研究咨询集团，其创业始于 1992 年成立的零点调查公司，已发展成为国内较大的提供专业策略性研究咨询服务的集团公司之一。目前，中国市场上的信息采集/服务公司，大多冠以“管理咨询”之类的名称，其承接的项目，不仅仅局限于信息采集和信息分析，还往往与管理咨询等业务结合在一起。

实行信息采集委托的另一种形式是信息服务外包。目前信息服务外包成为信息服务行业发展的新兴产业。企业信息服务外包通过第三方提供的信息产品来实现自身的信息需求，从而调整自身的业务流程和管理水平，实现信息的增值。信息服务外包主要包含信息技术外包、业务流程外包和知识流程外包。信息采集者可以将采集到的信息的处理、加工等业务，外包给信息服务企业，利用其先进的技术、科学的管理方法来提高信息的处理能力。据有关方面不完全统计，2009 年中国信息技术服务外包产业合同执行金额达 138 亿美元，而 2010 年则达到了 198 亿美元。其中许多业务都与信息采集、加工、处理相关。

委托式信息采集策略实施后的优点很明显。对企业来讲，它能够使企业瘦身，减少信息部门的人员，专注于自身的经营领域，可以更好地提高企业的竞争能力；对于个人、机构来讲，它能够获取专业采集的信息产品，弥补自身能力的不足，提升个人和单位的科研水平。此外，通过委托信息采集协议，能够保证信息采集的成功性。并且受托方拥有专业的信息采集者，采集信息为其所专长，较之由自己从事信息采集，可以降低信息采集的成本。

委托式信息采集的缺点也比较明显。因为采用委托方式，所以信息需求者没有参与信息采集过程，对于信息采集过程中出现的新情况、新问题、新现象并不了解，而这些很有可能对信息需求者来说是非常重要的信息资源，但受托方却并未实施采集，从而使信息需求者错失很多信息。此外，信息需求者与受托方的信息交流可能不够充分，受托方未能充分理解信息需求者的真实意图，从而导致信息需求与最终信息采集结果有出入。信息需求者因为并非专业信息采集者，有时不能将信息需求完整地、真实地表达出来，遗漏掉了很多隐性信息需求，导致信息采集者对于承接的信息采集任务不甚明了，造成信息采集结果上的差异。

采取委托式信息采集策略，首先，应选择有实力的信息采集咨询公司、管理咨询公司，向对方准确地提出信息采集的对象，分析论证的要求与目的。我们可以通过查看信息服务机构的资质、技术水平、业务水平，相关案例来了解信息服务机构的实力。为了效益的最大化，可以采用招投标的方式，让更多有实力的信息服务机构参与进来。其次，要多次协商，制定可行方案。多次协商是加强双方信息交流的渠道，通过多次的交流，信息需求者可以将信息采集需求明确地表达出来，使信息服务机构能够充分理解解它，并执行它。并且也可以在多次信息交流的基础上，共同制定科学合理的信息采集方案，论证方案的可行性，确保信息采集的万无一失。最后，在双方多次协商的基础上，签订详细的信息采集分析委托书，使之具有法律的约束力。除了委托信息采集外，信息需求者还可以委托信息服务公司撰写有针对性的咨询论证报告，提供切实可行的处理意见或建议。

4.5　分布式信息采集策略

分布式信息采集策略是根据信息采集的任务，分计划、分区域地点、分时间开展信息采集工作。分布式信息采集策略的实质是根据时间、地点、事物等，将一个大的信息采集项目分为几个小的信息采集活动，每个区域或时间段完成一个信息采集指标，最后汇总形成整体的信息采集。分布式信息采集策略可以分为三种：按区域进行的分布式信息采集；按时间段进行的分布式信息采集；按事物进行的分布式信息采集。按区域进行的分布式信息采集，是由地理位置不同的信息采集小组，完成区域内的信息采集工作，强调的是整个区域内的有关信息的采集。按时间段进行的分布式信息采集，是以时间发展的先后顺序作为区分的依据，强调的是采集不同时间段的有关信息。按事物进行的分布式信息采集，是以事物的区分或发展变化信息作为采集的对象，强调的是将事物本质或发展信息区分开来，逐一进行信息采集，是不同事物或事物运动发展过程全方位的信息采集，从而完成某个空间内事物的信息采集。

按区域进行的分布式信息采集，适用于涉及信息面广，范围大，单个区域内信息采集机构难以独立完成，必须依靠有相同职能的信息采集机构来协作完成的信息采集任务。特别适合于有关地理、气候、植被等自然环境信息的采集。而按时间段进行的分布式信息采集，比较适用于那些考察社会发展的历史沿革，事物的发展变化或生物的进化等相关主题类的信息采集。按事物进行的分布式信息采集，比较适合以了解事物性质、了解事物发展规律为目的的信息采集。

实施分布式信息采集，要求每个区域内、每个时间段、每个事物的信息具有一定独立性，彼此之间影响不大。同时，各区域、各时间段、各事物之间的信息要与整个信息采集项目存在一定的联系，这种联系使各部分采集的信息能够实现整合。因此，这就要求“信息个体”与“信息整体”之间既有联系，又具有一定的独立性。再就是划分区域、时间段、事物的依据要合理，切忌随意划分。划分的幅度过大，造成单个的信息采集任务过重，采集内容太多，会增加其采集的难度；划分的幅度过小，会加大信息采集者和组织的密度，增加信息采集成本，造成浪费，还容易人为地切断信息之间本来的联系，造成所采集信息的支离破碎。此外，分布式信息采集的各组织之间的分工与合作要求比较高，需求组织内人员有较强的协调能力和沟通能力。

分布式信息采集的优点是，其一，将信息采集任务划分为较小的多个模块进行操作，使每一个模块的信息采集者都能任务明确，各司其职，各负其责，加快信息采集工作的进程，比较顺利地完成整个信息采集任务。其二，进行任务划分，可以根据具体情况具体对待，使信息采集活动变得更灵活。将信息采集任务细化，更便于实施针对性的信息采集。其三，通过任务划分，将一个信息采集活动划分成多个子信息采集活动，即使有一个子信息采集活动发生了问题，也可以“就事论事”，有针对性地解决，不至于影响到其他部分的信息采集，可以大大提高信息采集活动的进度。

分布式信息采集的缺点，一是信息采集的结果有时难以统一，信息汇总时容易出现相互不协调的状况；二是分布式采集信息，组织难度较大，难以有效控制，如何协调管理是一个大的问题；三是实施分布式信息采集，需要制定一套相应的信息采集规范，统一信息采集标准，将信息采集所涉及的内容、数据类型和范围做一个明确的规范。但标准的制定只能在共性的基础上完成，而分布式信息采集，由于区域、时间、事物的不同，信息难免出现“个性化”的现象。因此，信息采集标准制定过宽，容易导致信息采集的泛化；信息采集标准制定过严，容易导致信息漏采。

在现代社会中，涉及不同国家和地区的全球性或全国范围的信息采集，大都采取分布式信息采集策略。例如，世界气象组织建立了世界范围的气象系统，187 个国家会员、6 个地区会员的气象水文部门共同开展有关各项信息采集活动。这些信息采集活动包括监测、评估和预报天气、空气质量、气候、海洋状况和全球水循环及水文气象灾害因子。世界气象组织是联合国的一个专门机构，其组织宗旨包括：便利于全世界合作建立网络，以进行气象、水文和其他地球物理观测，并建立提供气象服务和进行观测的各种中心；促进建立和维持可迅速交换气象情报及有关资料的系统；促进气象观测的标准化，并保证观测结果与统计资料的统一发布；推进气象学在航空、航运、水事、农业和其他人类活动领域中的应用；促进实用水文活动，加强气象服务部门与水文服务部门间的密切合作；等等。新卫星技术所开辟的可能性，促成了 1963 年 4 月举行的第四次世界气象大会通过了世界天气监视网方案。该方案是一个世界性系统，由世界气象组织各成员提供并由各国际组织予以补充的各种协调设施与服务组成，其信息采集任务则由各成员分布式承担。

我国的地理信息采集也是采取分布式信息采集策略。国务院测绘行政主管部门会同国务院土地行政主管部门编制全国地籍测绘规划。县级以上地方人民政府测绘行政主管部门会同同级土地行政主管部门编制本行政区域的地籍测绘规划。县级以上人民政府测绘行政主管部门按照地籍测绘规划，组织管理地籍测绘。测绘项目完成后，测绘项目出资人或者承担国家投资的测绘项目的单位，应当向国务院测绘行政主管部门或者省、自治区、直辖市人民政府测绘行政主管部门汇交测绘成果资料。属于基础测绘项目的，应当汇交测绘成果副本；属于非基础测绘项目的，应当汇交测绘成果目录。负责接收测绘成果副本和目录的测绘行政主管部门应当出具测绘成果汇交凭证，并及时将测绘成果副本和目录移交给保管单位。

4.6　信息采集策略的选择

开展信息采集工作，要先确立信息采集策略。选择正确的信息采集策略是我们成功实施信息采集的保证。在选择和实施信息采集策略中，应注意以下问题。

1）可选性

信息采集策略的选择，首先要有选择的余地。在执行具体的信息采集任务之前，制定两种以上的信息采集策略，以供信息采集实施参考，是完全必要的。因为只有在两种以上的信息采集策略的比较中，才能显示出某种信息采集策略的长处，从而在决策层形成共识，制订具体的信息采集计划，开展具体的信息采集工作。因此，具备两种以上的信息采集策略，既能进行比较和选择，也能深入认识和分析信息采集策略的优劣。

2）可行性

信息采集策略的选择，必须结合信息采集的实际情况来考虑。这是由两个方面来决定的。第一，信息环境。例如，信息采集对象是下属单位，是自己有管辖权的分支企业，就可以采用呈缴本制度式的信息采集策略。如果信息采集对象比较多，范围比较广，信息内容鱼龙混杂，一般可以采用选择性信息采集策略。第二，信息采集机构自身条件。例如，本单位的经济实力，本单位的技术水平，本单位职工的能力，本单位从事大规模、大范围信息采集与信息处理的能力等。切忌好大喜功，盲目选择与自己的实力不符的信息采集策略，要接受力所不及的信息采集任务。

3）多种信息采集方案、多种信息采集策略的协调使用

在遇到复杂的信息采集任务时，信息采集者可以不拘泥于一种信息采集方案或一种信息采集策略，而是可以针对不同的信息，采取不同的信息采集方案或不同的信息采集策略。多种信息采集方案和多种信息采集策略的协调使用，能够具体情况具体分析，增强信息采集的科学性、准确性，提高信息采集的效率和效益。

信息采集策略的选择，往往关系到信息采集的成本、效率，甚至成败。因此，信息采集策略决定之前，可以运用头脑风暴法等方法，集中群体智慧，以确定采用何种策略；也可以列出多种信息采集策略，作多方面的比较，评判优劣，确定取舍。

第5章　信息采集方法

美国著名的科学家爱因斯坦将正确的方法看作成功的三要素之一。他认为：成功=刻苦努力+正确的方法+少说废话。做任何事情，如果缺少正确的方法，是不能取得成功的。英国著名的美学家博克说："有了正确的方法，你就能在茫茫的书海中采撷到斑斓多姿的贝壳。否则，就常会像瞎子一样在黑暗中摸索一番之后仍然空手而回。"虽然说的是读书要有正确的方法，但做事无疑更离不开正确的方法。正确的方法，对于信息采集来说同样重要。正确的方法是获取准确、正确信息的保证，也可以使信息采集过程变得更容易、简单。信息采集方法的运用，可以说是信息采集过程中必不可少的重要环节。目前，常用的信息采集方法有观察法、社会调查法、信息采购与交换法、信息索取与捐赠法、信息检索法、信息咨询法、信息征集法等。

5.1　观　察　法

观察法是信息采集者亲临现场，用自己的感觉器官或借助辅助工具对信息源有目的、有计划地考察、记录和分析，力求了解事物本质的一种信息采集方法。人类对自然现象、各种植物和动物的生长变化规律的了解，主要依赖于观察法；通过对被采访人物的面部表情、肢体语言信息的捕捉，进而对其心理进行揣测分析，运用的也是观察法。观察法是人类了解事物的主要方法。

观察法通过信息采集者自身感觉器官或摄像器材和窃听器等设备获取信息源所发出的信息，形成切身感受，再利用人脑或记录符号记载分析其形体运动方式或心理状态变化情况。这种记录在人类历史发展的早期，以刻写在龟甲、兽骨、青铜器、丝帛上或以壁画、岩画等形式出现，而现代社会以纸张、光盘、磁盘、微缩胶卷、芯片等存储载体作为记录形式，极大地提高了观察结果的描述和保存能力。观察法记录的信息，是进一步科学研究的材料，很多反映了事物状态的最原始形式，是人类了解事物最直接的方式。

运用辅助工具进行观察，是观察法采集信息的质的飞跃。有很多信息仅仅凭借人类自身所具有的感觉器官是无法采集的。而当代科技工具的运用，就使人类变成了"千里眼"和"顺风耳"。例如，医生将患者的血液样本借助显微镜进行观察，血液细胞所呈现的信息，是人类肉眼无法观察到的。我国的嫦娥探月工程，运用了许多高级的摄像器材，借助其观察、捕捉月球表面的信息和宇宙空间的有关信息，可为深入认识月球和宇宙提供第一手的资料。这些都是借助工具观察获取信息的实例。

古代的信息采集者往往受条件制约，在借助工具方面比较欠缺，更注重亲身经历感受观察。例如，徐霞客为了考察长江的源头，从江西、湖南、广西、贵州进入云南，一路实地观察，推翻了《尚书·禹贡》中岷山导江之说，提出了金沙江为长江之源的说法（《溯江纪源》）。现代社会的调查走访也是提高观察法的效率和准确性的常用信息采集方法，常用于社会科学研究领域。借助各种复杂仪器来捕捉信息、描述信息、解剖信息，提升人的观察能力，则多用于自然科学研究领域。

5.1.1　观察法的特点

观察法是科学研究主要的方法之一，在实验室、社会调查走访、野外考察等方面均大量使用。它一直是人们了解宇宙、自然、社会和人的重要手段。利用观察法从事信息采集具有以下特点。

1）直接性

观察法是信息采集者直接获取信息的主要方式。信息采集者和观察对象直接接触或者借助仪器接触，中间不需要其他环节，直接从信息源处获取信息。而且，信息采集者的主观感受十分亲切、真实，能够直接感受事物原始形态的最真实的表露。

2）客观性

观察法不仅能够观察到静态的信息，还能够及时地获取信息源所显示的动态信息，给信息采集者以切身的感受。无论是肉眼的观察还是通过仪器的观察，事物的表象都是直观的。所以运用观察法采集的信息，一般能如实地反映客观事实。

3）能动性

观察是信息采集者根据需要有目的、有意识的信息采集活动，因而是自觉的、主动的。在观察过程中，既可以按一定的计划进行，又可以随机应变，根据情况的变化，对信息采集主题、信息采集方式等作适当的调整，充分发挥信息采集者的主观能动性。

4）选择性

世间存在万事万物，信息无所不在，无所不有。信息采集者在采集信息时，总是希望自己将注意力有选择地集中在某一观察对象或某些观察对象上，尽量排除外界干扰的影响，使采集的信息具有典型性和代表性。在面对众多的信息源时，运用观察法采集信息，就可以有较大的选择空间，信息采集者能自由自在地选择信息采集对象，获取具有典型性和代表性的信息。例如，采集农村留守儿童、留守妇女的有关信息，信息采集者无论是在时间、地域方面，还是在信息采集对象方面，都有极大的选择自由，具有很大的选择余地。

5.1.2　观察法的类型

按照观察采集信息方式的不同，我们可以将观察法分为直接观察法和间接观察法。

1）直接观察法

直接观察法是信息采集者在信息采集现场，凭借自己的感觉器官对信息源所产生的信息进行直接观察、记忆、记录的方法。它又包含参与性观察、非参与性观察和跟踪观察三种方式。

参与性观察又称介入观察，是指信息采集者直接到被观察对象特定的环境中去，与被观察对象交谈，通过细微的观察，甚至一起生活，采集被观察对象的信息。参与性观察要求信息采集者深入信息采集对象所处的环境中，身临其境，甚至不惜改变自己的身份和生活方式，与信息采集对象朝夕相处，以力求获取最为真实的信息。例如，社会调查人员为了了解社会底层民众的生活真实状况，装作社会底层成员，与他们一起生活，以获取其真实信息，就是利用参与性观察采集信息。

参与性观察了解到的信息细致、真切，是第一手的材料。参与性观察能发现一些未曾料到的情况、问题和经验，还可以对某些不甚明了的问题追根究源，查明原委和症结所在。但是参与性观察法了解的信息容易受到观察者的主观影响，同时，也可能被观察对象刻意显露出来的一些虚假信息或表面现象所迷惑。

非参与性观察又称局外观察，是指观察者以局外人的身份，不直接参与对被观察对象的考察和交流，而是以旁观者的身份对被观察对象进行观察，从侧面观察了解被观察对象的谈话、表情、所表现出来的行为或状态，从而获得所需的信息。非参与性观察的信息采集者以局外人的身份来了解被观察对象所发出的信息。“当局者迷，旁观者清”，有时可以避免被被观察对象故意“设局”所迷惑，采集到被观察对象不经意间显露出来的破绽，从而获取客观真实的信息。例如，战国时期，赵武灵王假装为随从人员，亲自入秦观察秦国风土人情及秦国君臣。秦昭王发现，以风采自傲的赵国使臣楼缓对“随臣”不经意间的屈顺，产生了对“随臣”的怀疑。赵武灵王通过局外观察，也发现宣太后与秦昭王母子均为“人中龙凤”。

跟踪观察是信息采集者不与信息采集对象面对面地交流，而是对信息采集对象进行盯梢，在较远距离观察其行为举止，采集相关信息，获取证据；或由此发现其幕后指使者、操纵者。跟踪观察多用于刑事侦查领域。

2）间接观察法

间接观察法是指观察者利用辅助工具，或借助某些物品来采集获取信息的方法。其实质是人借助工具拓展自身的感觉器官功能，使之能够获得更为详细的信息方法。主要的间接观察方式有痕迹观察、仪器观察和遥感观察。

痕迹观察是观察者通过现场遗留下的事物或痕迹来获取信息源所产生的信息。根据信息采集对象留下的蛛丝马迹，寻觅和发掘信息采集对象的真实身份和行为目的。痕迹观察大量应用在刑事侦查领域，许多案件都是应用痕迹观察所获得的信息来破案的。例如，借助对犯罪指纹、脚印及犯罪现场遗留下来的其他痕迹进行追踪、推理，成为刑事侦查常用的手段。现在，痕迹观察也应用到市场调查领域，如有名的垃圾和食品柜调查法就是利用抛弃的垃圾和家庭存储物来获取人们的食品消费信息。

仪器观察是指信息采集者利用一些信息采集器材从信息源处获取信息。实验室的观察仪、放大镜、录像机、扫描仪、窃听器等都是仪器观察所采取的器材。这些器材是人们为了拓展自己的感知能力而发明的，利用它们能够获取到人类感觉器官难以观察感觉到的信息。

遥感观察是指利用遥感技术、航测技术等现代科学技术的搜集能力来获取信息。例如，利用卫星来获取矿产资源、森林资源、海洋资源等相关信息。实际上遥感观察是大型复杂的仪器观察。它是人类不断拓展自身能力的体现，是人类太空探索、宇宙探索、采集未知信息的行为。

5.1.3 观察法的运用

观察法运用的好坏会直接影响信息采集的结果。而观察法的运用容易受到信息环境、信息采集者自身主观意识等因素的影响。因此，运用观察法观察事物、获取信息需要注意以下几项情况。

1）确定具有代表性的信息源作为主要观察目标

我们在观察事物过程中，往往有众多事物可供选择。在众多事物中迅速确定主要的或具有代表性的观察对象，是我们在开始观察之前的首要工作。观察对象的确定要能够反映众多同类事物的普遍情况。否则，采集到的信息可能就是片面的，不能反映事物的本质。

2）注意观察过程的连续性

有时，在确定主要观察对象和观察目标后，为获取准确的信息，实施观察要有一段时间过程。在这个观察过程中，要保证整个观察的连续性。也就是说，在这段观察时间内，观察不能有中断，整个观察过程要保持完整，以免漏掉重要的信息。

3）整体性要求

要全面、系统地观察对象，尽可能从多方面、多角度地观察对象，采集全面的、完整的信息。不能“管中窥豹，时见一斑”式地观察对象，采集一些零碎的、不完整的信息，因为它们是无法体现事物的本质属性或特征的。当然，更不能“一叶障目，不见泰山”，为采集到一些“枝叶”信息而沾沾自喜，因小失大，漏过了更多、更大的整体性的信息。

4）客观性要求

信息采集者在观察过程中，要实事求是，客观地观察、反映实际情况，作出准确的观察记录。切忌先入为主式的观察，带着主观成见观察。要注意观察的条件性、相对性和可变性，不同的观察环境、时间和位置，可能产生不同的观察结果。要尽量客观地观察，采集和反映真实可信的信息。

5.2 社会调查法

社会调查是人们认识社会及其发展规律的一种研究方法。“没有调查就没有发言权”，毛泽东早就指出了社会调查在社会工作中的重要地位。当今社会日新月异，人们对社会生活中的各种问题的看法及内心真实的想法，往往需要通过社会调查才能发现。社会调查法的界定，目前有广义和狭义两种见解。

广义的社会调查又称为实际情况调查，是一切以信息搜集为目的的社会实践活动的总称，它既包括对人的访问，也包括对事物的考察。广义的社会调查以人的实践活动为基础，范围广、对象多，难以确定其概念外延的边界。

狭义的社会调查是以人际沟通为基础的，通过对人的访问或咨询来获取信息的方法，主要包括访问调查、问卷调查、网络调查等方法。通常说的社会调查就是狭义的社会调查，即本节介绍的内容。

5.2.1 访问调查法

访问调查法也称访问法或访谈法，是通过向被采访者交谈、询问以获取所需求信息的方法。访问调查法通过采访者与被采访者之间语言的交流，以问答方式来采集信息，所获取的信息大多是口头信息。但也可从被采访者的衣着打扮、行为举止、面部表情等采集到许多与之相关的信息。访问调查法常用在社会科学研究、市场调查和心理咨询等领域，适用于了解被采访者的心理状况、情感体验，以及对某一事物的所见所闻、意见、态度、观点和评价等方面的信息。

访问调查法是人际交流的重要方式，主要通过面谈和电话访谈两种方式进行。

面谈是访问调查法的传统方式，即采访者与被采访者直接面对面地进行交谈，询问或讨论相关问题，借以采集信息。根据面谈参与人数的多少，可以分为个别面谈和群体面谈。个别面谈是采访者与被采访者两个人之间直接进行的面谈，而群体面谈可以是采访者与多个人之间的面谈，也可以是采访者召集的有一定规模的会议商谈，如利用头脑风暴法采集信息等。面谈是最直接的信息获取方式，不仅能够获取语言上的信息，还能够观察被采访者的表情、神态、动作等表现出的隐含信息，获取的信息量非常丰富。缺点是采访者与被采访者必须直接见面交流，对采访者来讲时间和精力耗费较大，也可能出现被采访者拒绝见面等现象。

电话采访不需要采访者与被采访者直接见面，是通过电话与被采访者交流并获得所需信息的访问方法。电话采访适用于样本数量多、采集内容简单明了、易于让人接受的信息采集方法。随着通信技术的发展，电话采访也在发生变化，已从简单的语言沟通发展到手机视频沟通、短信文字沟通，使电话采访的功能得到极大的拓展。现代社会中，家庭电话和手机已十分普及，电话采访已经变得很方便。但被采访者电话号码的获取较困难，公共号码可以借助企业黄页获取，私人号码只能借助朋友、亲戚等人际关系获取。而且，电话采访无法获取被采访者的即时表情、动作等方面的信息（手机视频在访问调查中的利用率并不高，而且也不能达到面对面采访中的清晰度），且如果被采访者对采访者事先没有一定的了解，那拒绝采访的情况比较常见。

利用访问调查法采集信息，要因地制宜，具体问题具体分析，特别要注意访谈的技巧问题。

1）认真确定和了解采访对象

不同的采访对象掌握的信息不同，配合采访的程度也存在差异。在进行采访之前，应该对采访对象进行研究区分，选择合适的采访对象、重点的采访对象，要详细采集其所掌握的信息；对于一般的采访对象，采集其与重点采访对象不同的信息。此外，在采访之前，应该对采访对象有一定的了解或研究，以利于采访时能较好地把握话题，缩小彼此之间心理和情感方面的距离感。

2）安排合理采访时间与采访方式

通常情况下，采访时间的安排应该以利于采访对象为宜，以便于访谈的顺利进行。一般以上午或傍晚为佳，主要是那时被采访者的精神状态比较好，可以有较充分的时间和耐心面对采访。当然，也要根据采访对象的不同要求，选择不同的采访方式。通常情况下，应以被采访者所熟悉、愿意接受的方式进行。

3）提问宜采取循序渐进的方式

在彼此比较熟悉了解的情况下，对于一些采访对象可以采取开门见山的提问方式。但大多数采访对象是不适应或不喜欢唐突冒昧的提问的。信息采集者应根据不同的采访对象采取不同的提问方式，一般来说，以采用循序渐进的提问方式为宜。

4）注意实时引导，防止偷换概念，转移主题

有时候，采访对象特别能侃，但容易脱离主题，不着边际。有时候，访谈内容涉及面广，在涉及一些十分重要且敏感的问题时，采访对象为了避免回答问题，也常采取偷换概念、转移采访主题的办法。因此，采访者特别要注意实时引导，注意谈话主题的把握，防止"偷梁换柱"的同时，还要采取"刨根究底"的办法。有些采访对象由于性格内向、寡言少语，或语言障碍，词不达意，表意不明，也需要实时引导，使其将所掌握的真实信息表述出来。

5）语言得体

采访者提问时，要注意语言的分寸，注重礼节。言语上对被采访者的尊重，容易拉近二者心理的距离，让其轻松进入访谈状态。提问用语要准确，模棱两可的用语很容易被误解。

6）把握好结束的时间

访谈一般以1～3个小时为宜。过短，采集的信息有限；过长，容易造成被采访者疲劳，从而产生抵触情绪。结束时注意礼仪，不能粗暴打断被采访者的谈话，要注意被采访者的感受。

访问调查法比较灵活、直接，能够深入主题挖掘最深的信息，但是访谈需要采访者与被采访者面对面的交流，如果信息采集面比较广的话，需要采访的人会比较多，信息采集难度就比较大。同时，访谈往往涉及个人主观问题甚至隐私问题，因此有可能遭到拒绝。

5.2.2 问卷调查法

问卷调查法是社会调查采集信息的又一重要方法。它是信息采集者向被调查者发放事先设计好的调查问卷，由被调查者填写有关内容，再通过回收和处理调查问卷的内容来采集所需信息的方法。

调查问卷，又称调查表，是以信息采集为目的，由信息采集者设计的格式统一并具有明确的调查内容和填写要求的一种预制表格。调查问卷实际上是信息采集者将想获取的信息以类似问答的方式展现给被调查者，由被调查者给出答案的"另类"信息采访形式。只是信息采集者和被调查者没有面对面的交流罢了。问卷问的是信息采集者想获取信息的主

题，被调查者书面填写的则是信息的内容。

利用问卷调查法采集信息主要是想获取被调查者以下几方面的信息。

（1）被调查者个人的基本信息，如性别、年龄、职业、教育程度、民族、收入、婚姻及居住状况等，社会群体和组织的规模、结构等。

（2）被调查者对某人、某项事物的看法、观点、评论、发展预期等见解方面的信息。即关于被调查者对某人能力、素质、水平、道德、是否称职等方面的看法；或者是对某事物的观点、评价、发展的预期判断。例如，职工对提升领导干部的评价；科研人员对科研条件的评价；消费者对电脑产品的捆绑销售的看法；网络用户对网络安全的感受；居民对物价上涨的切身感受和看法；等等。

（3）被调查者未来行为计划方面的信息（行为信息）。例如，被调查者在购物、旅游、服务、生产实践、科学研究等具体活动中所预期的行为信息。

问卷调查是以书面提出问题的方式采集信息的一种方法。问卷调查法的运用，关键在于设计编制调查问卷、选择调查对象和结果分析。

1. 调查问卷的设计

1）设计原则

（1）紧扣主题。调查问卷的内容与调查主题必须紧密相关。除了部分背景内容介绍外，其余必须与调查主题直接相关，才能直接反映调查的内容。

（2）提问明确，可选项全。问题设置要规范，提问要清晰明确，可选项全，符合一般人的理解标准，便于回答。被调查者是否能够对问题作出明确的回答，选项是否齐全，提问量是否合理，是衡量问卷设计科学的标准。

（3）题型配置科学。调查问卷的题型包括单项选择题、多项选择题、问答题、数字型题、可归类的开放题、重要性排序题、比例题等。在设计问卷时，应灵活安排题型。

（4）非诱导性。调查问卷中所提出的问题应该避免隐含某种假设或期望的结果，避免题目中体现出某种思维导向，而应该显示出纯客观意向，避免诱导性的问题。

（5）整体逻辑性强，有层次感。问卷的设计要有整体性，这种整体性表现在问题与问题之间要有逻辑性，有层次感。

（6）形式规范，便于整理和分析。科学合理的问卷设计，除了考虑紧密结合调查主题与方便被调查者回答外，还要考虑调查结果容易得出和调查结果的说服力。这就需要考虑问卷设计的规范性和标准性，以便调查后的信息整理与分析工作。

2）调查问卷的结构

调查问卷的基本结构一般包括三个组成部分，即前言、正文和结语。其中正文是调查问卷的核心部分，是每一份调查问卷都必不可少的内容，而其他部分则可以根据需要取舍。

第一部分：前言。主要说明调查的主题、调查的目的、调查的意义，以及向被调查者表示感谢。它的主要作用是引起被调查者的重视和兴趣，争取他们的支持和合作，内容包括希望和要求，回复问卷的时间、方式，以及主办单位或个人的身份。文字要简洁、诚恳，有可读性。

第二部分：正文。这是调查问卷的主体部分，主要包括各类问题、问题的回答方式及其指引。问卷中的问答题从形式上可分为开放式、封闭式和混合型三大类。开放式问答题只提问题，不给具体答案，要求被调查者根据自己的实际情况自由作答；封闭式问答题则既提问题，又给出若干答案，被调查者只需在答案中选择即可；混合型问答题，又称半封闭型问答题，是在采用封闭型问答题的同时，最后再附上一项开放式问题。

第三部分：结语。这一部分可以将被调查者的有关情况加以登记，为进一步的统计分析收集资料。结语也可以只是简短的几句话，再次对被调查者表示真诚的感谢。

3）调查问卷提问顺序

提问的顺序将直接影响调查的效果。在操作时，一般使用漏斗法安排所提问题的先后顺序。所谓漏斗法，即把信息采集者所提的所有问题按一定的顺序编排，使之形成状似漏斗的调查问卷方法。

（1）先大后小。例如，可以先问："您的家庭拥有电脑吗？"接下来再问"如果有，您主要将其用于（只选一项）：a. 家庭理财；b. 家庭娱乐；c. 文字处理；d. 软件开发；e. 其他。"

（2）先易后难。例如，可以先问基本信息，再问行为和态度信息；先问封闭式问题，再问自由、开放式问题；先问比较浅显的、被调查者比较熟悉的、不加深入思索就能回答的问题，再问比较深刻的、被调查者比较生疏的或需要深入思考才能回答的问题。这样做有利于解除被调查者的戒备心理，使被调查者在心态平和的状态下轻松地回答问题。

（3）先一般后敏感。敏感性问题指被调查者有所顾忌，不太愿意回答的问题，如政治态度问题、隐私问题等。这类问题，易使被调查者感到困窘或产生反感。调查内容如果无法回避，应安排在最后，而将一般性的问题安排在前面。

（4）先趣味性后实质性。例如，可以先问："您喜欢看什么类型的影片？"接下来再问："您认为当前中国电影业发展的主要困惑是什么？"这种"引人入胜"的提问方式，容易达到心理情感上的沟通，被调查者会情不自禁地给出心灵的回答。

（5）以时间先后为序。按事物发展过程的时间顺序（由近及远或由远及近）安排提问顺序，而不是远近交叉，时远时近。

（6）相关性。当一份调查问卷涉及几方面的问题时，应在先安排一方面的问题，再安排另一方面的问题，将类似相关的问题尽量放置在一起，不要把同类或密切相关的几个问题分散。

2. 调查问卷的调查方式

1）面候调查

面候调查，即将调查问卷直接送给被调查者，并当面等候其填写完后取回。其优点是回收率高，对一些被调查者不清楚的问题，可以当面做口头解释。即使被调查者文化水平较低，也可以在信息采集者的帮助下完成调查问卷的填写。其缺点是调查范围小，费用高，调查效率较低，通常还需要与被调查者事先约定见面时间。

2）函寄调查

函寄调查，即通过邮局、快递公司等将调查问卷寄给被调查者，请其填完后寄回。其优点是调查费用较低，调查面可控制，不受地理位置及其他因素的制约，调查对象有充分的时间考虑回答问题。缺点是回收率低，问卷通常答复不全，无法了解被调查者答题时的心理状态，无法肯定被调查者是否理解所问的问题。

3）留置调查

留置调查，即将调查问卷当面交给被调查者，说明填写要求和其他事项，并留下调查问卷，由被调查者自行安排填写的时间。调查问卷填完后有 3 种回收方式：信息采集者上门索取、由被调查者送回、被调查者通过邮局邮寄或由快递公司送达。这种方法的优点是调查问卷回收率较函寄调查有所提高；信息采集者可以当面解释相关事宜；被调查者有充分的时间考虑，便于作出较为全面深入的回答。其缺点是费用较高，调查范围有限。

3. 调查问卷结果的处理

对调查问卷结果的处理包括以下三个环节。

1）去掉无效问卷

有些被调查者对调查活动不配合，甚至故意乱填信息，给调查问卷的结果造成很大的干扰。因此，在统计回收的调查问卷之前，应将收集到的调查问卷按照一定规范性要求处理，去掉无效的调查问卷，使调查问卷反映的情况更加有效。

2）编制调查问卷调查结果统计表

在分析统计得到有关数据之后，可以将所采集到的结果汇编成调查问卷调查结果统计表，以表的形式来展示结果，便于进一步的分析。

3）对结果进行分析

分析包含工具分析和人工分析两种。工具分析是利用各种分析工具如统计分析软件，结合一定的方法来对信息结果进行分析，如 SPSS 工具、标准分析、交叉分析方法等。人工分析是对信息结果的真实性结合人的经验进行分析和判断。

5.2.3 网络调查法

网络调查法是指在网络环境下，以互联网为信息传递渠道，以计算机技术为基础，以网民为调查对象，进行调查问卷的设计、调查活动开展和组织、调查问卷回收后的信息分析处理的信息采集活动。网络调查既基于传统的社会调查理论，又充分运用了现代计算机和通信技术，因而既具有传统调查的一般特点，又有其特殊性。随着互联网的普及，网络调查越来越受到重视。它已经成为调查了解网民，尤其是青年人生活状况，青年人对社会问题的看法和见解的最重要的方法。

1. 网络调查的主要方式

1）电子邮件调查法

这种方法以被调查者的电子邮件（E-mail）地址作为样本框，把设计好的调查问卷以文件的形式随机抽样发到被调查者的电子邮件信箱里，由被调查者在方便时填好问卷内容，再通过电子邮件反馈给信息采集者。信息采集者通过专门的程序对答卷进行自动检查和编辑，再进行数据收集、整理、分析，从而得出相关的结论。在样本框相对全面的情况下，这种调查结果可获取调查对象多方面的回答信息。

电子邮件调查法其实是将传统调查中的邮寄法、留置问卷法放到网上去运作，一般用于那些问题较多且调查人群较广，需要被调查者对问题作深入思考的调查。

2）网页调查法

网页调查法是将调查问卷设置在访问率较高的一个或多个站点上，由浏览这些站点并对该项调查感兴趣的用户按照个人意愿填写完成问卷的调查方法。调查网站可以对众多的访问者设置一些过滤问题，以便于在调查问卷填写前确认其是否符合调查对象的要求，对不符合要求者，程序将自动判断并拒绝其填写调查问卷。这样可以防止大量无效调查问卷的产生。这种调查方式只能反映对该项调查感兴趣的网民群体的态度。

3）网络会议法

信息采集者把设计好的调查内容以网页的形式在固定的网站上公布，并在调查对象群体中征集与会者，在约定的时间内进行网上座谈以采集相关信息。网络会议法是基于 Web 的计算机辅助访问，将分散在不同地域的被调查者通过互联网视频会议功能虚拟地组织起来，在信息采集者的引导下讨论调查问题，采集有关信息。

4）网络电话法

网络电话法是以 IP 地址为抽样框，采用 IP 自动拨叫技术，邀请用户参与网络电话调查的方法。例如，可将 IP 地址排序，每隔 100 个进行一次抽样，被抽中的用户会自动弹出一个小窗口，询问其是否愿意接受调查，回答“是”，则弹出调查问卷；回答“否”，则呼叫下一个 IP 地址。这种调查方法类似传统调查方式中的电话调查。

此外，网络调查还有利用 QQ、MSN 等即时通信软件或在聊天室选择网民进行随机调查；或者在 BBS 电子公告牌上发布调查信息进行调查；或者采取网络实时交谈（internet relay chat，IRC）等调查方式。

2. 网络调查法的优势

与传统采访调查法相比，利用网络调查法进行信息采集有以下几方面的优势。

1）便捷性和低成本

在网络上进行调查，无论是信息采集者还是被调查者，只要通过网络就可以沟通交流，非常方便快捷。在费用方面，与传统调查方式相比，网络调查减少了调查人员；可以实现调查“无纸化”，避免纸张材料费和印刷费；信息传输费用远低于传统通信方式；繁重的信息采集和录入工作由网络服务器和众多的用户终端共同完成，从而可以节省大笔录入费用。

2）及时性和共享性

网络调查是基于 Internet 技术的一种调查，它可以迅捷地实施调查方案，如电子邮件调查法，电子邮件的传输只需几秒钟，因此相对于传统的邮寄调查方式，其时效性大大提高。同时，网络调查的结果是开放的、共享的，被调查者可以和调查者一样使用调查结果，而且调查信息经过统计分析软件初步处理后，可以马上查看阶段性的调查结果。这就保证了调查机构调查信息的及时性，这是传统方式所不能比拟的。

3）客观性和可靠性

一方面，网站访问者一般都是对网络调查有一定兴趣，对调查内容作了认真思考之后进行回复的，他们无须面对调查者，在一种轻松而从容的气氛中回答问题，不受调查者或其他外在因素的干预或误导，这很大程度上保证了网络调查结果的客观性和真实性。另一方面，网络调查法省去了传统调查的数据录入环节，从而减少了数据录入过程中易产生遗漏、错误等问题。在自动统计软件配合完善的情况下，可以在短时间内完成标准化的统计分析工作，保证了网络调查结果的可靠性。

4）超越时空性

网络调查法不受空间和时间的限制，通过互联网，调查问卷可以遍及世界各地，被调查者能够在足不出户的情况下，通过网络回答调查问卷。网络调查法是 24 小时全天候的调查，这就与受区域制约和时间制约的传统调查方式有很大的不同。它可以超越时空的限制，大大拓展被调查者的群体范围，拓展被调查者所在的区域，对采集信息的全面性、多样性具有明显的作用。

3. 网络调查法的缺陷

1）样本的代表性无法保证

首先，如果网络不普及，被调查者局限在网民，主要是年轻人范畴，调查范围就显得太窄，样本的代表性就满足不了大部分调查工作的需要。其次，网民群体分布不平衡，如网民大多居住在经济发达地区和大中城市，这样就造成样本的选择具有一定的局限性。因此，这种调查方法显然不适应在欠发达地区使用。

2）样本背景信息难以得到

通过互联网进行调查，返回的调查问卷往往只有被调查者的 E-mail 和 IP 地址，对于被调查者的真实背景，如年龄、性别、收入、财产等情况则不易得知。即使设置了相关问题，被调查者也可能不愿意回答或虚假回答。但对于信息采集者来说，样本背景信息是调查信息中很重要的一部分。样本背景的真实、有效与调查结果的真实性是紧密相关的。

3）缺乏有效的监控机制

由于难以辨认被调查者身份的真假，所获得的第一手调查数据有时不能反映被调查者的真实意图。如果网络技术监控失效，还会出现漏答所造成的数据采集不全、样本抽样配额方法失败等问题。

4）信息采集技术要求高

熟悉调查方法的人员可能不熟悉网络技术，而熟悉网络技术的人员可能又不了解调查技巧。调查方法与网络专业技术结合度、交互界面容错能力等都使调查问卷设计有一定的难度。另外，网络平台硬件与软件接口，调查问卷系统与网络系统的接口，以及答题者与问卷系统接口的多样化，也可使统计数据在转化过程中产生一些丢失。

5）信息采集安全受到威胁

互联网使用者对隐私信息的安全担忧，可能影响到被调查者对某些敏感问题的回答。

此外，网络统计数据库易受到网络黑客的攻击。因此，加强网络统计数据库的安全防范意识，防止黑客侵犯，提高网络统计数据库的安全性是网络调查亟待解决的问题。

4. 网络调查法的适用范围

因为网络调查的对象是网民，所以并非所有的信息采集活动都可以采用这种方法。目前网络调查法比较适合以下几方面的信息采集。

1）网络市场信息采集

其目的是得到网络消费者对某类或某款商品的认知接受程度、购物行为及需求情况、对商品品质和相关服务的评价等信息，是利用网络调查了解网络市场相关信息的重要方式。

2）民意信息采集

利用网络调查进行民意信息采集，是以量化的方式通过网络了解民众对社会、经济及政府等不同层面问题的看法和意见的重要方式。其涉及的问题大多数是公共问题，也有国际问题、军事问题等。收集的大都是公众尤其是青年人的主观信息。由于青年民众对有些问题的看法无法公开表示意见，或者不愿意当众表明自己的观点，而网络调查可以隐去发表意见者的身份，这些看法就可以真实地表露出来。

3）敏感性问题的信息采集

敏感性问题可以包括政治见解问题、经济犯罪举报问题、个人隐私问题等。面对面的采访会使被调查者感到压力，担心信息的泄露遭到打击报复，有时也因感到难堪而反感，拒绝回答。在网络调查中，被调查者无须顾及自己身份的暴露，可以无顾虑地倾吐心声，因而可能得到许多其他方式无法采集到的真实信息。

4）网络基础数据的采集

其主要是涉及调查范围比较大的基础数据，如整体网络用户的情况、整体消费情况等。CNNIC 已经进行了数十次关于中国用户使用互联网状况的网上调查。它依据统计学原理，同时参照国际惯例，主要采用抽样调查、网上计算机自动搜索和网上联机调查三种方式来完成，以了解我国上网用户的分布、基本情况、特征等概括性参数，发布我国上网用户对互联网的使用情况、行为习惯及对有关热点问题的看法和倾向等信息。

5.3　信息采购与交换法

信息采购与交换法是指信息采集者针对自身的信息需求，通过向信息拥有者购买或交换的方式获取所需信息的方法。信息采集者通过信息采购与交换能够从获取的信息中受益，表现为在一定程度上提高自身认识水平或带来直接的经济收益。信息采购与交换使信息采集者能够获取自身不具有且难以获取的信息，也是信息采集的重要途径。

信息具有商品的特性，能够交换。在信息采购与交换法中，可以以金钱交换也可以等价商品交换。我们把以金钱购买方式采集信息的方法称为采购法，而以等价商品交换获取信息的方法称为交换法。

5.3.1 信息采购法

信息具有共享性，很多信息都可以利用各种方法免费获取。但有些信息是不能免费获取的。采取采购法获取信息往往具有特别的原因，具体表现在以下几方面。

1）自身采集信息有困难

有时候，信息采集者受自身某些方面，如技术水平、时间、地理环境、设备等方面的限制，采集信息非常困难，不得不借助外部的力量来获取信息。

2）购买比自身采集更便捷、更经济

有时候，信息采集者有能力进行信息采集工作，但是需要耗费大量的人力、物力，不经济。而借助采购法获取信息非常便捷，能够减少获取信息的成本，使自己有更多的时间、经费用于信息处理、研究等工作。

3）受版权保护的信息一般需要通过采购来获取

有些信息如著作、创造发明等受到版权、专利等法律的保护和制约，使有关信息采集行动无法实施，不得不采取信息采购来获取。

采购信息，可以分为分阶段采购和一次性采购。一次性采购是指信息采集者从信息拥有者那里通过一次性购买，获取所需信息及信息的长久使用权。分阶段采购是信息采集者分批次购买所需信息。一般来讲，对于经济效益比较长久，适用范围较广的信息大多采取一次性采购的方法；对于连续性的信息、分批次的信息采取分阶段采购法。

按照信息采购的方式，可以将信息采购法分为订购、现购、悬购等方法。订购是指约定购买。信息采集者事先和信息拥有者取得联系，介绍自身具体的信息需求情况和购买要求细节，由信息拥有者根据这一情况将其所拥有的信息提供给信息采集者。现购是指信息采集者向信息拥有者直接购买。这种方式获取信息非常直接，双方对信息的需求和提供都比较明确，而且交易不受第三方限制。悬购是信息采集者发布购买信息，由信息拥有者主动联系信息采集者而完成购买活动。

按照信息采购者的主体资格，可以将信息采购法分为独自购买、委托代购、集中购买。独自购买是信息采集者独自出资购买所需信息。委托代购是指信息采集者将信息采购任务委托给第三方由其代为进行信息采购。委托代购是信息采集者的信息处理能力和对信息市场了解有限，自身采购代价比较大，而第三方能够很好地完成此类工作，可以省钱、省时、省力，在这种情况下就适宜委托第三方来采购信息。集中购买是信息采集者与有同样信息需求的其他人或机构一起购买，共同获得信息及信息的使用权。集中购买比较经济，对信息拥有者有较大的讨价还价的余地。

购买信息的重点是信息价值的估值问题。目前，信息缺乏价值标准，往往采取自由定价的方式，决定权由信息产生者和信息拥有者所决定。信息采集者面临的问题是如何购买到符合其价值的信息。对于这点，信息采集者首先可以估算该信息能创造的经济效益，以决定其价值；其次可以采取类比的方法，与同类信息比较，来确定其价值。对于自身实在难以确定的，还可以聘请外部专家进行价值评估，或者先使用后依据收益的大小再行定夺。

5.3.2 信息交换法

信息交换法是信息采集者通过自身拥有的信息资源，和其他信息拥有者进行交换，以获取信息的方法。进行信息交换，可以达到相互补充、扩大信息资源的效果。用来交换的信息源，许多属于内部资料，难以通过其他方式获得，且交换过程中没有中间环节。比如通过同国外一些图书馆、信息研究机构、团体等进行信息交换，可以促进文化交流，推动合作，还可以节省外汇。文献资料的交换，除了通过电话、网络和会议协商外，在大多数情况下是通过信件联系取得的。

用交换法获取信息的条件主要有三条。

1）信息拥有者双方相互了解与情谊

信息交换，往往是建立在双方有一定的了解和情谊基础之上的。如果信息拥有者彼此没有一定的了解，也无法互通有无，那么要求交换的行为也会显得唐突，且不易获得对方的认可。因为信息的价值大都是无法衡量的，一方声称愿意以等价值的信息作为互换物，却不一定能获得对方的认同。而如果双方有一定的了解和情谊，则即使双方交换的信息并非价值对等，也能够达成互相交换信息的共识。

2）双方都有信息需求

在双方对于对方所拥有的信息都有迫切的需求的时候，信息交换的可能性就会大大提高。这基于交换双方对彼此的信息需求都有所了解，并且对对方所掌握的信息资源也有所了解。

3）有一套规范的约束性交换机制

双方有一套规范的约束性交换机制，一般以合同或协议为准则，且交换行为符合有关国家、地区的法律依据。

按照交换的次数，信息交换的方式分为一次性交换和分期交换。一次性交换是信息采集者和信息拥有者一次完成信息的交换，而分期交换则采取每次交换一部分，分几次交换，或按固定时间采取多次交换。

按照发起的对象，信息交换的方式分为主动交换和被动交换。主动交换是信息采集者主动联系信息拥有者，提出信息交换的要求。而被动交换是信息采集者将自己的信息需求和拥有的信息情况发布出去，等着其他信息交换对象来联系。

按照交换双方的合作关系，信息交换的方式分为临时交换和长期交换。临时交换的信息交换活动是短暂的、一次性的交换。而长期交换则是交换活动长期协作的一部分。信息长期交换活动是建立在双方稳固关系的基础上的，而且这种关系只能是协作关系，不可能是竞争关系。

5.4 信息索取与捐赠法

信息索取，是指对于尚未发表、不通过正式渠道发表，或者已经发表的信息资源，信息采集者通过与信息拥有者取得联系，希望其赠送所拥有的信息资料的行为。这种无须付出代价获取信息的方法也被称为信息索取法。对于国内机构的一些稀有文献或者内部资料，以及个人自费印刷出版的著作等，由于没有公开出版，或者印数很少，市场上难以购买，信息采集者若的确需要，可直接当面向机构或个人索取，也可去电去函索取。对于一些国外的文献资料，也可以向作者或其所属团体、机构索取，或者请求代为复制，还可以委托第三者来帮助索取。信息索取法往往能获得十分难得的信息资源，可以弥补利用其他信息采集方法无法采集的缺陷。

信息索取法需要对信息拥有者的情况比较熟悉，知道其有值得采集的信息资源，了解索取沟通的渠道，知悉其地理位置和联系方式。在联系时，要尊重信息拥有者，充分说明信息索取的理由。

信息索取法对于扩充信息服务机构的信息资源，形成特色馆藏，是很重要的途径。例如，湖南省图书馆，对湘籍人士的著述多方索取，广辟馆藏来源，形成了自己的特色。当然，信息索取法，也需要信息拥有者具有高尚的情操，能无私地将自己拥有的信息资源，免费送给信息需求者和信息采集者。

捐赠法是信息采集者发布信息需求，希望信息拥有者免费赠送信息给信息采集者；或者私下里与信息拥有者联系，恳求其将拥有的信息资源捐献出来，服务大众获取所需要信息的过程。美国公立和私立图书馆，其馆藏资源很多源于捐赠。

利用捐赠法所采集的信息，一般具有比较高的社会利用价值和经济价值。有许多是属于不愿意随便公开、私人所拥有的信息，如个人日记。这类信息采集困难，代价比较大，甚至无法通过一般途径去采集。例如，湘籍著名学者张舜徽先生藏书丰富，湖南省图书馆领导上门联系捐赠，许诺开辟专藏以展示张舜徽先生的藏书，获得张先生首肯，将其数以万计的藏书无偿捐献给了湖南省图书馆。利用捐赠法采集信息资源，信息采集者一般在社会上要具有一定的影响力，其信息用途公开，以公共服务为目的的信息机构或政府机构，尤其是大型图书馆、博物馆为最多。信息采集者在实施捐赠法采集信息时，也可以采取适当的奖励措施吸引用户主动捐赠。

5.5　信息检索法

信息检索法是信息采集者通过手工或计算机方式，从纸质文献、光盘数据库、磁盘数据库和网络中搜集所需信息的方法。信息检索法是信息采集者最常用的信息采集方法之一。该方法主要针对经过整理或者已出版问世的信息资源，如纸质文献、数据库类信息，利用人工或计算机来实现信息采集。所采集的此类信息资源，往往在编撰、整理过程中，信息之间就形成了一定的内在联系，如时间的顺序、分类的顺序、主题的顺序及文献引证关系等。在利用信息检索法采集信息时，可充分利用这种关系来检索所需信息。信息检索法主要有手工信息检索法和计算机信息检索法。

手工信息检索法主要针对已有的纸质出版物所进行的信息采集活动。其主要利用出版物所固有的目录、分类、引证关系等内在与外在联系来展开检索。常用的方法有顺查法、倒查法、抽查法、追溯法、工具法、分段法、浏览法等。

顺查法是按信息资源产生的先后时间顺序，由远到近地在信息资源中查找信息的方法。它将信息资源的时间先后顺序作为采集信息的顺序，由远及近依次采集。顺查法一般涉及某信息领域的相关发展史或某类新兴主题等方面的研究。

倒查法和顺查法恰恰相反，是一种逆时间顺序由近及远的回溯性查找信息的方法，其目的是获取近期最新面世的信息资源。这种方法适用于检索新学科、新知识、新理论方面的文献信息，较顺查法省时、省力、效率高，但所获文献不如顺查法全面，容易漏检。

抽查法是针对某一领域或某一主题，重点对某一时间段内的信息资源进行检索的方法。根据研究发展的特点，在某学科、某领域、某主题研究发展迅速、文献发表较多的年代中，抽出一段时间（几年或几十年）逐年检索文献资料的方法。这种检索方法的优点是花费的时间较少，而检索到的文献量较大，效率较高。但此种方法必须在对相关研究领域的发展特点相当熟悉的情况下方可使用。

追溯法主要利用在文献研究领域，是以文献后附的参考文献为线索，逐一追查原文；再根据这些原文后的参考文献逐渐扩大文献信息的范围，不断追查下去，以获得相关文献的方法。追溯法主要是利用信息资源之间内容存在的关联来一一追溯获取信息。这种检索方法一般是在没有适用的检索工具或已知的文献线索很少的情况下使用的。采用此种方法，可以直接从已有文献后附的参考文献入手，逐一扩检原始文献，再从原始文献后的参考文献中进一步扩检，如此反复地向前追溯检索，从而获取大量有关的文献资料。利用这种方法可以比较容易地选择、利用他人掌握的文献资料，采集主题相对集中的文献。缺点是所得文献资料不够全面，容易出现误检、漏检。

工具法是借助检索工具如书本式目录、索引、年鉴、手册等工具书，并以其为指导进一步来获取所需信息资源的方法。借助工具，我们能从大量复杂的信息资源中获取信息检索的途径。根据工具的指引，采集到所需的信息资源。它是我们常用的信息检索方法。

分段法是将工具法与追溯法交替使用的方法，也称循环法或交替法。通过交替使用这两种方法，可提高获取信息的效率，缩短检索的时间。

浏览法是对最新的信息资源进行随意浏览，在浏览中以获取所需的信息的方法。检索工具报道最新的信息资源通常存在 3 个月至 1 年的时差。为了获得检索课题的最新文献，直接去浏览尚未收编到检索工具中的最新研究论著、报刊论文是很有必要的。浏览的方法主要是先阅读有关检索课题的书评、专科期刊和综合性核心期刊的目次表或主题索引，再进一步阅读全书全文。这种方法受到馆藏图书、报刊的限制，存在一定的局限性，但不少专业人员常用此法，以了解最新而切题的研究信息。

计算机检索法是指在计算机或计算机检索网络的终端机上，制定一定的检索策略，使用检索指令和检索词，从检索系统的数据库和信息系统中查找所需信息，最后在终端设备输出的过程。计算机检索是信息检索的计算机实现，其特点是检索速度快、信息量大，检索途径多，是检索采集信息的主要方法。

计算机检索法是把信息资源的内容及其相关的信息按照一定的信息组织原则输入计算机，形成各种类型的数据库，在检索时，将信息检索人员的提问转化为检索表达式，计算机则根据检索表达式所表达的内容与数据库的内容按照一定的规则进行自动匹配，并从数据库中输出符合要求的信息。由于计算机检索具有操作简便，速度快、效率高，数据更新快、实时性强、范围广、数量多，检索时不受时间和地理位置的限制等特点，是当前采集信息的主要手段之一。计算机检索法包括光盘数据库检索法、联机数据库检索法和互联网信息检索法。

光盘数据库检索法即利用光盘驱动器和光盘数据库及其检索软件，结合计算机进行的信息检索。信息采集者可直接使用带有光盘驱动器的计算机检索光盘上存储的信息资源。

联机数据库检索法是指信息采集者利用终端设备（如个人计算机、打印机等），将信息需求转化为一定的查询语言和检索命令，通过通信网络与分布在世界各地的信息检索系统联机，进行人机对话，从检索系统的数据库中采集所需信息的过程。现在的联机数据库检索系统多提供基于 Internet 的联机检索服务，故也可称为网络数据库检索。

互联网信息检索法即网络信息检索法。互联网信息检索与网络数据库检索不同，网络数据库检索的对象是联机数据库中的信息，属于联机检索，这里的网络只起类似于“道路”的作用，这类数据库大多不提供免费检索，检索信息需要按时间付费。而互联网信息检索的对象是网络上所有的信息，这类信息包罗万象，主要通过搜索引擎或直接进入相关网站，检索、查找、采集所需信息，一般免费或收很低的费用。

互联网信息检索的特点是信息量更大，信息检索的范围更宽；信息查询的时效性强；检全率较高，但检准率较低；用户界面友好且操作方便，具有良好的导航和编辑功能。互联网信息检索主要是通过搜索引擎、信息挖掘和网络信息门户，有关内容将在第 9 章“网络信息的采集”中详细论述。

5.6　信息咨询法

中国目前运用信息咨询法采集信息，解决问题，呈现越来越多的趋势。这主要因为，第一，网络的发展使企业和营销商等商品经营机构，政府部门机构，以及图书馆、档案馆等信息服务机构纷纷在自己的网站设置专门的网页，利用网络解答一般性咨询问题，使信息需求者咨询、采集有关信息变得更加方便和容易。第二，随着中国社会的改革开放，越来越多的国际咨询企业进入中国，而本土的咨询企业也如雨后春笋般不断诞生。国外企业打入中国市场，中国企业走向国际市场，企业的自身管理和拓展业务等就会遇到五花八门的问题，往往也会找咨询管理公司寻求解决。

5.6.1　信息咨询法的特点

信息咨询法是通过咨询者与解答咨询者信息不断地交互沟通，使知识信息从信息咨询机构向信息咨询者流动的过程。信息咨询法具有其自身的特点。

首先，信息咨询法采取的是一种问答式的信息—知识交流机制，由信息咨询者提出咨询请求，信息咨询机构进行解答。在这个过程中，信息咨询机构也通过问询，进一步深入了解信息咨询者的信息需求，并发现其潜在的信息需求，运用本机构人员的知识体系作出透彻的分析，提交完整的解决方案或回答，使信息咨询者的信息需求能够得到最大的满足。其次，除了一般的信息咨询采集问题外，深层次的信息咨询采集，凝聚了被咨询方的知识和心血，其提交的论证报告或解决问题的方案，是运用多方面知识，耗费许多的时间精力乃至一定的经费，在调查研究的基础上才完成的。它能够为信息咨询者创造价值，包括社会价值和经济价值。因此，除了隶属国家行政部门的咨询服务机构、国家事业单位如公共图书馆的咨询服务机构外，咨询公司提供的服务大多是有偿服务，信息咨询者需要付出一定的经济报酬。再次，信息咨询采集涉及的面非常广泛，其途径也是多种多样的。例如，文献信息采集咨询方面的问题，一般可以通过图书馆、档案馆的网站和其咨询服务机构来解决；有关企业产品性能、使用等方面的信息咨询问题，可以通过企业网站的咨询途径去解决；有关企业投资、经营管理方面的咨询问题，可以通过专门的投资咨询公司或管理咨询公司提交的调查研究报告、机构改革论证、信息分析、论证报告、解决方案等去解决；有关社会生活中遇到的卫生保健、婚姻家庭、求职就业、文化娱乐、交通旅游等方面的咨询问题，可以通过百度知道、知乎等网站，寻找有关问题的解答；等等。

5.6.2 信息咨询法采集信息的方式

利用信息咨询法获取信息有不同的方式，主要表现在以下两种。

1）人工咨询

它是利用人与人当面对话，完成整个咨询的过程。这是最传统的咨询方式，但也是咨询者表达信息内容最为完善的咨询方式，不仅有语言，而且有动作、表情等内容。在这个过程中，被咨询者能够根据咨询者表达信息的不足，不断地追问，直到完全了解其信息需求为止。而咨询者也能随时对解答中不理解的问题，进一步咨询，直到完全清楚明白为止。当然，并不是所有的咨询问题都能即时解答的，多数情况下，咨询机构听取或接受了咨询者的问题，尤其是信息调查、投资、管理等方面的问题，都需要深入的调查研究、分析论证，要有一个相当长的时间才能完成。

2）网络咨询

它是利用互联网、移动通信网络、电视网络实现信息咨询双方之间的交流，完成信息咨询的活动。特别是以聊天信息咨询、电子邮件信息咨询、FAQ（Frequently Asked Questions）咨询、网络协作咨询等形式存在的信息咨询形式，已经成为人们日常生活中重要的咨询方式。

聊天信息咨询可分为利用即时软件，利用基于 Web 的聊天室、利用聊天软件（如网络会议室）三种方式。咨询者键入一个问题，引起在线解答咨询人员的注意，交互沟通信息之后，由在线解答咨询人员对有关问题作出解答。目前，这种聊天信息咨询的方式有了很大的发展，QQ、MSN 等即时通信工具，也被许多信息服务机构用来作为解答信息咨询的重要工具。

电子邮件信息咨询也是一种常用的网络咨询方式，可分为电子邮件方式和 Web 表单方式。前者一般是在企业网站的主页上设立一个简单的电子邮件地址链接，咨询者提交问题时单击该链接，便可通过电子邮件发送给咨询机构。咨询机构解答有关问题后再发送返还给咨询者。但是咨询者表述时不一定很规范，问题的主旨不一定讲述得很清楚，会造成交流和理解上的障碍，因此发明了 Web 表单方式。Web 表单方式是，在企业网站主页上给出一个在线专门表单，以规范咨询者填写有关内容，然后将咨询问题发送给咨询机构。这就使得咨询问题容易被咨询机构理解，有的放矢地进行解答。

FAQ 咨询在企业网站、大型文献信息服务机构如图书馆网站应用非常普遍。FAQ 是英文 Frequently Asked Questions 的缩写，字面上的意思是："经常遇到的问题"。但其实质是："常见问题解答"。网站上各种各样的 FAQ 都列举了一些常见的咨询问题，并作出了解答，供咨询者参考。

网络协作咨询兴起于图书馆界。2001 年 10 月，由美国国会图书馆发起，启动了 CDRS（Collaborative Digital Reference Service）项目，即"合作数字参考咨询服务"。迄今全球已有 100 多个不同类型的图书馆参与了这个项目。在该系统中，咨询者通过自己所在成员馆网页上的咨询服务链接，按照统一表单填写咨询问题，之后该问题马上被转送给请求管理器；请求管理器根据问题的性质和咨询者的情况自动检索成员馆的数据库，根据工作时区、资源特点、学科优势等选择最合适的图书馆，并将咨询问题以电子邮件的形式传给该馆，由相关工作人员解答；最后将解答结果通过管理器传回给最初接受问题的图书馆，并由它再传给咨询者。

5.6.3 信息咨询机构所提供的咨询服务

信息咨询机构包括图书馆、档案馆、政府信息咨询机构，以及营利性咨询公司等。不同的机构所提供的信息侧重点有所不同，信息采集者可根据各个机构所提供的不同信息服务，选择不同的机构以采集所需信息。

1）*图书馆参考咨询服务*

图书馆的参考咨询服务，偏重在文献信息服务方面，主要负责解答在图书馆使用、文献信息开发与利用中产生的各种问题，内容涉及：馆藏书刊查询与借阅；数字信息资源的使用；网络环境下的文献资源检索与利用；以及在文献信息开发与利用过程中遇到的其他各种问题。

2）*档案馆咨询服务*

档案馆的咨询服务主要集中在档案馆馆藏档案信息的挖掘与利用方面，通过个别解答问题，向信息采集者提供档案的有关情况和检索利用途径，具体包括：接受并解答有关档案、档案工作方面的知识性咨询；馆藏档案的特色介绍；馆藏档案的开发利用等。

3）*政府信息咨询服务*

政府部门提供的信息咨询，内容涉及公共信息资源的方方面面，与民众的生活息息相关。从它产生的领域和内容来划分，主要有以下几方面。①政府制定的各种法律、法规、制度方面的信息，它是政府管理职能的重要体现。②政府工作的动态信息，即政府机关和公共服务部门为了加强工作的透明度，向公众提供相关部门的负责人、部门职责、办事程序规则和执法结果等方面的信息。③科技教育方面的信息，包括一些著名科学家、科研项目、科学成就等方面的信息；各层次的教育方针政策、教育机构、教育状况和特色、招生就业、教育规划信息等。④国民经济信息，包括市场经济法规、经济状况统计指标、企业基本信息、消费者信息、财政金融货币信息等。⑤行业信息，包括农业、林业、畜牧业、工业、服务业等产、供、销法规政策、资源状况、市场信息等。⑥公共健康信息，包括医疗机构、医护人员信息；药品价格与质量信息；传染疾病通报；公共健康政策法规等。⑦文化娱乐信息，包括各类文化宣传活动、艺术展览等文化信息服务；以及电视台、广播台乃至互联网等提供的文化娱乐信息等。⑧环境信息，包括地理信息、天气预报、环境污染信息、旅游资源信息等。

4）营利性咨询公司咨询服务

咨询公司主要是根据咨询者的意向和要求，以自己的专门知识和经验向咨询者提供建议，或者提供解决问题的具体措施，并帮助咨询者实施管理，由此而向咨询者收取咨询费用。咨询公司提供的咨询服务主要包括以下几方面。①市场信息咨询。以市场调查、市场行情、竞争对手情况、消费者信息调查等市场信息作为咨询对象，提供市场信息相关的信息服务。②管理信息咨询。向企业或公司等单位提供管理方面的咨询，如企业运作模式、组织结构、业务流程、人员培训等各项有关管理方面内容的项目。③工程技术信息咨询。这种咨询服务范围的专业性强，而且常常有大企业作背景，主要提供土木、机电、建筑、能源、交通、化工等方面的咨询。这类信息咨询是以解决工程技术上的难题为出发点，以技术方案为支持的咨询。④政策信息咨询。一般以企业的发展战略作为咨询对象来提供咨询服务。有些大型咨询公司甚至可以为政府制定内外政策提供政治、经济、军事等方面的咨询。⑤投资咨询。根据客户要求，收集大量的基础信息资料，进行系统的研究分析，向客户提供分析报告和操作建议，帮助客户建立投资策略，确定投资方向。投资咨询业务主要包括金融投资、证券投资、房地产投资、企业投资、其他项目投资。

5.7　信息征集法

信息征集法是针对信息资源比较缺乏，信息资源内容有所欠缺而需要补充的问题，或者为了决策参考、方案实施及了解民意而采取向内、向外广泛征求意见的一种获取信息的方法。信息征集法是政府部门、信息服务机构常用的一种信息采集方法。

信息征集法不同于社会调查法。社会调查法是针对具体的问题而采用电话采访、走访调查、问卷调查、面谈等形式采集信息的方法，是带着问题求解式的信息采集。而信息征集法则是信息资源的补充，或是意见的征询。因此，它不仅适合档案、图书、资料等信息资源的采集，也适合国家行政立法、决策、民意调查等方式的信息征集。

信息征集法也不同于信息咨询法。信息咨询法是信息咨询者与信息咨询机构之间通过交流，实现信息在双方之间的流动，从而达到采集信息的目的。而信息征集法很少交流，仅仅通过被征集方的信息提交、呈送、填写表单等形式，使信息向信息征集机构流动。

5.7.1　信息征集法的分类

信息征集法按其征集的对象，可以分为内部信息征集与外部信息征集。内部信息征集是信息征集机构向本机构内部成员征集信息的形式。其征集的对象是内部成员，主要是对决策、组织运营、发展和管理意见的征询；而外部信息征集是信息征集机构向机构外部单位、群体和个人广泛征集信息的形式。征集的内容主要是资源的补充，以及决策、方案执行和民意的向背等信息的征集。

信息征集法按信息征集的内容，可以分为图书资料征集、档案征集、意见征集。图书资料征集、档案征集是信息资源补充征集，其征集的内容是与组织机构业务密切相关的信息资源，是对信息服务机构业务的补充。意见征集是决策、措施、方案、管理意见的征询，是民意的调查与采集。

信息征集法按信息征集是否付费，可以分为有偿征集与无偿征集。有偿征集是指提供有偿报酬来征集信息，而无偿征集并不提供报酬。

信息征集法按其征集的方式，可以分为登门征集、信函征集、发文征集、电话征集、广告征集和网络征集。前几种形式是传统的信息征集形式。网络征集是现代社会比较流行的征集方式。例如，在中国，国务院法制办公室建设了法规规章草案意见征集系统，对行政法规草案、部门规章草案征集意见信息，用户可以匿名或注册登录提交。

5.7.2 利用信息征集法需要注意的问题

信息征集法在征集信息过程中也需要注意一些问题。

（1）对征集来的图书文献档案资料要登记。征集时间、被征集单位或个人信息、征集的内容、征集经手人、信息存放位置等都需要登记存档，并予以规范化的管理，以便核查。

（2）征集手续从简。利用征集法采集信息，要尽量简化手续，避免给被征集者造成不必要的麻烦。征集的过程应该公开、透明，信息征集的目的也要让大众知晓，要让被征集者自觉自愿地提供信息，自由地表达自己的见解。

（3）征集要有策略。征集法采集信息要有区别。例如，信息服务机构征集珍贵的图书文献档案资料，要特别尊重原拥有者的意愿，尽量满足其荣誉方面的要求和保管方面的条件。政府管理部门征集民意信息，要涉及不同的群体，不要在信息征求表上显露任何被征集者身份的材料，鼓励被征集者知无不言，言无不尽。只有这样，才能采集到不同的民意内容，了解到真正的民意。

（4）公正对待征集的结果。不管信息征集的结果是正面的，还是反面的，都应该认真对待，不要存在偏见，要客观公正地评判征集的内容。

第 6 章　信息采集分析

信息采集活动是信息采集者为采集信息而开展的一种有目的的活动，不仅具有很强的针对性，还具有科学性，服从一定的科学操作规范和要求。以最为典型的问卷调查为例，不仅问卷的设计有一定的规范要求，问卷调查对象的选择也有一定的抽样规则，问卷结果的分析也要遵循科学的分析方法来进行。因此，在信息采集活动中，一定要注意科学、合理地选择采集对象、设置采集流程、规划采集内容与收集采集结果，尽量保证整个信息采集活动的有序性、科学性，才能让采集活动低耗高效，采集结果比较完美。

为了保障整个信息采集活动的有效性、科学性，需要针对信息采集活动进行分析。分析的目的是提高信息采集活动的效率，提高信息质量的保障率和数量的完整率，以便信息采集活动有序地开展，进而确保整个采集活动的成功。信息采集活动分析按照采集活动的开展可以分为业务分析、过程分析和结果分析。业务分析是针对信息采集业务的范围与准备情况展开分析，属于采集活动开始前的分析；过程分析则是对整个信息采集活动流程展开分析，关注流程的合理性及采集活动中的协作关系；结果分析属于事后分析或者阶段性的结果分析，是通过信息结果来判断信息采集行为的有效性、合理性。

6.1　信息采集业务分析

信息采集活动并不是拿到任务就直接开始行动的。在信息采集活动业务开展之前，一般都需要对其业务的范围及业务开展所需要的各项准备条件展开分析，核查信息采集活动开展的条件，为信息采集活动的开展提供准备，为信息采集方案的制定提供前期依据。

6.1.1　信息采集业务范围分析

信息采集业务范围分析是信息采集活动开展实施之前，对采集业务活动范围展开摸排，明确具体的采集领域，确定信息采集业务的边界。对信息采集活动而言，信息采集业务的范围主要涉及信息采集对象的类型、分布情况，以及具体采集项目等内容。因此，业务范围分析主要针对信息采集对象是否明确、信息采集业务范畴划分是否合理、信息采集内容的具体化和信息采集明细表的制定等四个方面的内容展开。

1. 信息采集对象的考察

信息采集业务分析首先要搞清楚信息采集对象是否明确的问题。一个不明确的信息采集对象，会导致在信息采集活动中对象不清、采集混乱的状况，不仅数据容易出现差错，而且一旦出现漏采、少采的情况，就会失去许多重要的信息。同时，信息采集对象不“聚焦”，也会加重采集工作的负担，导致采集成本的提高。“眉毛胡子一把抓”，会采集许多冗余信息，混淆采集成果。明确信息采集对象，就是要在信息采集业务范围分析中，让采集人员对采集的对象有具体、明确、清晰的认识，避免产生歧义的信息采集。明确信息采集对象的具体途径可以从以信息采集对象是否与信息采集需求相对应来分析。

我们可以从信息采集对象的概念、范畴入手，来判断和确定信息采集对象是否与信息采集需求相对应。例如，信息采集与信息需求二者的对象概念词语、主题词语是否相同或相近？信息采集与信息需求二者概念词语的外延是否对等、相近或相匹配？信息采集与信息需求二者主题词语所隶属的类别是否（按照分类体系）有交叉、综合现象？如果有，它们的交叉类别、综合类别是否相同、相近？厘清这些问题，是明确信息采集对象的关键所在。我们也可以利用列举法，列出所有可采集的信息采集对象，逐一分析识别，对其信息本质和特征与信息需求进行匹配，以确定其是否为应采集的对象。

2. 信息采集业务范畴的划分分析

信息采集业务范畴的划分有时是依据信息采集对象来实施的。从面向对象的观点来看，信息采集对象是一个复杂的信息体，往往涉及不同方面、多个层次的信息。例如，目前的“数字人文”热，导致了许多以语义为基础的人文历史检索系统的面世，中华书局的中华基本史籍分析系统便是其中之一，其中包含了对三国时期战争信息的采集，既有地理方面的信息、人物方面的信息、时间方面的信息，也有事件方面的信息。系统的设计者和制作者就是依据信息的内容范畴，对信息采集对象进行划分，明确所要采集的不同层面与层次，针对性地采集相关信息，为其后的信息需求服务。对信息采集业务范畴的划分分析，是建立在对其采集信息不同层面或层次作出判断，避免不必要的信息采集和防止遗漏重要信息的基础之上的。这就需要信息采集者以用户信息需求为准绳，以信息采集对象的范畴为畛域，以有用和无用作为分析评判的唯一标准，来具体从事信息采集活动。信息采集业务范畴的划分分析可以从以下两方面来开展。

1）信息采集业务范畴的类型与属性分析

主要是梳理所有采集对象的信息层面及信息属性，分析判断其是否符合信息采集要求。信息采集对象往往包含多种信息，涉及信息的多个层面。在信息采集之前，应对其展开分析，搞清楚具体的类型及所属的信息层面。同时，每种类型的信息往往具有多种属性，这些属性对信息采集活动都有一定的要求。这里，以中华基本史籍分析系统开发为例说明。对三国时期的信息采集对象而言，其信息采集覆盖面已相当庞大。其中，仅人物信息就包含性别、关系、特点、嗜好、能力等多个方面的信息，而且“关系”中就有父子关系、兄弟关系、姐妹关系、叔侄关系、前后辈关系、君臣关系、同朝关系、上下级关系等多种属性关系。但是在开发时，信息采集者并不是照单全收，而是选择部分具有代表作用的属性关系作为其信息组织关系。因此，在信息采集之前，应对其各种属性关系进行梳理，分析其包含的关系类型及其属性，有针对性地进行信息采集。

2）信息采集业务范畴的价值分析

信息层面及其信息属性所对应的信息采集价值，对信息采集业务而言，是必须认真分析的。一方面，受限于信息采集者开发能力的制约，信息深层次的价值并不能开发出来。

例如，某些数据信息，对于大型的信息机构而言，其有强大的计算能力与分析能力，能运用大数据、智能挖掘技术开发它，挖掘其潜在的价值；但对于一些小型的信息机构而言，其计算能力与分析能力相对薄弱，无力开发深层次的信息层面及其属性的价值，只能选择放弃。信息采集业务范畴的价值分析，要对所涉及的信息采集范畴的采集能力作出判断，既要分析为用户提供服务所能创造的价值，也要考虑自身的实力因素。另外，信息采集业务并不是盲目、不计成本的活动，要以经济回报为基础的，以维持信息采集活动的可持续性为目标的。因此，信息采集业务需要提前评估信息采集成本，为信息采集活动的顺利开展提供预算方案。通过信息采集业务范畴的价值分析判断，能为信息采集业务提供科学合理的预算支持。而利用价值收益法分析则是信息采集业务范畴价值分析常用的较好方法。

3. 信息采集内容的核定

对于信息采集活动而言，设定的信息采集内容与信息采集对象所包含的信息内容往往并不是同一关系。一方面，信息采集者从自身的角度出发来开展信息采集活动，会依据信息采集活动的需要及信息内容价值的多少，对信息采集对象所蕴含的信息内容进行有条件地选择、剔除，而这种对信息内容选择性的采集，有时会破坏信息采集内容的完整性、关联性和准确性。另一方面，信息采集活动是人为的信息活动，受到许多人为因素和主观因素的影响。信息采集者的认知能力、理解能力会导致信息采集内容产生偏差，信息采集时的不利环境与情绪因素也会对信息采集者的判断带来影响。对信息采集内容的核定，就是要未雨绸缪，集思广益，在开展信息采集活动之前，分析和确定切合信息需求与信息采集对象的内容。具体分析可以包含以下两方面。

其一，信息采集内容是否真实反映了采集对象，或者说信息采集内容是否是采集对象的真实反映。一般而言，信息采集内容应与信息采集对象所包含信息的内涵一致。特别是信息的一些关键特征，在信息采集活动开始前，信息采集者要很清晰、很直观地标示出来，有目的地采集，以保证信息采集内容能够真实地反映信息采集对象。在文献信息采集中，这是常用的方法。但是，在实际工作中，采集对象如果是人，其作为信息采集活动的接受者和被挖掘者，就存在着许多不一样的具体情况，他们对信息采集内容的接受程度存在着很大的差异，信息采集者需要用不同的表达方式来说明和阐述所需要的采集信息。例如，对于信息系统接受行为方面的调研，大学生的理解能力一般要高于农民、工人。因此，在针对大学生进行信息采集时，信息采集内容的表达（如问卷）可以直接用一些熟知的、专业的表达方式。但对于农民、工人的调研，则不能照搬使用。由于农民、工人的文化水平一般不太高，理解能力有限，看似简单的表达术语往往也不能被理解和接受，需要转化成其能够理解的、通俗的表达方式来阐述所要采集的内容。因此，信息采集内容应该是有层次的、不同的、有明显区别的，调研内容设计应该有较大的差异。为了考察信息采集内容能否真实地采集到手，可以通过测试方法先对采集对象进行抽样模拟采集，再按照预设采集内容与采集结果进行对比，发现预设采集内容与采集对象表达内容相差甚远时，及时纠偏。

其二，信息采集内容与信息采集目标的对应性分析。信息采集内容服务于信息采集目标，因此，信息采集内容必须与信息采集目标有某种程度上的契合。对它们之间展开对应性分析，查看信息采集内容与信息采集目标是否存在着明显相关的及重要程度上的对应关系，可以帮助我们剔除无关信息，区别信息采集内容的重要等级，安排信息采集内容的先后缓急。为此，我们可以建立一个关系对应表，以强对应关系、弱对应关系、一般对应关系和没有关系这四类关系作为考核指标，对信息采集内容与信息采集目标作对应性分析判断。分析的结果，可以帮助我们对原拟的信息采集内容进行适度的调整。因为信息采集一般不能进行范围内的全采集，而大多是采集价值比较大的信息。因此，借助分析来调整信息采集内容也是一种必要的手段。我们可以依据对应性分析结果，来选择和决定合适的信息采集内容。

4. 信息采集明细表的制定

信息采集明细表是信息采集内容的显示性文档，是为了让信息采集者更加清晰地了解要采集的内容而制定的表格。信息采集明细表由信息采集目标制定者与内容设计者制定，包含具体的信息采集内容、对应的采集目标及采集内容间的关系。其中，信息采集内容是信息采集明细表的主要部分，可以采取分级、成体系的设置模式。分级体现在采集内容的细分上。一般而言，一级为采集对象所涉及的采集面，二级为细分的采集项，三级为一个个具体的采集条目。其中，二级为一级的细分，三级为二级的具体体现，是更加具体的细分内容，它们共同组成了一个比较严密的信息采集内容体系。在这一体系中，各级之间可以按采集对象与采集内容的细分程度来编码，并采用统一的编码体系。

6.1.2 信息采集业务的准备情况分析

任何信息采集行为都需要有充足的准备工作。信息采集业务的准备情况分析是在采集信息之前对各项准备工作进行的核查分析行为，是为了防止信息采集业务中出现材料短缺、经费与人员不够、活动安排差错等意外情况而进行的重要核实分析工作。具体而言，信息采集业务的准备情况分析包括以下三方面。

1. 信息采集业务材料的准备情况分析

信息采集业务需要准备各种材料。例如，社会走访调研式采集信息，一般需要准备调查问卷，路线图，采访名单，采访大纲，录音、摄像等记录工具。有些信息采集活动涉及许多高清、细微的信息采集，还需要高端的仪器来辅助采集活动。在采集信息之前，信息采集者可以对所需的材料罗列一份具体的材料清单，详细记录需要使用的材料项、材料的用途、负责准备的人员、准备的情况等各种明细信息。信息采集业务材料的准备情况分析就是对这份清单进行分析，主要评判其材料是否必须，以及有无遗漏等，以保证信息采集业务有充足的可靠的材料可用。其重点主要体现在以下四方面。

1）材料数量的齐全性和质量的可靠性

材料数量的齐全性是以材料的完备、齐全为要求的。信息采集活动中必需的材料是开展信息采集工作的基础，只有材料齐全，才能保证信息采集活动的顺利进行。分析材料数量的齐全性以材料能否保障整个采集活动有序开展为前提，以材料清单为依据，以信息采集任务为导向，对材料清单上的各种材料进行类型、数量、到位情况进行分析评判。质量的可靠性是专指器材质量是否可靠，检查核实器材在各种不同环境中，甚至非常规条件下是否能正常使用等。

2）材料的安全性

信息采集业务中材料的安全性需要引起采集者的注意。其安全性要求主要有两点，一是材料本身要安全，能够保证正常、安全的使用；二是保密性。材料安全性还体现在其具有保密性特征，要求其能够保证所采集的信息在材料上能够不泄密。例如，摄像器材、录音器材等的安全性问题尤其重要，如果采集比较秘密的经济信息、刑事信息或者军事信息，需要秘密照相与秘密录音时，摄像器材、录音器材的隐秘性、安全性就必须严格把关，容不得半点的马虎与草率。可以从选材入手，以执行信息采集任务的安全指标与安全等级为依据，对器材的安全性、隐秘性、保障性等进行分析评判。

3）材料的适用性

开展信息采集业务，要注意所采用的材料是否适合本次采集信息业务，便于使用。信息采集材料经济、耐用，具有适用性，是选择的主要指标，并不是越昂贵的材料（器材）就越好。一方面，昂贵的器材都比较精细，使用时对环境、气候、条件等有特殊的要求，需特别细心呵护才不致损坏；另一方面，昂贵的材料器材耗费比较大，购买使用时必定增加信息采集业务的成本。因此，基于经济效益与实用效益，分析考核材料的适用功能与使用寿命，判断材料使用是否切合信息采集业务所面临的实际情况需要，理性选择使用材料，也是很重要的。

4）材料的便利性

材料携带和使用的便利性，也是分析考核经济性且能够方便信息采集的主要指标。多数情况下，信息采集器材并不一定要有全面、复杂的功能，但一定要能够便于携带与使用，以适合于采集活动为首要选择标准。拥有复杂功能的器材尽管有时能够提升信息采集的多样性与采集的精准度，但是，也将增加信息采集者的工作难度，如携带吃力，使用环境和条件要求高、难度大，提高了信息采集的要求与成本，有时在一些狭窄、偏远、条件极差的场所甚至无法使用。

2. 采集人员的安排情况分析

信息采集业务是以人为主导的信息活动，无论智能化机器有多智能，其信息采集的功能仍依赖于人的设定，即使其拥有一定的自我学习能力，也是人赋予其获取信息的原始能力。在信息采集工作中，人是决定性的因素。一个优秀的信息采集者，能够想方设法、殚精竭虑采集到所想要的信息，而一个不合格的信息采集者即使有高端器材，面对有用的信息可能也会错过重要的获取机会。因此，信息采集机构在开展信息采集业务工作之前，对信息采集团队与人员的搭配安排分析至关重要。信息采集团队的完美构成，人员的各得其所，是确保信息采集业务顺利完成的关键。

1）采集团队安排分析

大型信息采集业务很多都是团队协作完成的。好的信息采集团队，不仅能集思广益，拓展信息采集范围，强化信息采集力度，高效地挖掘出各种所需信息，还能为信息采集活动节省时间和成本。对信息采集团队组织的构成进行分析，重点分析其组建情况、人员的组成搭配、组织的结构、团队的协作能力及创新能力等，无疑是非常有益的。具体的分析应以信息采集任务为基础，围绕任务的需要，先确定领军人选，然后从角色定位、职能分配、历史记录等维度，对机构内的人员组织排序。人数较多的信息机构，还可以组成两支或两支以上的团队进行分析与比较，分析团队组成与信息采集活动所需能力的匹配状况、团队凝聚力和协作完成任务的情况等，选择适合的团队来完成信息采集业务。

2）个人安排分析

信息采集者的分析还应该包含个人素质分析。就信息采集者个人而言，个体的品德修养、知识结构、职业经验、业务技能等，都是决定着信息采集工作好坏的因素。因此，对信息采集者个体能力的考核应从以上几方面来展开，判断其是否能胜任在信息采集业务的职能要求。其中，知识结构的分析应以信息采集活动中的信息所属知识领域为基础，职业则以专业信息采集活动要求为基准，以是否具备熟练从事采集信息能力为依据；技能则强调其信息采集技能、知识识别技能、工具器材使用技能等。做到按能设职，人尽其才，各得其所。

3. 采集前期预约活动分析

从事社会走访调查的信息采集活动，不仅要准备信息采集材料，组织安排团队，调配称职的人员，还需要对信息采集对象进行采集前的预约活动。它主要是联系信息资源拥有者（信息采集对象），确定采集时间、地点、信息采集的大致内容，以及具体从事信息采集者与被采访者进行双方确认等。因此，在信息采集活动开始之前，要对信息采集预约活动开展的情况进行分析与验证。

1）信息资源拥有者的预约情况分析

较大规模的社会调查采访对象，必然是信息资源拥有者群体。这个对象群体，由活生生的个体组成。其家庭背景、成长环境、受教育程度、经济生活状况、性格特征等都存在一定的差异，但是又具有某些共同的特点。例如，农村留守妇女和儿童群体、城市空巢老年人群体等。为了保证信息采集活动能够顺利进行，必须对信息资源拥有者群体的预约情况进行分析。预约分析主要表现在预约率、预约范围、约定率三个方面。预约率表示信息资源拥有者被预约成功的比例，是被预约样本数与总体样本数之间的比例。预约率高说明采集的对象多，信息量大，信息可靠度高，而预约率低说明采集的对象少，信息少，信息可靠率低。预约范围是预约对象在总体样本中的分布情况，代表信息采集样本在总体样本之中的分布情况。一般采取随机抽样与系统抽样的方法来预约采集对象。因此，预约范围与抽样比例直接相关。约定率则是成功预约对象占预约者的比例，比例越高，表示预约成功率越大。约定率侧面反映了采集信息的难易程度。

2）信息采集预约信息确认情况分析

预约是信息采集者与采集对象（信息资源拥有者）双方为未来的行动达成一致的过程。在信息采集者与信息资源拥有者预约中，预约信息是预约采集活动的内容，是信息采集者与信息资源拥有者双方目标一致的表示。信息采集活动中的预约信息包含双方约定行为的起始时间、地点、采访方式及具体的采集内容等。信息采集预约信息确认情况就是要对这些预约信息进行确认，考察是否有遗漏，彼此的意思沟通是否明确，是否存在着不确定因素等方面的内容。为了对这些信息进行确认，有必要做好预约情况分析，了解预约信息的真实有效性。具体的做法可以建立预约信息登记表，逐项落实和审核预约信息确认情况。

6.2 信息采集过程分析

信息采集过程是信息采集活动的实施过程，是信息采集行为作用于信息采集对象的具体体现。对信息采集者而言，信息采集过程存在着诸多不确定性的因素，可能会影响信息采集的进程与结果，因此，对过程的把握与控制至关重要。从信息采集活动来看，信息采集过程的关键是采集流程的设定和信息采集者与信息资源拥有者双方间的协作，对信息采集过程的分析就应以这二者为主，重点分析其承受的影响因素与彼此间的相互作用，为流程改进与协作关系的提升提供支持。

6.2.1 信息采集流程分析

从信息采集准备工作开始到信息采集工作结束，整个信息采集阶段都属于信息采集流程。信息采集流程分析的目的是尽可能缩短信息采集时间，提高信息采集效率，提升信息采集质量，确保信息采集成功。从信息采集活动来看，信息采集流程分析包含以下几方面的内容。

1. 信息采集流程的环节设置分析

在信息采集活动中，信息采集的某一阶段或某一步骤都可以称为信息采集环节。信息采集流程是由各个采集环节按照一定的逻辑规则联系起来的。在信息采集活动中，信息采集环节的存在并不是一成不变的，某些环节是可以调整与更换的，某些环节甚至可以利用技术手段来代替它。因此，在信息采集流程分析中，信息采集环节的设置也被纳入衡量信息采集效益的对象。对其分析的主要内容有三点。一是环节设置的必要性。对于信息采集活动而言，有些信息采集环节可以利用技术的手段替代，而且能够做到更加高效的采集，因此，其环节的设置在新技术运用下完全没有必要，如某些网络信息的采集。二是环节设置的合理性。环节设置的合理性主要是环节的先后次序是否合理，环节的具体设置是否合理。就信息采集环节本身而言，其自身也存在着许多限制条件和控制手段，如某些特定信息采集中，需要实验室测试的环节。实验中温度、湿度的调节等都会对实验产生不同的结果。信息采集的环节分析就是要对这些限制条件和控制手段进行分析，判断其是否科学合理。同时，信息采集流程中的环节次序可能也会随着外部环境的变化而发生转变，很多预定的环节次序并不适合实际的信息采集环境，因此，对信息环节的考核应结合信息采集环境的状况，对信息采集环节的次序进行分析，判断次序的设置是否合理。三是环节的紧密性。信息采集流程各个环节依据次序来实施，并最终完成信息采集活动。但对各个信息采集环节而言，彼此间的紧密衔接能够加快信息采集速度，保障信息采集的质量，防止差错的出现。因此，一个紧密衔接的采集环节组成的信息采集流程，是理想的信息采集流程。

2. 信息采集流程的执行分析

无论信息采集流程的设计多么完美，信息采集活动还是要依赖于信息采集者的执行情况。因此，有必要对信息采集流程的执行情况展开分析。对信息采集流程的执行分析主要从以下几方面来展开。一是信息采集环节是否可以执行。前期制定的信息采集环节有些看似可行、很完美，但是往往存在着脱离实际，无法具体执行的情况。因此，应结合信息采集的实际情况，来分析判断信息采集流程中每一个环节是否可以执行。具体的方法可以从信息采集团队的人力、物力是否能够支持执行，现行的采集工具与采集条件是否支持执行，在被采集对象的合作程度方面审视和分析信息采集环节的执行问题。二是信息采集环节能否坚决执行。主要可以从执行的阻力分析出发，审视分析信息采集团队成员可能出现的利益交叉、权责不清等因素导致的推诿与拖延情况，信息采集对象不愿意配合、出现显性的或隐性的阻力情况等。三是分析信息采集流程执行与任务轻重的对照分析，审视分析其时间安排、人员配置能否按时、保质保量地完成信息采集任务的情况等。

3. 信息采集流程的输出分析

信息采集流程的输出分析实质是流程的效果分析，是以信息采集流程的输出结果作为分析对象，判断流程开展的合理性、有效性。在信息采集活动过程中，流程的输出分析是基于信息流的流向及信息流产生的各类信息集合为依据的。依据信息采集流程的设置，信息流从信息资源拥有者按照既定的流程最终流向信息采集者。在这一过程中，信息流经过多个信息处理环节，形成多次输入、输出。流程的输出分析就是对这些输出进行分析，判断采集信息的效率与质量。具体而言，流程的输出分析分为信息流输出分析、信息流结果集分析。信息流输出分析是对信息流输出过程中的流入与流向、信息流的干扰因素、流入与输出的差异性及流程改造可能性等方面开展分析。在分析过程中，可以建立信息流程图表，将信息流的输出以图表的形式展开，对其输出与输入及相关因素展开分析。信息流结果集分析是依据出版环节预期的输出目标，结合实际的输出结果进行对比分析，判断输出结果是否达到预期。

6.2.2 信息采集工作进行过程中的分析

信息采集工作进行过程中的分析是指在信息采集过程中，对信息采集工作开展情况进行分析，了解信息采集过程中的基本情况，分析遇到的相关难题，探讨和研究解决问题的途径与方法，修改和制定更加符合实际的切实可行的方案等。信息采集工作进行过程中的分析内容主要包含以下几方面。

1. 检查信息采集活动的进展情况

在信息采集进程中，难免会遇到许多意想不到的问题。例如，现实中的信息采集，与计划中的信息采集不符。计划与实践脱节，不符合实际情况。因此，应检查信息采集活动的进展，及时调整信息采集的进度和方案，确保信息采集工作计划按时完成。可将现行情况和原计划进行比较，如果确实存在计划“纸上谈兵”，与信息采集实际发展不符的问题，则需进行修改、调整、补充，制订新的信息采集进度表，重新规定和明确各项信息采集的时间与任务。

2. 及时发现信息采集过程中出现的问题，制定处理方案

信息采集工作并不总是一帆风顺的，经常会出现很多问题。通常情况下，主要有成本超出预算、采集时间过长、采集方法或途径不对、未知数据信息的采集、信息量过大或过少、采集工具缺乏、人员负荷过重、信息采集对象拒绝配合等问题，有可能还会有一些比较特殊、棘手的问题。对于问题的出现，应及时分析研究问题的成因，找出解决问题的途径与方法，并结合原始计划编写分析报告，提出处理意见、思路或方案。

3. 研究提高信息采集效率的方法

在信息采集过程中，如果进展缓慢，效率低下，应该分析原因，研究提高信息采集效率的方法。可以采用数据、图表、报告等形式把已获得的信息整理出来，与原采集计划进行对比分析，总结经验，从主观和客观两个方面入手，分析信息采集工作迟滞的原因，研究新的改进工作的方法。

6.2.3　信息采集协作分析

协作一直是信息采集活动的支撑基础。信息采集活动本身而言就需要信息采集者与信息资源拥有者之间协作。而对于一些大型的信息采集活动，往往需要采集团队成员的共同努力，因此，更离不开彼此间协作的支持。对信息采集活动而言，其协作行为可以分为两个方面，即内部协作与外部协作。内部协作是指信息采集团队内部人员按照既定的分工要求，系统合理地分配，相互协作完成信息采集工作。内部协作依赖信息采集者彼此间熟悉和信任的程度，以及坚实的物质基础和充分的准备工作。外部协作则是信息采集者在开展信息采集活动时与外部人员发生的信息协作行为，其目的是便于信息采集活动的顺利进行与开展。外部信息协作需要良好的沟通能力，以及彼此间的了解和信任。

但是，协作同样是一个复杂的多方一致行为，一方面涉及在不同个体间建立一个相互信赖的关系，另一方面也有彼此间工作能力、条件、需求等多方面的影响。这也使协作结果存在着一定的不确定性，需要彼此去承担。信息采集协作同样如此，也存在着诸多不确定的因素，甚至具有一定的风险，需要信息采集者了解这些因素与风险，依据实际情况采取一定的协作机制，推动信息采集各方共同协作，努力解决信息采集活动中出现的各类问题。为此，我们需要对信息采集协作进行分析，掌握协作面临的问题和困境，理解信息采集活动的协作机制，为信息采集活动提供协作基础支撑。对信息采集活动协作的分析需要依据信息采集活动的行为与过程来进行，主要涉及以下几方面的分析。

1. 协作机制分析

信息采集内部与外部的协作效果依赖其协作机制。对协作机制的分析必然涉及协作基础分析、协作流程分析、协作效果分析。协作基础分析是对信息采集各方参与采集活动的协作基础条件进行判断，对彼此间协作前提进行考核，主要涉及协作对象的选择、协作主体的自身特性、与协作客体协作目标的一致性，以及主客体彼此间的协作意愿等方面的分析。协作流程分析主要从采集活动过程出发，对采集活动中的协作环节进行细致剖析，主要考察协作的必要程度、协作的频率需求、协作的紧密需求等内容。协作效果分析对信息采集团队自身而言，是对整个信息采集期间的协作活动进行总结，对存在的利益冲突、人员搭配不当等问题进行分析，了解其症结所在，为日后的工作改进提供帮助；对信息采集对象的协作而言，是对双方的协作情况进行总结，既分析双方协作成功的地方，也分析双方协作不畅通甚至不愉快的症结所在。

2. 协作关系分析

在信息采集活动中，信息采集者与信息资源拥有者之间或许要通过相关的第三方平台来开展采集与提供信息。信息采集者与信息资源拥有者与第三方协作者之间都会产生一系列的关系，这些关系不仅维系着他们的业务联系，也决定了信息采集行为的走向与成功。在信息采集活动中，对信息采集者而言，其与信息资源拥有者之间的信息置换会产生以信息资源为基础的分享关系，同时，信息资源拥有者将资源转移给第三方，与第三方又存在着一系列权力让渡的关系。因为这些信息采集活动是借助第三方平台来完成的，第三方平台也存在着对信息采集者与信息资源拥有者的中介关系、担保关系等第三种关系。对此类关系进行分析，评判关系的产生、关系的作用、关系的维持、关系的终止等方面造成的影响，可以为全面理解信息采集协作关系，为建立三方良好的协作关系奠定基础。

3. 协作阻力分析

协作阻力分析实质是冲突分析，是对信息采集活动协作过程中所有的阻碍因素及其造成的后果展开的分析。在信息采集活动中，协作也许并不是一帆风顺地进行的，其会面临着信任、经济利益、协作方式、外力等各种挑战。这些挑战会影响协作关系，导致协作行为出现正向或负向的转变，最终对信息采集行为与结果产生影响。协作阻力分析就是找出信息采集协作过程中各种阻碍因子，并对这些阻碍因子进行分析，制定预防的方法与策略，找出解决的办法，以便更好地开展协作。同时，阻力分析还对协作阻力产生的结果进行预测，对可能存在的协作冲突进行预判，以便将协作问题消除在开展活动之前。

6.3　信息采集结果分析

信息采集结果是信息采集活动的最终成果，体现了整个信息采集活动的成效。从获取方式来讲，信息采集结果可以包含两个方面：一方面是从已有的显性信息中收集、整理出与目标一致的结果。这类信息结果通常采取网络检索从已有的文献数据库中获得。另一方面是从信息资源拥有者中发现其隐藏的隐性信息，挖掘出其潜在的价值。这类信息采集大多数是基于调研走访、问卷调查等人工方式获得的。对于信息采集者而言，信息采集结果是其开展信息活动的最终目标，也是检验其信息采集活动成败的直接体现。因此，对信息采集活动分析，离不开信息采集结果分析。从信息采集结果来分析信息采集活动，是从结果上的表现对信息采集行为的判断，往往并不涉及信息采集内容反映的实质内涵。

6.3.1　基于检索与查询的采集结果分析

对于信息检索、网络信息查询等信息采集行为而言，利用其信息采集结果来分析信息采集行为可以从两方面来开展，一是查全率，二是查准率。查全率反映的是信息采集的全面性，而查准率反映的是信息采集的准确性，二者共同反映了信息采集者从已有的信息中获取样本的总体情况。

1. 查全率

查全率被认为是发现的相关文献数量占系统总文献中所有相关文献数量的百分比。查全率反映了用户发现文献的能力，是信息采集者采集行为的考核指标之一。其公式如下：

$$\text{查全率}(R)=\frac{\text{被检索出相关文献的数量}}{\text{总文献中所有相关文献的数量}}\times 100\% \tag{6.1}$$

查全率与检索系统、检索者的检索策略有关。对检索系统而言，查全率容易受检索系统的索引系统和系统所收录文献量的影响。系统的索引系统比较完善，索引标引比较准确，能显著提高查全率。系统所收录的文献量决定了系统的处理能力，文献量越大，系统索引难度越高，越容易出现漏检现象。当然，检索者的检索策略具有决定性的影响。其影响体现在检索者对检索系统的熟悉程度及对检索信息的认知这两方面。对检索系统的索引系统十分熟悉，就能依据索引来制定合适的检索式，提高查全率。对检索信息的认知则决定了信息采集者采取何种检索策略及制定何种检索式。当信息采集者对检索对象的某些信息缺乏认识时，往往会忽视这些信息的有用性，致使查全率下降。

不过，有一点必须得承认，在信息检索中，人们很难做到百分之百的查全率。但是我们可以通过改善信息检索策略提高查全率。在信息检索式编写上，通过对检索对象进行分析，找出其同义词、上位词、简称等关联词汇，可以扩大检索的范围，提高查全率。同时，尽可能熟悉信息检索系统，充分利用索引系统所提供的索引功能，综合利用各种检索手段都可以提高查全率。

2. 查准率

查准率是信息检索结果中包含与目标相关的文献数量的百分比。查准率是检验检索结果正确程度的指标，反映出了检索者所采集的信息与检索目标存在着多大的一致性并显示出与之相对应的误检率。查准率越高，误检现象越少，反之亦然。查准率有时被看作一种耗费参数，是指用户时间上的耗费，即通过多次检索结果对比发现用户检索的耗时情况。

查准率能够提高检索效率，减少干扰信息与使用者时间，避免陷入不必要的误区。查准率具体公式如下：

$$查准率(R)=\frac{被检索出相关文献的数量}{所有被检索出的文献数量}\times 100\% \tag{6.2}$$

提高查准率一直是信息检索者致力于提高检索效率的目标。为了避免不相关的检索结果出现，信息检索者可以采取提高检索词的精准度，进行精确限定范围，缩小检索范围，提高查准率。

不同的检索条件下，查全率与查准率之间可以呈现出逆变、顺变或不变的关系。但我们可以根据信息采集的要求来区别看待检索结果的分析。当信息采集者需要全部信息以便对整个领域的信息做一个透彻分析时，我们就需要提高查全率，尽量获取到足够的信息来提供支持。当信息采集者仅需要了解某方面的信息，或者某一方面（如时间上）的最新情况，可以采取提高查准率策略来提升结果的准确性，减少采集信息的时间与费用，提高采集效率。

6.3.2　基于调研方式的采集结果分析

调研是为了获取传统文献检索难以获取的信息而采取的信息采集方法。相比图书、期刊等显性信息资源，许多隐性信息资源通常以经验、认知等形式被隐藏在信息资源拥有者的头脑中，或者被存储在信息资源拥有者内部组织中。通过调研往往能够将这些隐性信息综合起来加以利用，为把脉社会问题提供参考，为决策者的科学决策提供支持。常见的社会调研方式有问卷调查、电话调查、走访调查等形式。就这种信息采集方式本身而言，其结果也存在着一定的不确定性。毕竟隐性信息的采集本质上是一种不对称的信息交流方式，结果出现误差是可能的。因此，对于此类信息采集，我们需要对其结果进行分析，不仅要判断调研项目的合理性，还要判断调研总体情况的有效性。

为了保证调研的成功，许多信息采集者在开展调研之前，制定了详细的预调研方案，即通过先选取一小部分样本展开初步调研，再对调研后的结果进行分析，以检验具体的调研项目在设计上是否存在问题，为后续调研提供改进方案。预调研能够确保整个调研活动顺利地开展，提高调研的成功率。调研结果分析主要涉及两方面，即信度分析与效度分析。

1. 信度分析

信度分析是考察一种测度综合评价体系是否具有一定稳定性和可靠性的有效分析方法。对信息采集而言，其调研过程是一种典型的综合评价体系，可以依据调研项目与所获得的数据来评价调研对象。信度分析主要分析调查量表的有效性。信度是指根据测验工具所得到的结果的一致性或稳定性，反映被测特征真实程度的指标。

信度分析主要有重测信度分析、内在一致性信度分析、折半信度分析、复本信度分析等几类分析。其中，重测信度分析考察的是经过一段时间后问卷测量结果的稳定程度，反映问卷受日常随机因素的影响；内在一致性信度分析用于测度问卷内部的一致性，反映问卷内的各个项目之间的相关程度；折半信度分析则是问卷拆分为两部分后的一致性分析，以此考察整个问卷的信度；复本信度分析则是利用高度相似的复本问卷与原本问卷之间在同一群体间开展的相关性分析，反映问卷的一致性与稳定性。信度分析用信度系数来表示。常用的信度系数有 Cronbach's α 系数、Split-half 信度系数等。

1）Cronbach's α 系数

Cronbach's α 系数用于计算内在一致性的测度，由美国教育学家 Lee Cronbach 在 1951 年命名，其计算公式如下：

$$\alpha = \frac{K}{K-1}\left(1 - \frac{\sum_{i=1}^{K}\sigma_{Y_i}^2}{\sigma_x^2}\right) \tag{6.3}$$

式中：K 为调查项目数；$\sigma_{Y_i}^2$ 为观察项的方差；σ_x^2 为总项目的方差。

Cronbach's α 系数的值通常在 0～1。如果 Cronbach's α 系数不超过 0.6，一般认为内部一致信度不足；达到 0.7～0.8 时，表示量表具有相当的信度；达到 0.8～0.9 时，说明量表信度非常好。

2）分半信度系数

分半信度，也叫折半信度，是将调查项目分成两半，一般采取奇偶分组法，来测试两组之间的相关性。分半信度越高，表示调查项目越具有内部一致性。通常，一般把测量结果的积矩相关系数或秩相关系数作为分半信度，再利用 Spearman-Brown 公式校正，其公式如下：

$$R_w = \frac{2R_h}{1+R_h} \tag{6.4}$$

式中：R_h 为分半信度。如果方差齐性检验呈不齐时，可以用 Flanagan 校正公式和 Rulon 校正公式来校正。

2. 效度分析

效度分析是针对调查问卷或题项的有效性进行的分析，其代表调查问卷能够有多大程度反映其所测度的理论概念。一般而言，当测度值与真实值之间差距较大，则认为该问卷的有效度偏低，问卷设计与调查存在着严重的问题，其所采集的信息失真度就比较高。因此，对效度分析可以考察调研内容项相关性的大小，以及问卷是否适合信息采集对象。

效度一般有内容效度、准则效度和结构效度三种类型。其中，内容效度主要从内容的一致性来判断测度项对调查主题的切合程度。内容效度一方面取决于抽样效益的大小，即样本代表总体的程度，同时，也决定于问卷测度项表面上与调查的内容或调查的目的是否一致。当二者存在着较大的差异时，需要对测度项的内容进行调整与改进，制定更加合理的测度项来揭示内容。准则效度又称为效标效度或预测效度，是评估测度项与有效度标准（依据某一理论而确定的内容评价标准，主要用于评测内容，是内容检测）之间的相关程度，并以此来判断测度项是否与内容目标一致。结构效度则从测度结果中发现其体现的某种结构与测值之间的对应关系，是从测量的概念中体现问卷的结构有效性。其目的是确保那些相同概念的问卷测度项的测度结果高度相关，而不同概念的问卷测度项的测度结果的相关性低。当前效度分析常借助逻辑分析、统计分析、相关分析及因子分析来判断。以因子分析为例，其主要有五个步骤。

第一步，确定因子分析的前提条件。通过计算相关系数矩阵或统计检验，观察各个变量之间的相关性，判断其是否适合做因子分析。

第二步，提取因子。利用主成分分析法、主轴因子法、最小二乘法、Alpha 因子提取法等提取因子，观察因子的贡献率。

第三步，决定旋转方法。旋转的目的是改变每个变量在各因子的负荷量的大小，更好地解释因子。当前，有两种旋转方法，即正交旋转和斜交旋转。

第四步，因子命名。旋转后决定因子的个数，并对其进行命名。

第五步，计算因子得分。因子变量确定后，便可计算各因子在每个样本上的具体数值。

因子分析的结果可以用来判断问卷的结构有效度，具体可以从以下三点来判断：一是公共因子应与问卷设计时理论假设的概念组成相符，且公共因子的累积方差贡献率至少50%以上。二是每个问卷项目都应在其中一个公共因子上有较高的负荷值（大于 0.4），而对其他公共因子的负荷值则较低。如果一个问卷项目在所有的因子上负荷值均较低，说明其反映的意义不明确，应予以改变或删除。三是公因子方差均应大于 0.4，该指标表示每个问卷项目的 40%以上的方差都可以用公共因子解释。

信度分析与效度分析可以借助工具来完成。当前，一些典型的统计软件如 SPSS 等，就可以进行信度分析与效度分析。例如，在 SPSS 系统中，信度分析可以在 Analyze→Scale→Reliability 选项中实现，而因子分析可以在 Analyze→Data Reduction→Factor 命令中实现。

第 7 章　社会信息的采集

在人类历史发展中，经历了几次巨大的信息变革。从语言、文字、纸张和印刷术的诞生，到电磁波和计算机技术的利用，每一次信息变革都对人类社会的发展产生巨大的推动力，带来了人类社会飞跃式的进步。可以说，整个人类的进化史也是一部人类信息活动的演进史。而社会信息是人类社会活动的重要产物，广泛存在于人类社会活动中，是社会系统中各种构成要素联系的纽带，是推动社会进步的动力。

社会信息始终伴随着信息变革的步伐，在人类信息活动中扮演着重要的角色。社会信息影响着人们生活、学习、工作的各个方面。人们利用社会活动所产生的信息，提升对社会、自然、宇宙的认识水平，提高对社会环境的适应能力，推动自身的全面发展和进步。社会信息能帮助人们超越直接经验的局限，扩展生活的视野，提高工作、学习和科研的效率，实现人生价值的最大化。

7.1　社会信息及其类型

7.1.1　社会信息的含义

社会信息存在于人类社会环境中，其产生和传播的主体是人，是以人的社会活动为基础而产生的。因此，对社会信息的理解应该以人所特有的社会活动为出发点，以社会活动所产生的各类信息内容和信息形态为研究对象，从内涵和外延两方面来仔细分析。

邬焜在《信息哲学》中给出了“社会信息”的定义，社会信息是已被人类认识把握，以及人类意识和实践活动创造出来的那部分信息世界的总称。其概念强调了社会信息产生的根源，认为社会信息是一种已被人类认知的信息。

马费成在《信息资源开发与管理》一书中认为，社会信息是为了特定的目的产生、传递、交流并应用于人类社会实践活动，包括一切由人类创造的语言、符号和其他物质载体表达和记录的数据、消息、经验、知识。这类信息是一个庞大的体系，是属于认识论范畴内的信息。自然界、生物界及机器系统的信息，只要有人类主体介入并服从于人类社会的特定目的，都属于社会信息的范畴。他的观点既认识到社会信息产生的根源，也概括了社会信息的具体表现形式，强调了社会信息服务于人类的目的，是比较完整的定义。

我们比较认同马费成的定义。社会是由人组成的，人与人之间的交流内容（包括体现了人的意识思想的“物”）才能是社会信息。社会信息是在人类社会实践及各种人类交往活动中产生和传播的。社会信息概念的界定离不开人的社会活动。同时，社会信息的传播是人在社会中为了加强彼此间的了解和联系，确定双方的关系，解决社会问题所产生的。

对信息利用者来讲，社会信息的内容具有相对的特定价值。因此，如果用一句比较直接的通俗的话来定义，社会信息就是在人类社会实践活动中产生、交流和传递的，并有特定利用价值的信息。

需要指出的是，这个社会信息的定义是广义上的定义。本章主要讨论的社会信息采集基于狭义上的定义：即着眼于人与人之间，以人为核心的社会结构和社会环境方面的社会信息采集。

社会信息存在于社会环境中，以“社会信息流”的形式将社会环境中各个因素紧密联系在一起。“社会信息流”是一种社会信息现象，是信息从生产者，经过或不经过其他社会环节，转移到使用者的流动过程。这种“社会信息流”主要通过人际交往、组织活动等人际沟通途径，通过一定的社会环境来实现信息的传播。信息交流双方在信息交流过程中，实现信息的互相交换与利用，消除双方信息的非对称性。信息接收者对对方所传递的信息在大脑中完成“内部再现”，也就是理解了对方所要传递的信息的含义。

但是，人们对所交流的信息百分之百的理解有时是很难达到的。其原因是受三个因素的制约。一是表达信息的语言或文字等符号体系，不一定能完全或者准确地反映信息发送者的思想。所谓“言不达意”现象在现实生活中常常发生，“文本传递”不完全等同于“心灵传递”。二是在信息传递的过程中，可能会受传递者的表达能力和接受者的接受能力及其他因素的影响，即信息传递和接受中的“变形”与“走样”。三是受到选择性定律的约束。所谓选择性定律，是指接收者对发送者向他传递的信息往往是有选择地接受。选择性定律包括选择性接触、选择性理解和选择性记忆，其中任何一种选择都会降低信息交流内容的完整性程度。

7.1.2 社会信息的类型

社会信息五花八门，千姿百态，令人眼花缭乱。社会信息具有较强的时代性，信息内容往往也因时代的差异而存在差异。对社会信息类型的区分，有利于我们对社会信息的认识、了解和利用。综合来看，大体上可以从下面几个角度来区分社会信息。

按社会信息对社会层面的综合反映，可将其分为社会组织信息、社会结构信息、社会功能信息。社会组织信息是反映社会中各种类型群体及其相互之间关系的信息。社会组织信息能够协调各个社会群体之间的关系，减少摩擦与冲突，使社会各阶层信息交流更加流畅，能更有效地满足不同群体的人们的信息需求，使社会生活更加和谐。社会结构信息是反映社会稳定关系及构成方式的信息。社会结构信息真实地反映了一个国家的社会体制和发展机制，既反映了国家政治体制的构建情况，同时也反映了国家和国家内某一地区的政治、经济、文化等各方面各领域的构成和相互关系，以及社会群体的社会地位等。社会功能信息是反映社会中各个组成机构不同职责、功效和作用的信息。社会功能信息明确体现出社会中不同部门的工作特点，也是社会组成机构各司其职，社会发展井然有序的保障。

按个人所拥有的社会信息的表现形态，可分为潜在社会信息与现实社会信息两类。潜在社会信息是指个人在社会活动中形成的储存在大脑中的对社会的认知信息，是一种没有表达出来的、有限再生的社会信息。其特点是只能为个人所理解和利用，无法为他人直接理解和利用，并且可能随忘却过程而消失。现实社会信息是指潜在社会信息经个人表述出来之后能够为他人所利用的信息。其最主要的特征是社会性，通过特定语言、文字或其他交流手段表述和传递，可以在特定的社会条件下广泛地反复地为他人所利用，是一种无限再生的社会信息。

按社会信息内容的不同，可分为教育信息、体育信息、法律信息、生活信息、经济信息、医疗卫生信息、文化信息、科技信息、政治信息、军事信息等。这些信息产生于人类社会生活的各个方面，从各种不同方面体现了人们的社会生活，是人类社会进步和社会发展的反映，对人们的教育、文化、法律、经济等各方面生活的稳定和发展产生着不可估量的影响。

按社会信息产生层次不同，可分为人际关系信息、组织机构信息、社会环境信息等。人际关系信息是人们在交往过程中产生的信息。这类信息类型多样、内容丰富、涉及领域也非常广泛，如情感交流、商业往来、政治观点，以及学习、研究、工作信息等。组织机构信息是表达组织机构利益，协调组织机构与其他组织机构之间的关系，协调机构内部成员与成员之间的关系和利益，实现组织机构发展目标等方面的信息。社会环境信息是一个国家或地区在一定时期内所产生的背景信息，如经济环境信息、政治环境信息、文化习俗环境信息等。

本章会在后面的几节中，对人际关系信息、组织机构信息及社会环境信息的采集进行详细的分析讲解，帮助读者了解不同产生领域的社会信息的采集方法，加深对社会信息采集的认识，提升信息采集能力。

7.2　社会信息的特点

社会信息产生于人类活动过程，并能为人类所认识和利用，是人类社会关系的反映。社会信息伴随着人类社会的发展，并有其自身的特点。

7.2.1　社会性

社会信息产生于社会，用之于社会，不能脱离人类社会而孤立存在。社会信息产生与传播的主体是人类，广泛分布于人类社会的各个角落，遍布于社会的各个阶层，涉及衣食住行、教育、医疗、经济、政治、文化娱乐等社会的各个领域，信息量巨大，并对社会的有序运行产生着不可替代的作用。社会信息借助于社会成员之间运用的语言文字和流行的符号系统（如网络和微信使用的表情图像和符号等）在社会中广泛流通，发挥着普遍的社会作用。但社会信息的内容具有阶层性的特点，即某些特定的信息内容只在一定的社会阶层流行。例如，某些黑社会内部流行的信息，外部社会的人群一般就不明白其含义。社会白领间流行和关注的信息，与一般社会百姓间流行关注的信息，会存在巨大的差异。国家、民族的不同，也会在社会信息的内容、形式方面呈现出显著的区别。由于社会信息的社会性，人类既存在共性，也存在国家、民族、阶层、阶级间的差别。

7.2.2 时代性

社会信息与社会的进步息息相关，社会信息的流通每时每刻都在影响着人们的社会生活，而社会生活的不断变化也促使更多新的社会信息的产生。因此，社会信息是社会生活的反映，具有时代性的特点。许许多多的社会信息，都打上了时代的“标记”与“烙印”。在发展迅速的当今社会，社会信息产生与变化的速度惊人。日新月异的科学技术发展及形式多样的信息交流手段和方式，催生和传递着大量社会信息。例如，丰富多彩的网络语言，在计算机诞生之前的时代，是不可想象的。它们的出现和在青年人中的大量使用，就是时代的产物。

7.2.3 复杂性

社会信息的复杂性主要体现在两方面。一是社会关系复杂。在人类社会的发展中，人与人之间形成了复杂的人际关系，亲情关系、朋友关系、师生关系、上下级关系等织成一张张复杂交错的关系网络，将人与人紧密地联系在一起。在这张复杂的社会关系网络上每天传递着大量的信息，联系着千千万万个信息活动。可以说，这种复杂的社会关系网络也是一个复杂的信息网络。二是涉及领域比较复杂。社会信息涉及人们衣食住行等日常生活和社会工作的每个方面，也体现了人们丰富的思想和情感，并且以不同的方式在人们之间传播。涉及领域的广泛性、思想和情感的丰富性、表达方式的多样性，使得社会信息在整个社会网络流通中呈现复杂性的特点。

7.2.4 地域性

社会信息广泛存在于社会生活的各个角落，它的产生、传播、利用无不与其存在的地理区域紧密相关。世界各地因其巨大的地理分布差异，社会发展与进步差异，在经济、政治、文化、教育、交通等领域上表现出不平衡的发展态势，不可避免地影响到社会信息的产生、传播和交流。它为人们的信息产生环境、信息利用工具、信息使用手段、信息传播渠道等设定了特定的地域环境。特定的地域环境孕育着不同的社会结构形态，也会造就出不同的社会信息，并以特定的方式和结构来传递社会信息，这使其产生的社会信息表现出地域性。

社会信息的地域性质，使社会信息在产生、利用、传播的过程中受到地域范围的约束。这种约束取决于特定地域社会的发展程度和地域环境中存在的社会群体的生活习性、信息交流习惯等因素。同时，国家、区域的管理也为社会信息传播设置了种种的限制。国家通过法律、政策、规章、制度等各种形式约束社会信息的传播，并采取广播宣传、邮递、屏蔽、法律等各种手段来扩展、控制或屏蔽社会信息的传播。

7.2.5 民族性

人这一特殊的群体作为产生和传播社会信息的主体具有民族性，使社会信息同样具有民族性。人的群体特性使人类社会在发展过程中形成多样的民族特色。其语言、行为习惯、风俗观念、宗教传统，以及对事物的看法与认识，也会因其民族特色展现出特色化的差异。这种差异孕育出的社会信息以其特有的民族特色形式存在于社会中，并在认识、组织、传递上以歌曲、舞蹈等民族特色的形式进行显现。例如，聚居在我国广西壮族自治区罗城仫佬族自治县境内的仫佬族，就有用“对歌”方式传递信息的特色。族内男女老少普遍都会对歌，凡过年和“走坡”时节，随处都可以听到对歌声。其产生的“随口答”、“古条”和“口风”三种形式的歌曲，被用来表达本民族的生产、生活和男女之间的爱情，是典型的民族特色社会信息。

社会信息的民族性，使不同民族的民众认识到，在组织和传递社会信息时，应充分注意其民族特色。特定的民族风俗、语言及行为，使产生的社会信息表达出特定的含义。对此类社会信息的处理应置身于其产生和成长的环境之中。因此，被烙上民族特色的社会信息，需要有民族特色的组织、传递形式，尽可能保留其当初的形式与状态，以传递出全面的、有特色的社会信息。

7.3 人际关系信息的采集

人际关系信息是指以人为主体，以社会为舞台，在人与人的交往过程中产生的信息。社会日常生活中，朋友之间的谈心，同事之间的工作交流，上级给下级传达的指示，以及一些个人看法、观点的表述等等，都是人际关系信息的重要来源。人际关系信息不仅对个人的情绪、生活、学习和工作有着重要的影响，对组织气氛的营造与活跃、组织内部沟通、组织运作、组织效率、组织目标的实现均有较大的影响。在人际关系信息传播中，口头语言传播与文字图画传播是人际关系信息传递的主要途径。此外，肢体语言的表述，也是人际关系信息传播的方式。

7.3.1 人际关系信息的采集内容

人际关系信息是社会信息中最普遍的信息，贯穿于人一生的整个社会生活过程。人际关系信息表现在人的社会活动中。人际关系信息活动是以社会活动需求而产生的，以社会活动的行动为目的。根据人的群体特性可以将人际关系信息的采集分为个人信息的采集与群体信息的采集。

1. 个人信息的采集

1）个人经历方面的信息

个人经历方面的信息包括个人以旁观者身份所目睹获取的间接信息。这类人际关系信息的采集，集中在有关个人发展和生活的一些客观事实情况，如籍贯、教育履历、工作和生活履历等，是了解人的成长、生活，以及所具有的工作能力的重要参考资料。其以旁观者身份所目睹获取的间接信息，有时是取证于第三方的重要资料。例如，对法律案件的调查与处理，就需要从嫌疑人、受害者、目击者等各个方面和角度采集信息，了解犯罪嫌疑人的犯罪动机、犯罪的整个过程，从而做到公正的判决。“目击者”信息，便是其以旁观者身份所获取的间接信息。

2）个人观点看法与经验方面的信息

例如，一些企业家通常会在社交场合中获取某方面权威专家对当前经济发展、时事政治等各方面局势的一些分析和预测，从而帮助自己抓住时机，及时地决策；销售人员从与客户进行交流的过程中，获得与产品相关的重要反馈信息，以帮助企业进行产品性能的改进、价格的调整、产品的更新换代；科研人员通常会关注科研领域特定人群的一些观点和看法，以利于其进行科研创新，等等。这类信息采集，是关于人的思维智慧信息方面的采集和知识经验信息方面的采集。

3）对人物的印象、评判等方面的主观信息

人与人之间进行交流，双方必然会产生一定的印象和主观评判。通过第三者的接触所产生的主观印象及其评判信息，是我们从侧面来了解一个人的重要途径，也是我们从事人际信息采集的重要内容。

4）个人言行、性情等信息

例如，有关一个人的言论、行为举止、交友、爱好等方面的信息。孔子说：“视其所以，观其所由，察其所安，人焉廋哉？”（《论语·为政》）“人以类聚，物以群分”，孔子认为，考察一个人结交的朋友，可以了解他的秉性；观察他为达到某一目的所采用的行为方法，可以看出其为人是正直还是邪恶；加上了解他的情绪心态等方面的信息，一个人的本来面貌就会显露无遗了。

2. 群体信息的采集

群体，《现代汉语词典》（2012 年版）的解释是：“①由许多在生理上发生联系的同种生物个体组成的整体，如动物中的海绵、珊瑚和植物中的某些藻类。②泛指本质上有共同点的个体组成的整体：英雄～/企业～/建筑～。”第二种释义是存在问题的。因为，一是群体并不一定是整体；二是群体“本质”上并不一定具有共同点。例如“群体事件”“低收入群体”等，就并非是“本质上有共同点的个体组成的整体”。

我们认为，作为人际关系信息采集对象的群体，主要是指：①因为志趣、爱好、信仰、奋斗目标相同；或者由于学习、研究的需要建立一个组织并加入其中的人们。②因为某些事件的吸引，为了某种目的而临时性聚集在一起的人们。③具有相同、相近、相似社会地位或特征的人们。

采集群体信息，群体的选择是至关重要的因素。无论是从社会学的角度，还是从管理学的角度，“弱势群体”和“存在问题突出，最需要关心、关注的群体”是群体信息采集时最常采集的对象。

“弱势群体”，主要是指生活在社会底层，其社会地位低下，生活经济状况较差的群体。

例如，欠发达地区农村的农民、城市的失业工人等；或者由于生理存在缺陷，无法参加正常的社会竞争，无法获取正常社会效益的群体，如残疾人群体。因为很多社会资源，由于自身知识素养、受教育程度、环境因素或自身生理缺陷等条件制约，他们无法参与对很多社会资源的竞争和利用，无法像“先富起来”的人一样享受社会进步所带来的利益。他们的心理诉求，他们的愿望，也很少经由一般的信息渠道向社会公开发布。

“存在问题突出，最需要关心、关注的群体”，是由于当代社会发展十分迅速而引起或造成的，如城市七十岁以上的老年人群体、大龄未婚青年群体、农村留守儿童群体、农村留守妇女群体、城市农民工群体、失业大学生群体等。他们或者已经是社会问题的焦点，或者是形成和产生新的社会问题的源头。

选择这两大类群体作为信息采集对象，是解决许多社会问题的钥匙。尤其是针对一些容易产生突发性问题或重大问题的情况，快捷而有效地采集相关群体的信息，要及时采取措施，防患于未然；或者尽快解决问题，提供科学决策的保障。

人际群体信息采集的内容，主要可以分为客观信息采集和主观信息采集两方面。

群体客观信息采集主要包括群体中每个个人的客观存在信息，如性别、年龄、家庭成员、受教育程度、工作经历与工作现状、谋生手段、有无工作特长、主要收入来源、收入状况、衣食住行状况等。

群体主观信息采集主要包括群体中每个个人精神方面的需求信息，物质方面的需求信息，对社会现状的了解、评判方面的信息，对形成自己现状原因分析方面的信息，以及在信息采集过程中表现出来的言行举止甚至瞬间的面部表情和身体状态，等等。

7.3.2　人际关系信息的采集方式

由于人际关系信息采集在于人与人的交流过程，且一般情况下人际关系信息采集范围较小，问题相对集中，人际关系信息的采集主要采用访问法。访问法是通过采访者与被采访者以直接或间接的方式进行交流而获得所需信息的方法。这类方法是通过采访者与被采访者面对面的交流或者其他交流工具来实施的，有助于提高信息采集的针对性和可靠性。在信息采集交流过程中，一方面，很多意料不到的隐含信息会显示出来，因此，有时可能得到意外的收获。另一方面，信息采集时也容易受被采访者的信息素质和水平的影响，信息挖掘不能深入，以至于采集内容比较空洞。极个别情况下，还可能落入被采访者“偷换概念”的陷阱，使本来的信息采集任务“跑题”，导致原来的信息采集计划落空的结果。

采访是一种特殊的人际关系活动。按照交流方式不同，采访可分为直接采访和间接采访；按照一次采访的人数，采访可分为个别采访和群体采访；按照对采访过程的控制程度不同，采访可分为结构式采访和无结构式采访；按访问次数的多少，采访可分为一次性采访和多次采访。

形诸文字、图像、声音，借助于纸张、网络或者其他载体表现出来的有关人际关系信息，参见本书第 8 章“纸质文献信息的采集”和第 9 章“网络信息的采集”。

1）通过间接采访进行人际关系信息采集

由于各种原因，一些信息采集对象可能并不愿意接受面对面的采访；或者信息采集对象过多，分布的地域较分散，面对面采集信息成本过高、手续复杂等，这时可以通过信函、邮件、电话、传真等间接采访的方式与信息采集对象进行联系采访。这种方式更适宜进行大范围的信息采集活动，能减少信息采集的开支，也可以通过了解、熟悉采访对象的第三方去采集有关信息。

间接采访存在的问题是，信息采集对象有时会有意回避某些问题；获取的信息不真实；无法像面对面采访那样窥测采访对象的表情、肢体信息等。面对这些问题，应随机应变地驾驭采访过程，从而获取更重要的信息；可以采取一些措施，如只提采集对象感兴趣部分的问题，适当地进行侧面提问求证等。

2）通过直接采访进行人际关系信息采集

直接采访是人际关系信息采集最为有效的方式。新闻记者采访新闻人物、企业业务人员采集客户有关企业产品的信息；文艺工作者从群众中取材或采集社会生活的信息；政府工作人员与基层群众交往并采集其衣食住行，以及采集人民群众对社会发展、社会存在问题的看法信息，等等，都是通过直接采访获取人际关系信息的。

在人际关系信息采集过程中，直接采访具有很大的灵活性，对信息采集者的素质要求也较高。首先，遵守一些必要的社交礼仪，尊重采访对象，保持真诚温和的态度，这是信息采集成功的关键。其次，要具有一定的知识素养和信息素养。例如，对采访主题领域的知识背景的了解和掌握，能根据不同的采访对象采用不同的采访方法，能抓住采访对象在采访过程中表现出来的瞬间表情信息或者肢体信息，刨根究底地追问有关主旨的重要信息，等等。

7.3.3　人际关系信息的采集过程

人际关系信息的采集主要是通过访问来进行的。访问以语言表达为主要方式，随意性强，而信息采集的主题则相对集中，采访的时间也有一定的制约。因此，需要一个规范的过程来确保信息采集的成功。通常情况下，规范化的人际关系信息采集包括以下过程。

1）明确访问的目的、主题和内容

明确访问的目的、主题和内容，是访问过程中最重要的前提。它便于有的放矢地进行提问，把握采访主题和方向。在采访对象偏离主题时，及时地进行提醒或引导，防止在访问过程中受采访对象有意或者无意的误导而迷失方向，以至于使访问不能获得预期的成果。

2）选择合适的采访对象

要通过已确定的访问主题和内容选择对应的采访对象。运用抽样、普查等各种方法确定采访对象，使采访对象具有代表性和针对性，只有这样才能准确地获得所需信息，提高访问的成功率。

3）收集相关资料，准备面谈提纲

（1）搜集与信息采集主题活动相关的资料。根据信息采集的目的、主题和内容收集与此相关的资料，以便于对整个信息采集活动有一个粗略的认识和把握。

（2）收集与采访对象相关的资料。适当地了解和掌握与采访对象相关的资料，可以在面谈过程中减少沟通障碍，增进采访对象对信息采集者的信任度，便于信息采集者随机应变，因势利导，更深入地进行信息采集，使信息采集活动更顺利有效地进行。

（3）准备面谈提纲。根据所决定的信息采集主题与采访对象的资料，制定面谈提纲。面谈提纲要尽量包含所涉及采访的各个层面的问题，并适当进行发散，以便于搜集到更全面的信息。

4）确定面谈地点和时间

提前与采访对象协调好面谈地点和时间，发出面谈邀约。注意选择轻松舒适的环境作为面谈地点，以利于面谈在和谐的氛围中进行。尽可能地尊重采访对象的要求，在时间和场地的选择上，一般以采访对象方便、满意为宗旨。

5）开展面谈，并做面谈记录或录音

开展面谈需注意以下几点细节。

（1）由一个轻松的话题开始，营造良好的面谈气氛。

（2）树立平等交流关系。面谈时双方是一种平等的关系，信息采集者要站在对方的立场上来考虑问题。在面谈中，倾听是非常重要的。面谈中提出关键的问题后，要认真倾听对方的回答，注意观察对方的表情和动作。采访对象产生防卫心理时，要及时关心他的感受，不要唐突地介入问题。

（3）注意中场休息时间和结束时间。

（4）注意交流与倾听。让采访对象感觉到自己受到了重视，减少面谈过程中的信任障碍。

（5）及时记录相关情况。最重要的是要将面谈重点记录下来，便于之后的分析整理。

6）面谈后及时总结整理

面谈后要及时进行简单的总结整理工作，这也是人际关系信息采集过程中一个必不可少的环节。对人际信息采集过程中的一些心得，一些新的未能意料到的信息，以及潜在的有待进一步发掘的信息，要进行适当的记录整理，避免时间久了之后，遗忘或漏掉一些采访时来不及记录的重要信息。

7.4　组织机构信息的采集

组织机构是指为了实现某一目标，把人力、物力和财力等按一定的形式和结构，任务或利益有秩序有成效地组合起来而开展活动的社会单位。组织为实现其活动的目标，对内部设置机构的权力职责分配、人员安排、信息沟通等一般都有严格的规定。组织机构通常指具有公益性质的公共服务机构、具有私人性质的私人服务机构及社会团体。现代管理学则将企业作为一种组织机构的形式来研究。

组织机构的信息构成主要包括：组织机构内部所呈现、传递的信息，组织机构自身所承担、提供的服务类信息或产品、商品类信息，以及与组织机构相关的外部环境、条件、人物、企业、产品、服务等方面的信息。

7.4.1　公共服务机构信息的采集

公共服务机构是指通过国家权力介入或公共资源投入，以为公众服务为目的的组织机构。一般来讲，公共服务机构承担着十分重要的社会服务功能，主要为社会大众用户提供共同使用的基础设施、设备和信息资源等，为大众用户的公共需求提供统一的辅助解决方案，以减少重复投入、提高资源利用率，具有基础性、开放性和公益性特征。

公共服务机构根据其性质和形式的不同，可分为基础公共服务机构、经济公共服务机构、公共安全服务机构、社会公共服务机构。基础公共服务机构是指通过国家权力介入或公共资源投入，为公民及其组织提供从事生产、生活、发展和娱乐等活动的机构，如提供水、电、气、交通与通信基础设施，邮电与气象服务等的机构。经济公共服务机构是指通过国家权力介入或公共资源投入，为公民及其组织（如企业）从事经济发展活动所提供的各种服务的机构，如提供科技推广、咨询服务及政策性信贷等服务的机构。公共安全服务机构是指通过国家权力介入或公共资源投入，为公民提供安全服务的机构，如军队、公安局和消防部门等。社会公共服务机构则是指通过国家权力介入或公共资源投入，为满足公民的社会发展活动需要而提供服务的机构，包括教育、科学普及、医疗卫生、社会保障及环境保护等机构。社会公共服务机构有公办学校、公办医院、公共社会福利机构、公共图书馆、博物馆、档案馆等。公共服务机构是面向公共领域、面向大众提供服务的，其服务领域广、服务对象众多。公共服务机构所涉及的信息一般是与人们的衣食住行等日常生活紧密相关的基础信息，很多由国家和政府资助。大多数服务都是免费服务，信息权威性强，提倡信息公平性。公共服务机构的信息采集往往要遵行一定的行为准则，信息采集时需要接受一定的行政约束规范。

公共服务机构信息采集的途径主要有以下几种。

1）公共信息服务平台

现代社会，各种公共服务机构为了更方便地提供服务，更便捷地与服务对象进行交流，大多建立有政务中心、客户服务中心、咨询中心等类型的公共信息服务平台。这类信息服务平台是人们与公共服务机构之间的交流、沟通平台，也是公共服务机构对外信息服务的窗口。通过这些公共信息服务平台，人们可以便利地获得公共服务机构提供的许多信息。

2）服务对象反馈的信息

利用服务对象反馈的信息进行信息采集，可以发现公共服务机构在服务中的问题，了解信息服务执行情况、服务产生的效果等内容，有利于全面了解公共服务机构所提供信息服务的质量和服务效果。服务对象反馈信息的方式有多种类型，如网络论坛讨论、媒体或相关部门发布的调查问卷统计结果、机构设置的用户意见反馈薄等。通过采集服务对象反馈的信息，可以发现一些有关公共服务机构真实的、隐藏的信息。

3）大众媒体反映的有关信息

大众媒体，主要是指杂志、广播、电视、报纸、互联网等，对公共服务机构有宣传和舆论监督的功能，能及时传递或反映公共服务机构的职能履行情况信息和社会反馈信息。我们可以充分利用大众媒体有信息传播实时性强、信息覆盖面广、信息获取容易的特点，及时采集媒体传播的公共服务机构相关的信息，了解公共服务机构信息服务的发展动态。

4）内部员工反映的信息

公共服务机构内部员工掌握着公共服务机构内部各种管理信息，对于公共信息服务具体的运行机制比较熟悉，同时也能够了解在提供服务过程中显露的各类问题、公共服务需要改善的措施及用户的需求等情况。因此，他们提供的相关信息，更接近公共服务机构运作的实际情况。通过对内部员工相关信息的采集，可以发现很多隐含信息，既可为改进公共服务运作、提高公共服务质量提供参考，也可为考核公共服务机构业绩提供参照。

5）公共服务机构相关活动信息

通过公共服务机构组织的一些会议、新闻发布会、慈善活动和项目推广活动等，也可以获取到有用信息。这类信息可以帮助我们从侧面了解某一公共服务机构的性质、服务功能、服务领域，也可从其发起、参与社会活动的多少、社会关注和反响的程度，了解其在社会公众心目中的地位。同时，也可以说，这些信息是反映其在社会中的重要性的参照系数。

7.4.2 私人服务机构和社会团体信息的采集

1）私人服务机构信息的采集

私人服务机构一般是使用私人资源所创建提供的营利性服务机构，是社会组织的重要组成部分。私人服务机构体现的是以货币支付能力为前提的私人牟利追求与消费者需求相结合的市场关系，主要有律师事务所、医院、学校、俱乐部、职业培训机构和咨询服务机构等。

私人服务机构是现代社会的重要组成部分，在社会发展中具有不容忽视的地位。很多私人服务机构走在社会发展的前沿，它们的技术水平、服务水平、服务理念等更贴近当前社会的需求。从私人服务机构中采集到的信息一般新颖性好、针对性强、有较鲜明的特色。私人服务机构信息的采集可以通过外包、委托等途径获取，一般要以付费的方式成交。

2）社会团体信息的采集

团体，指为共同的目的或利益，或者具有共同的志趣而组织起来的一群人，如宗教团体、文化团体、行业团体、学会（学术）团体、商业团体等。中国当代团体主要指社会团体，它们大多带有准官方性质。我国《社会团体登记管理条例》规定，成立社会团体必须提交业务主管部门的批准文件。业务主管部门是指县级以上各级人民政府有关部门及其授权的组织。社会团体实际上附属在业务主管部门之下。据有关部门统计，中国有全国性社会团体近2000个。其中使用行政编制或事业编制，由国家财政拨款的社会团体约200个。在这近200个团体中，中华全国总工会、中国共产主义青年团、中华全国妇女联合会的政治地位特殊，社会影响广泛。还有16个社会团体：中国文学艺术界联合会、中国科学技术协会、中华全国归国华侨联合会、中国作家协会、中国法学会、中国人民对外友好协会、中国国际贸易促进委员会、中国残疾人联合会、中国宋庆龄基金会、中华全国新闻工作者协会、中华全国台湾同胞联谊会、黄埔军校同学会、中国人民外交学会、中国红十字会总会、中国职工思想政治工作研究会、欧美同学会（中国留学人员联谊会）。以上16个社会团体的主要任务、机构编制和领导职数由中央机构编制管理部门直接确定，它们虽然是非政府性的组织，但在很大程度上行使着部分政府职能。

社会团体中，有很多是属于具有学术研究性质的团体、具有行业商务性质的团体及具有宗教色彩的团体。当代中国社会团体，许多都创建有自己的网站，出版发行自己的杂志、报纸，或者其他内部出版物。其发布的信息，大多是有关该社会团体的宗旨、行为、举措，该团体内人物的言行活动，该团体学术研究状况、学术动态，该团体有关的商务活动、贸易趋势、行业预测等方面的内容。尤其是学术（学会）团体和行业团体，其发布的信息具有较高的学术研究参考价值和商务活动参考利用价值。

社会团体信息的采集，主要通过对其所办网站、刊物、报纸，以及其他出版发行的内部出版物所载信息进行搜集来完成。同时，还要注意搜集其他大众新闻媒体对该社会团体的宣传报道信息。

7.4.3 企业信息的采集

企业是在一定的社会环境下为了满足人们日益增长的物质文化需要而产生的。企业的成长和发展离不开它所处的社会环境。企业的社会环境可分为宏观环境与微观环境。宏观环境是企业由所处国家或地区政治、经济、法律等方面的因素组成。微观环境则由企业本身及行业竞争者、消费者、渠道分销商等因素组成。

对企业信息的采集，主要是针对企业微观环境因素进行的。其中，要特别注意与企业生产销售活动密切相关的信息。对企业的信息采集需要从企业外部和企业内部两个方面来着眼。有关企业外部信息的采集，是为了获取该企业在行业中所处的地位、发展的水平，与其他企业的关系，以及相互联系的程度等信息；有关企业内部信息的采集，是为了获取该企业的管理运行、生产、贸易方面的信息。

1. 企业信息的采集内容

1）企业外部信息

企业外部信息的采集内容主要有以下几方面。

第一，市场信息。市场信息是企业产品及其消费群体反映出的各类信息，是以企业产品类型规格、数量和质量，市场销售情况，以及消费者数量、分布和购买力等信息为基础，汇总形成的市场占有率、需求量、需求结构等方面的信息。这些信息直接关系到企业产品开发、生产、销售等情况，是企业赖以生存和发展的基础。

第二，竞争对手信息。即与该企业竞争者的经营活动相关的信息。主要包括竞争对手的管理与经营能力、经营方式、经营状况，以及在竞争中所处地位等相关的信息，也包括潜在竞争对手状况的信息等。

第三，上下游企业信息。指与企业紧密相关的原材料供应商和企业产品经销商相关的信息。上下游企业的经营与发展情况，严重影响和制约着一个企业的生产、销售与发展，因此，收集一个企业的原材料供应商和产品经销商方面的信息，便于我们更好地了解该企业的运作与发展情况。

第四，行业技术水平及企业科技应用等方面的信息。科学技术是企业发展源源不断的生命力。行业技术水平是整个行业科学技术情况的体现，它反映了科技在企业应用的程度。考察行业技术水平，搜集该企业的应用科学技术信息，以及企业产品科技含量等方面的信息。

2）企业内部信息

企业内部信息主要是指企业在日常运行中形成的各类文件、资料和数据等，包括管理规章、生产进度表、人事安排、财务规划、销售凭证、采购订单，以及制定的各类规章制度。具体可分为以下3种。

第一，原始记录信息。原始记录信息是企业在生产销售运营过程中形成的原始凭证和其他业务记录等信息，如发票、商品托运单、商品入库验收单、收据等信息。

第二，技术信息。技术信息是企业在运作过程中，在规划、生产、开发环节中产生的以文字、图纸的形式记录下来的信息，如产品开发设计规划，制造、加工的工艺说明，化学配方，设计施工图纸等信息。

第三，管理资料信息。管理资料信息是企业在计划、组织、协调、控制、生产、营销等活动中产生的管理信息，包括各种规章制度、发展规划、主要统计报表、财务管理信息、成本管理信息等。

2. 企业信息的采集途径

企业内部的信息网络是企业内部信息重要的传递途径，也是企业信息采集的重要途径。企业信息有时候也会经过媒体披露、经营登记、业务往来等方式暴露在外界环境中，因此，大众传媒、政府机关等也是获取企业信息的重要途径。

1）大众传播媒介

通过广播、电视、报纸、杂志、互联网等大众传媒，可以获得许多与企业密切相关的企业近期活动报道信息、原材料供应信息、技术转让信息、竞争对手信息、市场销售信息和用户反馈信息等内容新、范围广的信息资料。我们可以根据自身需要，利用大众传媒开展定向、定时、定题的信息采集活动。必要时还可以委托咨询公司或其他信息机构进行专题信息采集工作。

2）政府机关

政府机关虽然不是企业的直接管理者，但往往了解、掌握着丰富的企业信息资源。企业的经营活动需要经过政府相关管理机构登记和审批。同时，政府机构也对企业的各类活动进行监督、统计和分析。通过政府机构发布的政策文件、对外公开的档案（如工商企业注册登记通告、上市公司业绩报告、专利、工业标准等）、政府出版物（如政府工作报告、统计资料、各类白皮书等）等可以采集到一些企业发展的重要信息。

3）社会团体、组织和机构

国内社会团体尤其是行业团体、科学管理协会、专业技术协会等团体有时会发布经过归纳整理公布的有关材料，报道经济活动和科学技术活动的最新情况，公布一些统计数据，甚至对专业领域内的情况做一些鞭辟入里的分析和前瞻性的展望。其中许多社会团体与企业密切相关。通过各种科研机构，还可以获得与企业相关的最新技术、行业的发展及未来的发展趋势等方面的信息。

此外，各种国际组织和机构，如世界贸易组织、国际标准化组织、红十字国际委员会、联合国粮食及农业组织，以及一些国际行业联盟等，会制定相应的标准、发展规划，约束和协调各成员的行动。一些组织和机构出版和发行的有关条例、统计数据和研究报告等资料，也可以作为采集的对象。大型公共图书馆或大型、专门的情报机构也会收藏这些方面的资料，同样可以用于信息的采集。

4）企业“关系户”

企业不可能游离于社会。为了利于各项生产、经营等业务顺利的发展，企业与地方政府官员、行业或领域专家、交通运输部门管理人员等有着千丝万缕的联系。这些人员对企业的内部、外部微观、宏观环境有时非常熟悉。信息采集者利用各种社交场合，和这些人员在聚会闲聊中可能会获知很多与企业经营发展密切相关的信息，有时甚至包括一些没有公开的企业规划与发展、市场营销等方面的信息。

5）企业协作伙伴与竞争对手

在经济全球化的大趋势下，企业与其他有业务联系的协作企业已经形成“一损俱损，一荣俱荣”的战略伙伴关系。许多企业通过企业外联网（extranet）把与本企业有业务合作关系的企业——从供应商到经销商连成一体，通过共享信息来维持企业之间的战略合作关系。另外，企业的竞争对手也会采集和存储大量关于该企业的信息，以便对自己的竞争对手进行分析研究，做到科学决策，超越对手，在未来的发展中占据主导地位。协作伙伴与竞争对手存储的信息可以帮助我们从第三者的角度了解和分析企业现状和未来的发展，因此，也是采集企业信息需要特别重视而不可忽略的内容。

6）用户和消费者

用户和消费者是企业赖以生存的基础，只有牢牢把握住用户和消费者，企业才能得以长期发展生存下去。同时，企业产品的好坏最终要靠用户和消费者来体验、评价。用户和消费者群体结构的变化会影响企业未来的发展方向。关注和收集用户和消费者群体对企业产品质量的评价信息及对产品类型、规格的需求信息，是企业信息采集不可或缺的重要内容。

7）企业对外开展的各种社会活动

企业开展的各种社会活动，如研讨会、讨论会、洽谈会、展览会、展销会、交易会、产品发布会、演示会、订货会等，是采集企业信息的重要渠道。企业的各和社会活动本身就是为了向外界传达企业的某些信息。在活动期间，企业散发的各种资料，如技术资料、鉴定材料、产品介绍和使用说明等，都会展示与企业的产品和经营活动紧密相关的信息。通过参与企业对外开展的各种社会活动，可以在短时间内搜集到企业大量的信息，这些信息可能是通过其他信息采集途径所难以获得的。

8）企业公布的文件和数据等

一般来说，企业，尤其是大型企业，会向其投资者定期公布企业的经营发展报告财务状况、人事任免、发展规划等文件与数据。这些内容能反映企业整体运营状况及未来的发展趋势，因此也是企业信息采集的重点内容。

9）企业或组织内部信息网络——Intranet

Intranet 又称为企业内部网，是采用 Internet 技术建立的企业或组织的内部网络，是基于 Internet 的 TCP/IP 网络通信协议、Web 技术和设备构造的企业内部信息管理和交换的基础设施，以提供一个开放的、分布的、动态的双向多媒体信息交流环境。随着现代企业发展的集团化，企业分布越来越广，公司需要及时了解各地的经营管理状况、制定符合各地的经营方向；公司内部人员更需要及时了解公司的策略性变化、人事情况、业务发展情况及一些简单但又关键的文档，如通讯录、产品技术规格和价格、公司规章制度等信息。利用企业内部网络进行相关信息的采集不仅节省了人力和物力，更可以节省宝贵的时间，采集到许多与企业生产、销售、发展相关的信息。

10）企业职工

企业职工直接参与企业的管理、设计开发、生产、销售、发展的过程，掌握和了解许多企业内部信息，有些是企业的核心机密信息。因此，企业职工，尤其是高层管理和设计开发层员工掌握的信息，非常具有采集价值。但利用不正当手段采集其所掌握的信息，在国家内部属于不正当竞争行为，是法律所不允许的，在国际领域属于经济间谍行为。

7.5 社会环境信息的采集

社会环境是指在人类生存及活动范围内的社会物质、精神条件的总和。社会环境信息除了具有一般信息的基本特征外，还有其自身的特点。

（1）宏观性。社会环境信息主要是从多种角度归纳反映出的信息。从整体上来说，其信息涉及许许多多不同方面的内容，无论是采集还是应用，都必须考虑其宏观性的特点。

（2）综合性。社会环境信息往往是将多方面因素总结而成的。例如，经济环境信息，不仅要考虑国内外政治情况，关注历史遗留问题，甚至有些全球化问题，都需要综合考虑，有时要进行深层次的筛选、分析和综合归纳。

（3）层次性。社会环境信息因其分布区域、分布层次的差异性而具有层次性的特点。政府因其不同的行政区域会形成不同的政治结构；社会群体因其不同的分布区域也会形成不同的文化特色；而且经济区域化也很明显，不同区域经济发展不一。因此，社会环境信息在不同的层次，表现出很大的差异。

7.5.1 社会环境信息的采集内容

1）政治环境信息

政治环境是指一个国家或地区在一定时期内的政治状况及其国际政治环境情况。政治环境主要分为国内政治环境和国际政治环境。国内政治环境包括政治制度、政党和政党制度、国家的法律法规完善程度及执行情况、方针政策、政权稳定状况、公民参政状况、决策透明度、言论自由度、媒介受控度等。国际政治环境主要包括国际政治局势和国际关系。

政治环境信息的采集内容包括分散在不同时空领域，关系和影响国家和地区政治现状、稳定和发展的各种信息。政治环境信息涉及面十分广泛，宏观上包括国内政治环境和国际政治环境两个方面的所有信息。从微观的角度来说，如政府部门公告等有关静态信息，以及来自社会新闻媒体报道的突发事件等动态信息，甚至国家或地区领导人的个性、爱好和性格特征及其执政能力和风格等信息，都属于信息采集的范畴。

2）经济环境信息

经济环境信息，主要是指涉及一个国家或地区的社会经济制度、经济发展水平、产业结构、劳动力结构、物质资源状况、人口和受教育程度、消费水平、消费结构及国际国内和地区经济发展动态等方面的信息。具体包括如市场行情信息、商品信息、农业经济信息、工业经济信息、交通运输信息等。

经济环境信息按照信息类型，可分为宏观经济环境信息和微观经济环境信息。前者如经济发展趋势、速度和现状，经济结构，经济政策等信息。后者包括消费者的需要与承受能力、企业之间的协作与影响因素等信息。按照信息的时间属性，可分为动态经济环境信息和历史经济环境信息。按照信息的地域范围，可分为国内经济信息和国外经济信息，等等。经济环境信息是政府经济管理和决策的依据，也是企业决策和经营的参考源泉，具有极大的使用价值。

3）文化习俗环境信息

文化习俗环境，是一个极其广泛的概念，是指影响一个国家或地区发展的社会组织、社会结构、宗教信仰、社会风俗、历史传统、生活方式、教育发展、科技水平、道德观念、心理习惯及人们的价值观等各种条件的总和。文化习俗是一个民族在特定的历史条件和地理环境中发展和承袭下来的，是一种文化形态的象征和体现，带有明显的民族特点。在不同国家和地区，甚至同一国家和地区，民族之间的差别也非常明显。例如，中国过年贴对联、放鞭炮、舞龙灯，而西方在圣诞节种圣诞树、派发圣诞礼品，两者都是对新年表示庆贺，但庆祝方式迥然不同。

文化习俗环境信息的采集，涉及面广泛是不言而喻的。从宏观方面说，能够反映一个民族和国家的精神面貌的信息都是采集的内容。从微观方面说，包括各种宗教尊崇所表现的心理信仰信息，节日习俗、嫁娶、丧葬习俗等表现出来的风俗习惯信息，衣食住行等表现出来的生活特色信息，歌舞、绘画、书法等所表现出来的审美心理信息，科技发展水平所表现出来的信息化程度信息和机械化程度信息，等等，都是采集的内容。

7.5.2 社会环境信息的采集途径

社会环境信息的采集途径大致有以下四种。

1）政府出版物

政府出版物又称官方出版物，指各国政府及其所属机构出版的具有官方性质的文献。各国对政府出版物尚无一致的定义。各国政府出版物大致可分为两类。

其一为行政类政府出版物（包括立法、司法出版物）。这类文献主要有国家人民代表大会、议会或国会的会议公报、议案和决议、听证和辩词记录、法律和法令、解密的法院文档、司法文件、规章制度、各项政策、条例规定、调查和统计资料等。这类政府出版物往往涉及政治、经济和法律等方面，如各级政府工作报告、各级财政部门的国民经济预算和决算、统计数据等。

其二为科学技术类政府出版物。这类文献主要是由政府出版的有关科技发展政策文件、科技研究报告、专利文献、标准文献、地质水文和航空航海线图及解密的科技档案等。

2）非官方出版的纸质出版物与电子出版物

概言之，所有出版物都是信息采集的对象。当然，并不是说，所有出版物中都蕴涵有社会环境信息，更不是所有出版物中都蕴涵着社会环境研究和利用的信息。我们可以根据出版物内容性质的不同，将它们分别为三大类别：①一般出版物，如文艺娱乐消遣类出版物、医疗保健养生类出版物、科普类出版物、义务教育类出版物等；②研究论著类出版物，如研究专著、研究论文、学位论文等；③资料类出版物，如资料汇编、资料选编、日记、回忆录等。毋庸置疑，后两类出版物应该是我们采集信息时关注的重点。

3）报纸、电视与网络媒体传播的有关信息

现代社会，报纸、电视与网络三大媒体正发挥着越来越大的信息载体作用。国家重大方针、政策和法规的公布，国内外重大事件的传播，国际上的政治、经济、文化交流与合作的宣传等，都离不开这三大媒体。通过大众媒体可以获悉最新的社会环境信息，随时了解国内外政治风云的变幻，国家或地区的一些重大经济政策、经济交流活动、投资项目、经济趋势发展及各国或不同企业应对不同经济形式的措施等经济环境信息，以及国家、地区的文化习俗信息。

三大媒体传播的信息具有即时性和快捷性；同时，电视和网络媒体还具有文字、图像、声音三者结合的特点。随着信息采集工具的运用，针对其进行信息复制、保存、甄别、选择和采集比较容易，但全方位采集需要的经费较多，信息采集的成本较高。

4）调查走访

通过实地调查走访获取第一手的资料，具有亲历、亲身感受的特点，获取的社会环境信息更为真切可靠。而且在调查走访的过程中，可以接触到真切的人、事、物，触摸、发现、感受到一个国家或者地区社会环境的实况，领略到其社会环境的方方面面，观察到其民族风情的多彩多姿，寻觅和发掘其社会环境形成的历史和现实的原因。而采取录音、照相、摄像的手段，还可使所获取的信息具有形象性、多样性和全方位的特色。

第 8 章　纸质文献信息的采集

“文献”一词，始见于我国古代的《论语·八佾》篇中，“子曰：‘夏礼，吾能言之，杞不足徵也；殷礼，吾能言之，宋不足徵也。文献不足故也。足，则吾能徵之矣’”。汉代郑玄的解释是：献，犹贤也。我不以礼成之者，以此二国之君，文章贤才不足故也。在孔子所处的时代，文献是指“典籍”和“贤才”这两个概念。在当代，国际图书馆协会联合会（International Federation of Library Associations and Institutions，IFLA）在《国际标准书目著录》中，将“文献”一词定义为“任何以实体形式出现的文献”。其意为，文献可泛指记录有信息和知识的各种载体。

根据 1983 年和 1985 年我国颁布的国家标准《文献著录总则》（GB 3792.1-1983）和《情报与文献工作词汇 基本述语》（GB 4894-1985），我国对“文献”一词的标准定义为：“文献就是记录有知识的一切载体”。《西文文献著录条例》对文献的解释则更加具体化，它认为文献是“以文字、图形、符号、声频、视频等手段将知识记录于各类载体上所形成的各种知识载体”。

“文献”的特征主要体现在三个方面。一是文献的内容。文献内容是人类在发展过程中对自然、社会、事物认识积累的知识渊薮，是人类喜怒哀乐等情感体验的具体描述和记载，是人类悠久文化的结晶，是人类智慧的具体体现。它凝结了人类历史发展长河智慧、经验的知识，是人类文明继承、传播、发扬的根本。二是文献内容的记录手段和表述方式。文献内容的记录手段和表述方式，以文字、符号、图形等为基础，随着社会的发展，图像、声频、视频等新型记录手段和表现形式，得到越来越广泛的应用。文献由无声的、静态的、单一的表现类型，变成了图、文、声、形并茂的，动态而丰富多彩的多种表现类型。三是文献可以是一定形态的物质实体。只要是人类创作的，表达了人类思想和情感体验、审美观念的物品，就可以看作文献，如一件宋代官窑瓷器、一件紫檀木屏风等。

我国文献载体的发展，大体经历了 3 个阶段。

一是器物载体阶段。器物载体如石头、甲骨、陶器、玉器、青铜器、绢帛、竹简、木牍等。其中以甲骨、青铜器、竹简的使用最多、最为著名，其留存于世的文献材料也最多。

二是纸张载体阶段。据考古材料证实，西汉时期，纸张在我国就开始使用了。经东汉蔡伦改良之后，得到极大的推广。我国古代保留下来的纸质文献就有十万余种。直到今天，纸张仍然是最重要的文献载体。

三是磁质载体、电子载体、网络载体阶段。现代通信技术和计算机技术的发展，使磁盘、光盘、网络等载体的文献大量使用流行，数字文献正影响着人们的阅读习惯，改变人们获取知识的方式。

器物载体阶段的文献大多已转换成纸质文献或数字文献，数字文献又大多可在网络浏览、传递、下载，而且纸质文献和数字文献是现代社会最主要的信息资源，因此，本书仅就纸质文献和数字文献采集做专门的介绍。

8.1　纸质文献的类型

纸质文献的类型，可以从其内容、性质、加工程度、载体形式、编辑出版形式及用途等角度进行不同的划分。

8.1.1　按文献的载体分类

按照纸质文献记录手段的不同，可以将其分为印刷型文献和非印刷型文献。

1）印刷型文献

印刷型文献是以纸张为存储介质，以石印、木印、铜印、胶印、油印、铅印、静电复印等为记录手段而产生出来的一种传统的文献形式，如广泛流行的图书、期刊等。印刷型文献一般为正式出版物，文献上都注明印刷版本、出版日期和出版社。印刷型文献的优点是便于阅读和携带，并且阅读不受时间、地点、设备等条件的限制。缺点是存储密度低，容易破损，不易保存（现代纸张一般只能保存 50 年左右，古代纸张保留时间较长，但都容易毁于兵灾、火灾、虫蛀等），储藏空间占据过多，查检时难以实现自动检索。

2）非印刷型文献

非印刷型文献是指印刷型文献以外的纸质文献。非印刷型文献主要是以纸质作为载体，如手工誊写的著作稿本、手抄本、日记、书信、书法作品、绘画作品等。非印刷型文献不是正式的出版物，因此，文献上没有关于印刷方面的内容，一般在组织编排上比较随意，主要分布于私人之间或机构内部。但很多非印刷型文献往往是关于某事物的第一手资料，具有极大的参考价值与收藏价值。

8.1.2　按文献的加工深度分类

按照文献是否加工及加工深度的不同，可以将纸质文献分为一次文献、二次文献、三次文献和零次文献。

1）一次文献

一次文献即原始文献。凡是表达自己的观感、情感，表达对事物的观点和看法，记录事件的经过，发表自己的见解，披露或者发布作者的创造发明而没有经过第三者加工的文献，都是一次文献。一次文献所记录的信息有的记述了当时的所见所闻，有的表述了作者真实的或者隐晦的情感体验和心路历程，有的表述了创新性的见解或远见卓识，有的是创造发明成果的文字表达和说明。它们包括原创性著作、研究型论著、专利文献等。

2）二次文献

二次文献是对一次文献进行加工整理后的产物。二次文献是在对大量分散的原始文献进行收集、整理、提炼的基础上，按照一定的体例编制的可供检索的一种文献类型。二次文献按不同的加工方式，可以分为书目、文摘、索引等。二次文献是以一次文献为基础，在未新增信息量的情况下，采用一定的科学方法，对一次文献进行了系统化、条目化、工具化的整理，使之便于检索和利用。因此，二次文献可以看作一种文献检索工具，它们或者提供一次文献的查询线索，帮助读者有效、及时地获取所需的原始文献，如索引；或者提供一次文献内容的有关信息，如解题书目、文摘。中国古代的类书也大多可以看作二次文献。类书根据其内容不同可以区分为类文类书、类事类书、事文并举类书三大类型。它们主要提供按类编排的某一历史时间段的文献或有关的文献片段。

3）三次文献

三次文献是在一次、二次文献的基础上，利用科学的研究方法对大量的一次文献进行综合、分析、研究后撰写而成的一种文献类型，其目的是揭示某种事物的规律性，以帮助读者提高认识。三次文献不仅筛选出大量有用的一次文献信息内容，而且对这些内容进行了分析、综合等再加工处理，赋予其新的认识和见解。主要有综述研究和参考工具书两大类型。前者有专题述评、动态综述、研究进展报告等；后者有百科全书、词典、年鉴、表谱、手册等。

4）零次文献

零次文献是尚未经过系统整理形成正式文献的零散资料，主要是一些草稿、手稿、日记、笔记等。零次文献最大的特色是没有形成正式文献，没有被正式出版发表，是一次文献的前期资料。零次文献尽管内容有时显得比较零乱，但往往叙述了作者的亲历、亲闻、亲见；表述了作者较真实的情感观念；显示了瞬间产生的思想和见解，是研究作者及其所处时代的重要参考资料。

8.1.3 按文献编辑出版形式分类

按出版形式，可以将纸质文献分为图书、期刊、报纸、会议文献、科技报告、学位论文、政府出版物、专利文献、标准文献、产品说明书等。

1）图书

“图书”一词最早出现于《史记·萧相国世家》。刘邦攻入咸阳时，（萧）“何独先入收秦丞相御史律令图书藏之。沛公为汉王，以何为丞相。……汉王所以具知天下厄塞，户口多少，强弱之处，民所疾苦者，以何具得秦图书也”。这里的“图书”指的是地图和文书档案，它和我们今天所说的图书有区别。在我国古代，有从内容方面来界定图书的，如“百氏六家，总曰书也”（《尚书·序疏》）。有从形式上来界定图书的，如“著于竹帛谓之书”（《说文解字·序》）。1961 年，联合国教科文组织为实现国际图书统计的标准化，将图书定义为：凡由出版社（商）出版的不包括封面和封底在内 49 页以上的印刷品，具有特定的书名和著者名，编有国际标准书号，有定价并取得版权保护的出版物称为图书。从此，该规定便成为国际上判断“图书”的标准。尽管这个定义仅着眼于图书的形式，对图书的理解比较片面，但是已经将图书作为一种特指概念，与期刊、报纸等现代其他出版物区别开来了。

我国图书的发展经历了漫长的过程，主要有竹简图书、纸质图书、电子图书三大阶段。竹简图书主要流行于春秋战国至两汉三国时期，其载体主要是竹片，把竹子破成一根根竹签，称为“简”，用火烘干后在上面写字。一根竹简上，多则几十个字，少则八九个字。一部书要用许多竹简，通过牢固的绳子之类的东西按次序编连起来才最后成书，便于阅读。通常，用丝线编连的叫“丝编”，用麻绳编连的叫“绳编”，用熟牛皮绳编连的叫“韦编”。纸质图书的流行，由晋南北朝直到现代，其载体为纸质，主要有经折装、蝴蝶装、包背装、线装、平装、精装、活页装等装订形式。电子图书流行于现代，起源于现有纸质图书的数字化。它是利用计算机技术将一定的文字、图片、声音、影像等信息，通过数字化的方式记录在以光、电、磁为介质的设备中，借助于特定的设备来读取、复制、传输的数字出版物。电子书一般都有两种含义，一指 E-Book，一指专门阅读电子书的掌上阅读器。

E-Book 是将书的内容制作成电子版后，放在网上出售。购买者用信用卡或电子货币付款后，即可下载使用专用浏览器在计算机和其他可以添加阅读器应用的工具，如在手机、电子书上离线阅读。E-Book 不同于互联网网上的免费线上阅读，它是与纸制版同步推出的最新书籍，所以阅读它要支付一定的费用；与光盘图书不同，E-Book 是基于互联网购买的。

掌上阅读器是一种便携式的手持电子设备，为阅读图书设计了专门的功能，它有大屏幕的液晶显示器，内置上网芯片，可以从互联网上方便地购买及下载数字化的图书，并且有大容量的内存可以储存大量数字信息，特别设计的液晶显示技术可以让人舒适地长时间阅读图书。其便于携带、容易使用、大容量的特点适合现代生活节奏。

数字版权贸易和互联网技术的发展，使用户可以用更低的价钱方便地购买到更多的图书，为电子书的流行奠定了基础。电子书的发展方兴未艾，其便捷地获取信息的方式尤其受广大青少年读者的喜爱。

2）期刊、报纸

期刊又称杂志，是指有固定名称，用卷、期，或者年、季、月顺序编号，按照一定周期出版的成册连续出版物。期刊由依法批准成立的期刊出版单位出版。在我国，期刊出版单位出版期刊，必须经国家新闻出版署批准，持有国内统一连续出版物号，领取《期刊出版许可证》。期刊在封底或版权页上刊载有版本记录，主要包括期刊名称、主管单位、主办单位、出版单位、印刷单位、发行单位、出版日期、总编辑（主编）姓名、发行范围、定价、国内统一连续出版物号、广告经营许可证号等。国际标准连续出版物的期刊还刊印有国际标准连续出版物号。期刊封面的明显位置刊载期刊名称和年、月、卷、期等顺序编号。按照期刊发行的许可情况，可分为公开发行期刊和内部发行期刊。内部发行期刊只能在指定范围内发行，一般不在社会上公开发行和陈列。按照期刊内容的特色，可以分为学术性期刊、娱乐休闲消遣性期刊、资料性期刊三大类别。

报纸是指有固定名称、刊期、开版，以新闻与时事评论为主要内容，每周至少出版一期的散页连续出版物。在我国，报刊同样由依法批准设立的报纸出版单位出版。报纸出版单位出版报纸，必须经国家新闻出版署批准，持有国内统一连续出版物号，领取《报纸出版许可证》。报纸在每期固定位置标示有版本记录，主要有报纸名称，出版单位，主办单位，主管单位，国内统一连续出版物号，总编辑（社长）姓名，出版日期、总期号、版数、版序，报纸出版单位的地址、电话、邮政编码，报纸定价（号外须注明“免费赠阅”字样），印刷单位的名称、地址，广告经营许可证号，国家规定的涉及公共利益或者行业标准的其他标识。

报纸的出版周期短，信息量大，时效性强。特别是具有世界影响的大型报纸，每期汇集许多作者撰写的大量政治、经济、军事、时事评论文章，世界和国内包罗万象的新闻信息，以及重大创新科技成果报道。因为报纸内容广泛且贴近生活，发行量大，信息新颖，获取和阅读方便，所以报纸是大众主要的信息来源。根据报纸的影响级别来划分，有世界性报纸、全国性报纸和地方性报纸；按报纸所载内容的性质来划分，有综合性报纸和专业性报纸；按报纸出版时间来划分，有日报、周报、早报、晚报等。

3）会议文献

会议文献主要是指在各种学术会议上宣读和交流的论文、报告和其他有关资料。国内外学术团体经常召开各种学术会议，就某学科或某一研究领域的学术问题进行学术交流和研究讨论。参加学术会议的代表，大多就会议研究讨论相关的主题撰写研究论文或者研究报告，从而形成会议文献。会议文献是围绕整个会议研究讨论的主题产生的，一般有会前文献和会后文献两种类型。会前文献汇集的资料包括一部分论文和论文摘要，会后文献是整个学术会议结束后产生的成果，通常以论文集、会议录、科技报告等形式出版，或在某些专业期刊上择优刊载出版。会议文献是在专家讨论、挑选、审核的基础上形成的，能够及时地反映某领域、某学科的研究成果、研究动向及发展水平，是了解学科研究动态和发展趋势的重要参考资料，具有较高的情报价值。

4）科技报告

科技报告是科学技术报告的简称，它报道的是科技工作者关于某科研项目、某科研领域的研究进展情况，或者是正式的科研成果完成的情况。最早的科技报告是 1909 年英国出版的 Current Paper。我国从 1963 年起正式发表科技报告。1971 年起统一定名为“科学技术研究成果报告”。目前，我国主要公开发行有国研报告、商业报告、中国国防科技报告。科技报告出现之初，仅仅是研究或设计单位向提供经费的上级部门提出的关于某项研究或设计任务完成情况及财物消耗情况的总结报告。一般均属于内部报告，不公开发行出版。科技报告论述严谨，内容准确可靠，有不同的密级标识。

科技报告的撰写有一定的规范要求。报告一般由封面、辑要页、目次页、插图和附表清单、符号和缩略词说明、引言、正文、结论、参考文献、附录等部分构成。同时，科技报告一般有编号，供识别报告本身及其发行机构参考。科技报告详细报道了科研进展的全过程，是科技人员交流其研究活动及成果的重要手段，具有较高的学术创新性和参考应用价值。

5）学位论文

学位论文是高校或科研机构的本科生、研究生、博士生为了取得学位，在老师的指导下撰写的科学研究论文，有学士论文、硕士论文和博士论文三种。学位论文除了正文外还有论文题目、作者姓名、专业、指导教师、分类号及相应的参考文献等内容。学位论文是作者对某一学术领域的某个学术问题研究的成果，在导师的指导下完成，并且经过了专家的评审和答辩，具有较强的学术性，反映了学生在该研究问题上的研究水平。特别是硕士论文和博士论文，一般是在某研究范畴综述介绍的基础上，选择有研究价值的课题，探讨和研究的问题较新颖，阐述也较系统，不乏创新性的见解，有较高的学术参考价值。

学位论文除了部分通过答辩后公开出版者外，大多没有公开出版发行，只由授予学位的高校和科研院所的图书馆保存。硕士论文、博士论文则由国家规定接受呈缴本的图书馆收藏。

6）政府出版物

政府出版物是各国政府部门及其所属机构发表或出版的文献资料。它的内容很广，涉及政治、经济、文化各个领域。政府出版物概括起来可以分为行政类和科技类两大类。

我国政府出版物还包括了中共中央、国家政府部门、地方政府部门出版的各类内部文件等。

7）专利文献

专利文献是指在专利的申请、审批和组织过程中所形成的一系列文献的总和。我国的《专利文献种类标识代码标准》（ZC 0008—2004）中将专利文献规定为国家知识产权局按照法定程序公布的专利申请文件和公告的授权专利文件，它包括专利说明书、专利申请书、专利文摘、专利分类表、专利索引和专利公报等。其中专利说明书是专利文献的主体。

专利说明书一般有扉页、说明书、权利要求书、附图等内容。其中说明书是清楚完整地描述发明创造的技术内容的文件，包括发明的具体内容、研究目的、工艺过程与结论及有关图表和数据。权利要求书则清楚、简要地表述了要求保护的范围。专利公报是国家专利机构定期出版的专利审批结果，内容主要是申请的审查和授权情况，以及相关法律说明信息。

8）标准文献

标准文献是标准化组织或有关机构对工农业产品和零部件的质量、规格、生产过程及检验方法等所做的技术规定，一般是由技术标准、管理标准及其他具有标准性质的文件组成。标准文献的适用范围和用途说明文字往往比较明确，并且格式比较规范，对于生产、加工、管理等提供了工艺流程及操作的行为准则。

按照使用范围，通常将标准分为国际标准、区域性标准、国家标准、行业标准、企业标准。例如，我国《中华人民共和国标准化法》，就将标准分为国家标准、行业标准、地方标准、企业标准。其中又将国家标准、行业标准分为强制性标准和推荐性标准。保障人体健康，人身、财产安全的标准和法律、行政法规规定强制执行的标准是强制性标准，其他标准是推荐性标准。

9）产品说明书

产品说明书是产品生产厂商或经销商为了推销产品或为了用户正确使用产品而印发的说明性资料。产品说明书一般会介绍产品的性能、规格、特性、用途及使用方法等内容，是生产和科研单位研究分析产品技术水平及相关技术发展情况的重要资料。

产品说明书的说明文字比较具体，具有针对性，提供数据较准确可靠。产品说明书在介绍产品的同时，有时还会附有图片。产品说明书的设计一般简单明了，是人们了解某款产品的基本资料。

8.2　纸质文献的特点

8.2.1　数量巨大

在文献载体形式的发展历史中，纸张使用的时间最长，迄今仍然是最重要的信息载体。纸质文献数量之多令人难以想象。如仅就中国出版的图书而言，古代保留至今的古籍图书约有 10 余万种。据《中国新闻出版统计资料汇编（2004）》公布的数字统计，2000～2004 年共出版图书 867549 种。而原新闻出版总署（现为国家新闻出版署）公布的统计数据显示，2006 年全国出版图书 233971 种，其中新版图书 130264 种，重版、重印图书 103707 种，总印数达 64.08 亿册。如果用世界的眼光来看纸质文献的数量，“汗牛充栋”这个形容词显然不恰当。只能用“恒河沙数”来比喻，因为根本无法用准确的数字去统计全世界古今图书的总数量。

8.2.2　知识蕴藏丰富

纸张作为人类文明的载体，记载了人类认识自然和改造自然及认识社会和改造社会的各种信息，记载了人类自身所体验的欢喜、愤怒、忧虑、哀伤、快乐等各种情感。纸质文献是人类知识的渊薮，是知识传承的桥梁，是传递信息和情感、沟通思想、交流经验体会的纽带。自古以来，人们就把著述看作十分重要且十分慎重的大事。早在春秋战国时期，中国古人就将“立德”“立功”“立言”看作人生三个不朽事业的最高境界。三国曹丕的《典论论文》更认为，“盖文章经国之大业，不朽之盛事。年寿有时而尽，荣乐止乎其身，二者必至之常期，未若文章之无穷”。由于纸质印刷品一经成型，所记载的信息一般不能够随意改变，纸质文献往往是作者深思熟虑、反复推敲的思想结晶，蕴含的知识信息特别丰富。从纵向看，自古到今，纸质文献汇成了人类知识信息的长河；从横向看，各种各样人物的各种专门知识，在纸质文献中都有记述。可以说，纸质文献是人类社会用之不尽的知识宝藏。

8.2.3　携带和阅读方便

人们用“学富五车”来形容某人的博学。它侧面反映了竹简作为图书文献载体的笨重情况。自东晋纸张取代竹简，作为最重要的文献载体流行以来，其携带和阅读的方便，一直受到广大民众的喜爱。在家中，在工作娱乐之余，无论何时何地，只要时间和光线亮度许可，人们几乎可以不受其他任何限制，随心所欲地拿出书本阅读，咀嚼着纸质文献中的知识精华，享受知识带来的乐趣。

纸质文献的阅读不需要借助计算机或任何其他工具，适合人眼阅读的视觉生理，可以重复多次阅读或跳跃式阅读。人们还可以在纸质文献感兴趣之处打上阅读标记，甚至批上自己的阅读心得和情感体会。由于纸质文献的这些特点，在电子书大量流行的现代社会，它仍然不可替代。

8.2.4　以纸质为载体的艺术作品有不可替代性

书法和绘画是人类的价值观念、思想认识和情感宣泄的重要表现手段。它具有直观的美感，蕴含着十分重要的知识内容。以中国传统书画艺术为例，纸张作为书法和绘画最重要的载体，千百年来其地位一直不可取代。主要是因为其质地特别适合以毛笔作为工具来书写，制作考究、质地精良的纸张常常是供书法、绘画专门使用的。它不仅细腻耐用，有的传承千百年也不会腐烂。因此，书法、绘画等艺术品文献以纸质为载体的存在，即使在技术高度发达的现代社会，也不可用其他材料替代纸质。

8.2.5　某些纸质文献具有文物收藏价值

《中国古籍善本书目》编辑组规定，凡具有历史文物性、学术资料性和艺术代表性之一、二的中国古籍图书就可视为善本书，具有文物收藏与保存价值。历史文物性是从时间上来判断的，指清代乾隆以前的出版物。学术资料性主要指其文献史料性，如太平天国所印刷的图书，能保存下来的极少，具有不可替代的史料价值。艺术代表性则指反映和代表了某个时期雕版印刷水平的图书。这些都是对古籍图书而言的。我国宋、元时期印刷的图书，由于用纸精良，印刷字体多用欧（阳修）体和赵（孟頫）体，字体漂亮美观，墨多用松烟添加麝香，加上天头地脚宽阔，便于阅读时批注。由于阅读时书香袅袅，自明清以来，就一直为藏书家所钟爱。现代出版的图书，如新民主主义革命时期印刷出版的一些图书，因保存下来的极少，且反映了当时社会的实际情况，所以也具有文物收藏价值。此外，历代名家的书法、绘画作品等，也是具有文物收藏价值的珍品。

8.3　纸质文献采集需要具备的知识素养

采集纸质文献，挖掘纸质文献中所蕴藏的知识，获取有用的信息，需要具备一定的知识素养，其原因如下。

（1）纸质文献浩如烟海，不具备一定的知识素养，就会无所适从，望洋兴叹，无从下手。

（2）采集纸质文献，主要是获取纸质文献中的知识精华。纸质文献良莠并存，鱼龙混杂，不具备一定的知识基素养，就无法辨别其优劣，无法获取其精华。

（3）纸质文献源远流长，作为其主要表现符号的语言文字，在不同的历史时期，必然打上了时代的烙印，具有时代的特征；纸张又是世界各国通用的载体，作为其主要表现符号的语言文字，又明显地具有地域的区别。不具备一定的知识素养，就无法“通古今之别”“通中外之别”，在纸质文献的汪洋大海中从容遨游，左右采获，汲取知识的营养。

从事纸质文献采集需要具备五方面的知识素养。

1）熟悉文献分类的方法

在采集文献信息之前，一定要了解文献分类的方法，以便顺利地从按文献类别排列的文献中找出所需文献。同时，也可以帮助我们从文献所属的同一类别或不同类别中，查找出某些主题相同或相近，或主题内容有所交叉的文献，扩展文献采集的范畴，防止遗漏。文献分类的方法主要有图书分类法、档案分类法、专利分类法、标准分类法、资料分类法和公文分类法等。

文献分类法在不同国家，甚至同一国家的不同时期也存在差异。以图书分类法为例，国际上著名的图书分类法有《杜威十进分类法》《国际十进分类法》《美国国会图书馆分类法》《冒号分类法》等，为美国等一些西方国家所采用。我国有古代的“四部分类法”，现代的《中国图书馆分类法》《中国图书资料分类法》《中国科学院图书馆图书分类法》《中国人民大学图书馆图书分类法》等。“四部分类法”至今在一些大型图书馆的古籍线装图书分类中仍然延续采用。《中国图书馆分类法》是1949年以后我国图书馆采用最多的图书文献分类法。它以文献分类号作为文献主题类型的标识，采集纸质文献时，利用文献分类号可以迅速确定文献所属类别，提高查检率和采集效率。

2）掌握文后参考文献的著录格式

文后参考文献是为撰写或编辑论著而引用的有关图书论文资料。通过文后参考文献可以追根索源，探索该文献涉及主题的历史源头，从而对该主题所涉及的知识及其研究发展有一个更深入的了解。目前我国文后参考文献的著录格式有国家标准《信息与文献 参考文献著录规则》（GB/T 7714—2015）、《期刊编排格式》（GB/T 3179—2009）及《中国学术期刊（光盘版）检索与评价数据规范》等相应的著录格式。

文献的著录一般为主要责任者、题名、文献类型标识、其他责任者、版本、出版地、出版者、出版年、文献印刷数量、从编项、附注项、文献标准编号。文献类型以单字母标识，如M代表专著（含古籍中的史、志论著），C代表论文集，N代表报纸文章，J代表期刊文章，D代表学位论文，R代表研究报告，S代表标准，P代表专利，Z代表其他未说明的文献类型。

3）具有一定的专业知识基础

采集纸质文献，还必须具有一定的专业知识基础。例如，采集化学文献知识性的内容，如果信息采集者化学分子式都弄不清楚，不了解其含义，那怎么能从事化学文献的采集呢？如果要采集某研究最前沿的相关文献，那就更需要具备相应的专业研究基础了，除了“看得懂”外，还必须对学科专业领域的研究前沿有相当的了解，才能在从事信息采集时有的放矢，选择最有参考利用价值的文献，采集到最有利用价值的信息。

4）掌握语言检索技巧

纸质文献检索语言包括分类语言、主题语言、自然语言三大类。检索语言是用户检索文献所需要表达的词语，为了文献信息组织和检索的需要，分类语言和主题语言都编写出了专门的体系。

分类语言的应用主要是文献分类法，前面已有介绍。

主题语言即主题语词，是指经过选择的，表达文献信息内容的语词。主题语言需要规范，主题词表是主题语言的体现。主题词表中的词，是标识文献内容和查找文献的依据，如我国的《汉语主题词表》。检索语言的不同组合方式会产生不同的检索结果。当利用主题语言来检索文献资料时，可以利用多种组合方法，以提高文献检索的查全率和查准率。

自然语言通常是指一种自然地随文化演化发展的语言（如汉语、英语）。自然语言是人类交流和思维交流的主要工具。语言是人类区别其他动物的本质特性。在所有生物中，只有人类才具有语言能力。人类的多种智能都与语言有着密切的关系。人类的逻辑思维以语言为形式。

人类的绝大部分知识也是以语言文字的形式记载在纸质上而形成文献流传下来的。但在纸质文献中，语言的使用和表述是五彩缤纷、绚丽多彩的。自然语言词汇的丰富性往往是造成采集纸质文献时发生遗漏的重要原因。如同一事物，可以用不同的词语来指代。它们有的是同义词，有的是近义词，有的是缩略词，有的是全称词，等等。在检索纸质文献时，如果不了解和掌握有关的语言词汇知识，就很难避免漏检现象的发生。

5）掌握文献信息检索工具的相关知识

纸质文献浩如烟海，如果没有掌握有关的采集工具，采集纸质文献就会像大海捞针般困难。纸质文献采集工具，主要指工具书和集成性文献汇编之类的纯资料性图书。它们或者解难析疑，或者指引文献资料出处，或者提供文献内容的概要情况，或者按类别、按专题、按人物、按时间等提供完整的文献资料。

此外，还有必要掌握纸质文献版本方面的专门知识。纸质文献有一个特点，即同一文献，作者可能在前后不同时间进行修订增删，再次或多次出版，文献内容发生变化。多数情况下，出版时间越近的文献，参考价值越高。但也有文献内容变差，艺术表达水平下降的情况。例如，中国一些现代小说和研究论著出版于20世纪30～40年代，在1949年以后的历次政治运动中，作者多次修改，有些文献质量反而不如1949年以前出版的版本。还有一种情况是，同一文献在不同地域由不同出版单位出版，由于出版单位质量控制水准不一，同一文献内容质量有明显的差别。有的质量上乘，错误较少；有的质量低劣，讹误百出。因此，掌握文献版本方面的知识，选择正确的文献版本，是文献采集的重要环节。

8.4 纸质文献的采集途径

8.4.1 工具书

采集纸质文献，或者纸质文献中蕴含的知识信息，可由工具书入手，这是最常用也是最便捷的途径。工具书是人们为了便于采集和利用文献，按一定的原则和方法，将大量文献或文献中的有关信息进行搜集、整理，用特定的检索语言标引、组织，或者用简练的自然语言浓缩、阐释、提炼、说明，并按一定的编排方法排列，专供文献信息采集和文献阅读、研究参考使用的图书。

和普通图书相比，工具书有其自身的特点。在内容上，工具书既广采博收，又高度浓缩，能提供或指引完整详尽、系统概括的基本知识和高密度的信息资料，具有概括性和信息性。在编排方法上，工具书以科学的编排形式和严谨的结构体系，覆盖有关的知识领域，并提供多种检索途径，具有检索性和查考性。

工具书的结构大体上由序跋、凡例、正文、辅助索引和附录补遗等几部分组成。序和跋即前言和后记，一般说明工具书的编纂宗旨、编纂经过、内容特点、使用价值等。凡例或使用说明，主要介绍其编纂体例、收录范围、编排方法及细则、特定符号、使用方法等。正文是工具书的核心部分，是查阅的主要内容。辅助索引是为了便于查阅正文而提供的多种有效的检索途径，辅助索引越多，检索途径就越广，检索效率也就越高。附录补遗是附于工具书正文之后的有关文章、图表、资料、索引等，或补充正文遗漏处及需订正的事项，有助于查考或理解正文。

工具书可以大致分为检索工具书和参考工具书两大类别。

1. 检索工具书

检索工具书是在一次文献的基础上整理编制的，是为读者提供文献线索和文献出处的二次文献。它通常并不给予读者确切的答案，但是却能指示找出答案的线索。书目、索引、文摘是人们查找文献资料的三大检索工具。

1）书目

书目是一种从特定需要出发，按一定原则编排而成的记录、揭示、报道文献的工具，是对一批相关文献系统化著录的结果。它所提供的信息，主要包括两方面的内容。一是有关文献的外部特征，如书（篇）名、著者、译音、出版者、出版年、版本等；二是有关文献的内容特征，如内容梗概、中心思想、作者简况、文献价值等。除此之外，不同类型的书目还可以提供不同方面的信息。

书目的重要性是随着文献的不断增多而逐渐被人们所认识的，书目在种类、数量及编纂技术等方面历经各代已取得了长足的发展。到了 20 世纪中叶，电子计算机、缩微复制和现代化通信手段等新技术不断兴起并被广泛应用到各个领域，书目的编制工作和书目本身也随之发生了深刻的变化，其种类不断增多，内容的时空跨度不断扩大，编制速度和质量也在不断提高。

书目按收书范围及编制目的的不同而有许多种类，主要有以下 9 种。

（1）国家书目。它是反映某一时期内全国出版图书的总目。例如，中国版本图书馆编，中华书局出版的《全国总书目》等。

（2）地方文献书目。它是专收有关某一地区的历史、自然、社会状况的著述，以及该地区人物著作的目录。例如，甘肃省图书馆 1977 年编印的《甘肃地方文献书目（初稿）》。

（3）馆藏目录。它是只反映某一图书馆藏书情况的目录。例如，北京大学图书馆编，北京大学出版社1999年出版的《北京大学图书馆藏古籍善本书目》。

（4）联合书目。它是综合反映多个图书馆藏书情况的目录。例如，中国科学院北京天文台主编，中华书局1985年出版的《中国地方志联合目录》。

（5）专科、专题文献书目。它是反映某一学科或某一专题图书文献的目录。例如，中国社会科学院历史研究所编写，中国社会科学出版社1984年出版的《八十年来史学书目》。

（6）个人著述书目。它是专收一人著作的书目。例如，上海鲁迅纪念馆编写，上海文艺出版社1981年出版的《鲁迅著译系年目录》。

（7）举要书目。它是反映某一门或某几门学科或者某方面要籍的目录。例如，《书林》杂志编辑部编写，上海人民出版社1985年出版的《大学文科书目概览》；严佐之编写，华东师范大学出版社1994年出版的《近三百年古籍目录举要》。

（8）版本书目。它是专收某类版本书籍的书目。例如，中国古籍善本书目编辑委员会编写，上海古籍出版社1989～1996年出版的《中国古籍善本书目》。

（9）书目之书目。它是专收书目的书目。例如，《世界书目之书目》中的有关信息，就曾被学术界广为引用。

2）索引

“索引”也称为“通检”或“引得”，是将一种或多种文献中具有检索意义的信息，如书名、刊名、篇名、人名、地名、主题、字、词语等摘录或概括归纳抽取，有的略加注释，按一定方式编排并注明出处，以供查检的一种检索工具（在计算机运用领域，数据库中的索引，是根据表中一列或若干列按照一定顺序建立的列值与记录行之间的对应关系表）。和书目不同的是，索引是从文献的细小特征或段落从手而不是从文献整体入手，它将文献中所包含的信息分析摘录、概括归纳出来作为排列和检索标识，主要是满足用户的微观检索需求。

索引的基本组织单位称为条目，每个条目一般由序号、标识或索引词、注释、出处等组成。但依索引的类型和编排方法不同，索引条目的结构和形式也不同。索引的主要功能是查检书刊中的论文资料，或书刊中的篇目、人名、事件、典章、字、词语、主题、数据，以及特种文献中的专题资料。但索引提供的不是这些资料本身，而是这些资料的出处，或获得这些资料的线索。

根据索引所标引资料种类的不同，可以将索引分为论著索引和内容索引两大类别。

第一，论著索引。论著索引反映的是文献的外部特征信息，包括论文索引、著作索引、图书索引、论文与专著并录的专题索引等。

（1）论文索引，又称篇目索引，指将一定时间或一定范围内的文集、期刊或报纸上的单篇文章的题目及其著者、出处等摘录出来，并按一定的方式排列，编制成查阅文献篇目的检索工具，如《全国报刊索引》。

（2）图书索引，又称书目索引，即以索引的形式对书目进行重新编排，在图书分类目录的编制体例之外，又为用户提供了新的检索途径。《中国国家书目索引》，就是《中国国家书目》的检索工具。

（3）专题索引。它是为了研究的需要，将书目、报刊、文集中关于某一学科、某一专题或某一历史时期的文献信息资料线索（包括论文和专著）等汇集在一起而编制的索引，如《鲁迅研究资料索引》等。

第二，内容索引。内容索引包括字词索引、句子索引、主题索引、专名索引等，它们揭示的都是文献内部所包含的各种具体的信息内容。

（1）字词句索引。它是指以书刊文献中的字、词、句为编制对象，逐字逐词（多为具有实在意义的字词，一般不包括虚词）、逐句按一定次序加以编排，详细展示各字、词在书刊中分别出现的位置和次数，在不同句子中的含义等的索引。它有助于检索字、词、句子的出处，研究字、词在书中的使用频率和辨析词义的异同等语言现象及规律，如《春秋经传引得》《诗经索引》等。

（2）主题索引。它是汇集书刊内的有关资料，以问题的性质和概念内涵为组织对象，将能够表达这些主题的名词术语加以标引编排而形成的索引。它可以直接提供书刊中某专题全面、系统、具体的资料，如《列宁全集索引》《马克思恩格斯全集主题索引》等。此外，还有一种关键词索引，它是直接从文献当中选择那些对于文献内容有实际意义的重要语词加以标识编排，如《食货志十五种综合引得》等。

（3）专名索引。它是将文献中有关人名、地名等专有名词加以摘录整理而编成的索引，可分为人名索引和地名索引。人名索引包括人物传记索引、别名索引和著者索引。人物传记索引将有传记资料的人物整理编排，提供其具体出处，如《二十五史纪传人名索引》；别名索引直接提供有关人名的特殊内容，如《室名别号索引》；著者索引则提供人物的著述线索，常和书目索引或篇目索引合编。地名索引以文献中的地名为索取对象，如《三国志地名索引》，也有将地名索引附于书后。

3）文摘

文摘是指对原始文献的主要内容（包括主要论点、方法、数据、条件、结果等）作简明扼要的准确摘述，通常不包含对原文的补充、解释或评论。我国国家标准化管理委员会对其的定义为：“以提供文献内容梗概为目的，不加评论和补充解释，简明、确切地记述文献重要内容的短文。”

文摘性检索工具通常是将图书、报刊中的重要内容进行浓缩，并著录原文献标题、著者、出处，按一定的方法组织编排，以供阅读和检索。它不同于一般与原文献刊登在一起的篇首文摘。人文社会科学文摘性检索工具的作用主要体现在：报道最新文献；节省读者阅读时间；引导检索查阅原文；获得因语言障碍无法得到的科学文献等。

人文社会科学文摘按其对原文献的揭示程度可以分为报道性文摘、指示性文摘和报道指示性文摘三种类型。

（1）报道性文摘。这类文摘是在对原文献进行深入语义和逻辑分析的基础上进行高度浓缩而形成的。它概括地叙述了原文献所有或部分的重要信息，包括研究对象和目的、基本观点与方法、结论、论据、资料及价值与意义等。报道性文摘所含信息量大，参考利用价值高。报道性文摘一般适用于那些主题比较集中、单一，学术内容较丰富新颖的文献，如学术论文、技术报告、专利说明书等。

（2）指示性文摘。这类文摘旨在把原文献的主题范围、目的和方法概括性地指示给读者，内容中一般不包括具体的数据、方法、结论等，不提供具体的事实和信息，因而不能取代原文献，只能帮助读者对原文献形成初步的了解，进而决定是否需要阅读原文献。

（3）报道指示性文摘。它也称为混合性文摘。这类文摘介于报道性文摘和指示性文摘之间，是这两种文摘形式的结合体。它通常对原文献中信息价值高的内容进行报道性的揭示，对原文献中的其他辅助性内容则采用指示性的描述。

2. 参考工具书

参考工具书是指根据一定的需要，广泛汇集某一范围的知识信息，并按照一定的方法予以组织编排，可直接为读者提供所需知识或答案以解决有关事实数据问题的特定出版物。参考工具书针对具体知识做精要的说明，因而属三次文献范畴。常用的人文社会科学参考工具书有字典、词典、百科全书、年鉴、手册、类书、名录、表谱、图录等。

1）字典、词典

在汉语中字典、词典有时被统称为辞典或辞书，但两者作用不尽相同。字典是汇集、解释字的形、音、义及其用法的工具书；词典是汇集、解释词语的概念、意义及其用法的工具书。而辞典有时不仅针对词语而言，还可包括句子，甚至篇章。在其他语种中由于没有字词之分，因而也没有字典、词典之分。辞书的概念更广泛一些，还可包括韵书、手册，甚至书目、类书、索引等。

由于汉字具有形、音、义三个方面的特征，在我国古代，字典、词典的编撰也逐渐形成了三大流派，即以字义为系的词典，如《尔雅》；以字的形体结构为系的字典，如《说文解字》；以字的音韵为系的韵书，如《广韵》。

按收录内容和功用的不同，可以将字典、词典划分为语文类辞书和知识性辞书两大类。

第一，语文类辞书。该类辞书是以汉语中的字、词为对象进行解释的字典、词典。一般以汇集通用的字词为主，兼收专科词语，重点在于辨析字形、审正读音、阐释字义、列举用法。语文类辞书又可以分为综合性和专门性两类。

综合性语文类辞书广泛收录所有字、词的意义及用法，如《康熙字典》《汉语大字典》《现代汉语词典》《汉语大词典》等。

专门性语文类辞书一般只收录特定范围的字词，供专门领域查检和参考使用，如《宋元语言词典》《汉语成语词典》《书法大词典》《汉语古文字字形表》等。

第二，知识性辞书。知识性辞书是为了学习学科基本知识或为研究某一专门学科、某一专门问题而编写的，是以主题或专用名词为对象而进行解释的辞书。具体又可分为百科性辞典、专科性辞典。

百科性辞典收录各学科知识和专用名词术语并加以概括性解释，如《文史哲百科辞典》《辞海》《简明社会科学词典》等。

专科性辞典一般只收录某一学科或某一领域的专业词汇及专有名词，并对其进行解释或介绍。专科性辞典还可以进一步划分为学科辞典，如《哲学大辞典》《心理学大辞典》《中国文学大辞典》等；专有名词辞典，包括人名辞典、地名辞典、书名辞典，如《中国人名大辞典》《世界地名词典》《中国当代文学作品辞典》等。

2）百科全书

百科全书是系统地汇集人类一切知识或某一学科、某一领域的知识，以辞典的形式编排的大型参考工具书。它将收集到的专门术语、重要名词分列条目，加以详细地叙述和说明，并附有参考文献。

目前世界上出版的 2000 多种大型综合性百科全书中，最著名、影响最大的有《不列颠百科全书》《美国百科全书》等。我国古代类书也是按类编排的资料汇编，且收录广泛，规模宏大，具备百科全书的一些特点。例如，明代编纂的《永乐大典》就被英国《不列颠百科全书》称为“世界上最大的百科全书”。但《不列颠百科全书》同时也指出中国古代的类书与近代百科全书又是不同的。两者无论是在形式或内容上，还是在编纂方法上，都存在很大差异：类书侧重于资料性、汇编性，着重在编，内容偏重文史；而百科全书侧重知识性、浓缩性和概括性，着重在写，内容涉及社会科学和自然科学，覆盖整个知识领域。

百科全书的类型可按其规模、收录内容等划分为综合性百科全书和专科专题性百科全书两种类型。

综合性百科全书汇集人类一切门类的知识，供读者查检基本知识和基本资料，如《不列颠百科全书》和《中国大百科全书》等。

专科专题性百科全书汇集某一学科、某一门类或若干相关学科领域的全部知识，如《企业管理大百科全书》《中国医学百科全书》等。

百科全书的特点是：其一，内容取材广泛，汇编已有的大量资料，并在此基础上进行浓缩、提炼、加工、整理，编写成概括性的知识文字，因而具有汇编性与概括性。其二，内容质量较高。为保证其质量，百科全书各条目的撰写，都是由各领域、各学科的著名专家学者完成的，因而具有很高的学术性与权威性。其三，百科全书具有较为完善的编排方式、索引和参见系统，重要条目后都附有参考书目，或在文中注明引证的资料出处，因而具有较为完备的检索性和查考性。

百科全书的主要作用可概括为两个方面。其一，它帮助系统求知。百科全书对知识领域的覆盖面广，对各学科的基本概况和基本理论加以客观、系统、完备、翔实的介绍，同时每隔 10 年左右修订一次，以反映当代科学新发展。读者将书中所设条目、分类目录联系起来阅读，即可系统地学到某一学科的基本知识，又能了解学科的发展水平。其二，它提供各种资料。百科全书收录资料广泛，无论是解决学习中遇到的疑难问题，或是查找各种问题的基本资料等，都可以通过百科全书的主题分析索引、分类目录等多种途径获得各种资料。

百科全书与辞典分属于工具书中两种不同的类型，两者虽都以条目的形式出现，但内容大不相同。一般说来，辞典仅仅对条目进行界说、下定义。而百科全书不仅界说、下定义，还要通过词的形式，对内容做详细解释和具体说明。所以百科全书和辞典，尤其是语文性词典区别较为明显。至于百科辞典，虽然对各学科知识做介绍，但在阐释语词的全面、系统、翔实等方面则大大逊于百科全书。

3）年鉴

年鉴是一种按年度连续出版的参考工具书，它全面而系统地汇集有关领域、行业或有关学科1年内的时事文献、学科进展和各项统计资料。年鉴一般出版及时，信息密集，材料完备而系统，且有明显的总结性和连续性。

通常划分年鉴的类型可以借由两种不同的视角。

按年鉴收录内容所反映的地域范围，可以将年鉴划分为世界年鉴，如《世界知识年鉴》《国际形势年鉴》等；国家年鉴，如《中华人民共和国年鉴》《美国年鉴》等；地方年鉴，如《湖北经济年鉴》《北京社会科学年鉴》等。

按年鉴所收录内容所涉及的学科属性，可以将年鉴划分为综合性年鉴，如《中国百科年鉴》《中国人物年鉴》等；专科性年鉴，如《中国经济学年鉴》《世界哲学年鉴》等。

年鉴是一种资料性、时效性很强的高密度知识载体，它的主要作用在于向人们提供最近1年来某个地域范围内各方面各学科或某方面某学科的最新的事实概况及有关资料，是获取和了解新知识、新方法、新成就、新动态、新趋势的一种重要的参考工具书。

4）手册

手册类工具书有时也被冠以指南、便览、大全、宝鉴等名称，它是一种系统汇集某方面、某个主题或某学科经常要查考的基本知识、公式、资料、数据、图标、符号、专业术语、规章条例、操作方法的工具书，可以供读者随时翻检。

手册可以分为综合性手册和专门性手册两种类型。

综合性手册不太常见，它主要以向读者提供多方面的基本知识和参考资料为目的，涉及的知识面通常比较广泛，如《中华人民共和国资料手册》《当代国外社会科学手册》等。

专门性手册只涉及某一领域，是主要供专业人员参考使用的专门知识和资料，如《新闻工作手册》、《中国历代纪年手册》和《世界地名译名手册》等。

手册最突出的特点是，它收录的内容虽然全面，但是它并不反映学科研究的最新动态，也不以阐述定义、概念和历史发展为目的，而只是用简练、科学的语言概述某一学科、专业或领域内最基本最实用的知识和资料，如重要的公式、数据、图标、符号、专业术语、操作方法等。

5）类书

类书是一种将文献或文献中的资料，按其内容分门别类，组织撮述；或者条分件系，原文照录或摘录的图书。它是我国古代颇具特色、影响深远的一种工具书。

类书创始于三国时期魏曹丕组织编纂的《皇览》。几乎历代王朝都组织编纂过大型类书，民间的中小型类书的编纂更不胜枚举。类书有三个显著特征。一是在资料采集方法上广采博收，在所圈定的范围内资料收录较全。二是在编排上按类罗列资料，把在群书中收集的资料分门别类地编排起来，查检方便。三是在内容上或采录原书原文，一般不予改动，客观反映原始资料的原貌，如《文苑英华》；或摘取文献中原文和片段，条分件系，如《古今图书集成》；或将文献中的材料融会撮述，如《事类赋》；等等。由于具有以上特征，类书往往成为人们采集古代文献中的资料，进行古籍校勘、考据、辑佚的一种重要工具。

类书按采集资料范围来划分，有综合性类书和专门性类书两大类。

综合性类书收录范围广，覆盖面宽。大型官修类书多是综合性的，如《太平御览》《古今图书集成》等。

专门性类书仅采集某一方面的资料，但就某个特定领域来说，其资料甚为全面丰富，如《通典》《册府元龟》《格致镜原》《太平广记》等。

类书按采集资料内容来划分，可以分为类事类书、类文类书、事文并举类书三大类。

类事类书专门采录文献中记录的有关事物、事实，按类编排，如《皇览》《通典》《册府元龟》等。

类文类书专门采录诗赋文章等资料，按类编排，如《文选》《文苑英华》《太平广记》《历代赋汇》等。

事文并举类书既采录事物、事实类资料，也采录诗赋、文章等资料，多用“事居于前，文列于后”，按类编排的方法，如《艺文类聚》《古今图书集成》等。

6）名录

名录是专门汇集和简要介绍机构名、人名、地名等基本情况和资料的工具书，一般按类别、拼音、字顺加以排列，并对相关事项予以简要揭示和介绍。

（1）机构名录。机构名录收录并简要介绍有关机构的基本情况，包括性质、地址、人员、电话、电报、宗旨、职能、业务范围、产品等资料，如《中国政府机构名录》《中国高等学校简介》《中国工商企业名录》《全国授予博士和硕士学位的高等学校及科研机构名册》等。

（2）人名录。人名录又称名人录，收录并简介某方面著名人物的基本情况，一般以介绍在世人物为主，包括简历、著作或主要成就等，如《国际名人录》《中华人民共和国党政军群领导人名录》等。

（3）地名录。地名录提供地名的全称、地理位置等简要资料，一般收录当代现行地名，如《世界地名录》《中国地名录》《全国乡镇地名录》等。

7）表谱

表谱是以编年或表格的形式，记载和反映时间、事物、人物资料的工具书。起源于周代记载帝王家世、事迹的“牒记”。

“表”一般包括：纪年表，如《中国历史年代简表》；纪事表，如《中国历史大事年表》；职官年表，如《国民职官年表》；人物生卒年表，如《中国历史人物生卒年表》；历表，如《中西回史日历》；其他专门性表谱，如《广韵四声韵字今音表》《方言调查字表》《中国近现代政区沿革表》等。

“谱”一般包括：年谱，如《王国维年谱长编》；家谱，如《白居易家谱》；族谱（宗谱），如《夏氏族谱》；综合性谱录，如《历代帝王庙谥年讳谱》《廿一史四谱》等。

8）图录

图录是用绘画、摄影或其他方式，将事物、文物或人物图像制成图册，加上文字说明，并按一定的方法分类编辑，供科学研究、典藏欣赏之用的工具书。图录包括地图、历史图录、文物图录、人物图录及其他图录等。

（1）地图是按照一定制图法则，将地球表面的自然和社会现象描绘在图纸上，以反映它们的地理分布及其相互关系的图，古时称“舆地图”。地图的类型按内容可以分为普通地图和专门地图两种。普通地图也称为综合地图，即综合反映地面上事物和现象一般特征的工具书，如《世界地图集》《中华人民共和国地图集》。专门地图主要为历史地理现象、自然地理现象、社会经济现象等的图册，如历史地图、自然地理图、社会经济图等，如谭其骧主编的《中国历史地图集》。

（2）历史图录以反映历史现象、历史进程为主要内容的图录，通常以图形、图像等揭示在历史发展进程中有代表性的人物和事物，如《中国近代史参考图录》《古代世界史参考图集》等。

（3）文物图录是以图像、照片等方式反映历史文化遗物的工具书，如《中国历代服饰》《全国出土文物珍品》等，还比如专门收录古器物的《西清古鉴》等。

（4）人物图录是专门收录人物的画像或照片的图录，如《古今人物画谱》《中国历代名人图典》《故宫旧藏人物照片集》等。

（5）其他图录，如艺术图谱、科技图谱、雕塑图谱、兵器图谱、园林图谱等。广泛收集动植物的博物图录也属此列，如（清）吴其濬著的《植物名实图考》。

8.4.2　集成性纸质文献汇编

人文社会科学纸质文献如果汇集了某一时期、某一或某些类别或特定范畴的文献，或者众多人物的文献资料，我们可以称其为集成性纸质文献汇编。在人文社会科学信息检索中，由于它们自身就是文献信息资源的渊薮，且常常采用利于寻检的编排方法，在科学研究中有重要的利用价值，因此，具有工具书的某些特征，也有人称为边缘工具书。具体而言，这种人文社会科学集成性纸质文献汇编，主要包括总集、别集、资料汇编、资料性丛书等类型。

1）总集

将众多作者所撰写的文献资料汇编在一起，冠以一个总的书名出版，称为总集。《隋书·经籍志》："总集者，以建安之后，辞赋转繁，众家之集，日以滋广。晋代挚虞，苦览者之劳倦，于是采摘孔翠，芟剪繁芜，自诗赋下，各为条贯，合而编之，谓为《流别》。是后，文集总钞，作者继轨，属辞之士，以为覃奥，而取则焉。"认为总集始于晋代挚虞所编的《文章流别集》，以今天的观点看来，是有问题的。第一，《诗经》《楚辞》都是众多作者所撰作品的汇编，符合"总集"的概念。只是《诗经》被尊为儒家"经书"，《楚辞》被单独立类，在《隋书·经籍志》中分别归属于经部和集部，历代书目沿袭未改。第二，《旧唐书·经籍志》作为"纪文章事类"，《大唐六典》作为"纪类分文章"的"总集"，如《文选》《文苑英华》之流，古今书目和学者，或归入总集，或归入类书，存在不同的意见。《文章流别集》虽然佚失已久，但根据现存材料，其编纂体例为"类分文章"，殆无疑义。因此，将其定为第一部"总集"是不太合适的。

总集有多种类型。有汇编不同时期某一类作品的总集，如清代严可均编辑的《全上古三代秦汉三国六朝文》、逯钦立编辑的《先秦汉魏晋南北朝诗》等；有汇编同一时期某类作品的总集，如清代彭定求等奉敕编辑的《全唐诗》、唐圭璋编辑的《全宋词》等；有汇编某种题材或某个流派作品的总集，如梁代徐陵编辑的《玉台新咏》、后蜀赵崇祚编辑的

《花间集》等；有专门汇编某方面资料的总集，如郭沫若主编、胡厚宣总编辑的《甲骨文合集》，中国社会科学院考古研究所编《殷周金文集成》等；有专门汇编某方面文献著作的总集，如任继愈主编的《中华大藏经》（汉文部分）、江苏古籍出版社等编辑出版的《中国地方志集成》，等等。

2）别集

别集是个人作品的汇集。《隋书·经籍志》："别集之名，盖汉东京之所创也。自灵均已降，属文之士众矣，然其志尚不同，风流殊别。后之君子，欲观其体势，而见其心灵，故别聚焉，名之为集。"这段话说明，别集始于东汉，是作者和作品日益增多的产物。别集大多汇集了某个作家的全部作品，传统的内容编排方式主要有四种。

（1）按作品体裁分类编排。古人编纂的此类别集最为常见。例如，《李太白全集》凡36卷，卷一，古赋；卷二，古风；卷三至卷六，乐府；卷七至卷二十五，古体诗和近体诗；卷二十六至卷二十九，表、书、序、记、颂、赞、铭、碑、祭文；卷三十诗文拾遗；卷三十一至卷三十六，附录。

（2）按作品写作时间顺序编排。当代学者整理的古人诗文集，多采用这种编排方式。例如，陈铁民、侯忠义整理的《岑参集校注》，凡五卷，前四卷为编年诗，后一卷为未编年诗、赋、文、铭。

（3）按作品主题分类编排。例如，《四库全书》本《韦苏州集》，分为赋、杂拟、燕集、寄赠、送别、酬答、逢遇、怀思、行旅、感叹、登眺、游览、杂兴、歌行14卷，大抵按作品主题类编。

（4）综合编排。例如，《苏轼全集》分为诗集、词集、文集、论语义、孟子义、庄子解、三传义、讲筵进记、策问、杂策、说、箴等部分编排。

当代人整理、编辑的别集，是在前人的基础上有所进步。一般而言，其收集的作品和资料更为全面和完整，编排方式也更为科学。其内容和编排颇具代表性的例子如下。

（1）作品编年与校、笺、注、评结合。例如，钱仲联的《韩昌黎诗系年集释》，先将韩愈诗作编年，然后参考各家版本，校正有关文字；再考索作品的时代背景、事件及有关人物；注释诗中难懂字词；最后附录前人有关评论。

（2）作品编年与年谱结合。例如，朱东润的《梅尧臣集编年校注》，梅氏遭遇，叙述于当年作品之前；梅氏墓志铭、宋史本传、序跋、题记等资料附录于全书之后。

当代人编纂的别集，大多称为"全集"，如《曾国藩全集》《莎士比亚全集》等。但并不是被称为"全集"的都相当于古代的"别集"，如《徐志摩诗歌全集》仅收录徐氏诗歌，《朱自清散文全集》只收有朱自清所撰写的散文，等等。

此外，还有一些选集，由于其本身存在缺陷，没有反映某位作者所创作的文献全貌，又受到选编者思想、学术好恶的影响，"工具性"大大降低，就很难称得上纸质集成性文献汇编了。

3）资料汇编

清代章学诚在《文史通义·答客问》中说："天下有比次之书，有独断之学，有考索之功。三者各有所主，而不能相通。"将学术研究成果，分为广求博采、汇辑排比；别出心裁，独具卓识；钩稽索隐、考释疑难三大类型。虽然其"不能相通"的见解或可商榷，但将“比次之书”“独断之学”“考索之功”三者相提并论，第一次从理论的高度，揭示了“比次之书”这种学术研究成果的重要性。章氏所说的“比次之书”，就是现代概念的资料汇编。如果我们要给它下个定义的话，可以用一句话来概括：资料汇编是指按一定的编排方式，全面或比较全面地、系统地汇编了某些门类或某一专题文献资料的图书。

与一般图书相比，资料汇编具有两个最显著的特点。第一，资料汇集性。一般来说，资料汇编是原始文献或资料的渊薮，而不是原始文献或资料的创造，即使编修者付出了创造性的劳动。第二，工具性。实质上，许多资料汇编型图书就是工具书，但它不像一般工具书那样或者解难析疑，或者指引读书和研究门径，或者提供文献资料线索，而更多的是直接向使用者提供比较系统的、完备的，按一定编排方式组织的文献资料。从它们的内容来看，资料汇编大多是某一专题、某几个专题的文献资料汇集，文献资料和文献资料之间，具有相对的独立性，不需要连贯成篇，成为一个前后照应的供人系统阅读的整体。就其编辑体例而言，资料汇编无论是按事件、按人物，还是按时间、按专题等编排资料，它们都具有易检性，以便于研究者使用为编排宗旨。

资料汇编与类书有些接近，其共同性在于都是原始文献的汇编。但是，两者的相异处也很明显，主要表现为：在收录范围上，类书广采博收，包罗宏富，多为综合性的，而资料汇编除极少数为综合性的，绝大多数都是专题性的；在取材上，类书所收录的多为片段，有的仅是只言片语，而资料汇编通常是全文照录，虽也有片段，但尽量保持其内容的完整性；在编排上，类书主要按类编排资料，编制体例比较固定，而资料汇编没有特定的编制体例，或按问题分编，或依时为序，或以人为目，或以书为要，形式灵活多样。

如果严格按资料汇编的概念，总集、别集、资料性丛书等都可隶属于资料汇编。但为了叙述和理解的方便、容易，这里仅就一般意义上的资料汇编加以介绍。一般意义而言的资料汇编，有的被冠以“资料汇编”之名，如《韩愈资料汇编》《水浒传资料汇编》等；有的则无“资料汇编”之名，而有“资料汇编”之实，如《国朝耆献类征初编》《金瓶梅资料汇录》，等等。资料汇编按其内容性质划分，有法规资料汇编、条约资料汇编、统计资料汇编、人物研究资料汇编、专书研究资料汇编等类型。法规资料汇编主要将国家的法律、法令、条例、规则、章程等资料加以汇编。条约资料汇编主要收集国家与国家之间签署的有关政治、经济、军事、文化等方面的相互权利和义务的各种书面协定，包括公约、协定、议定书、换文、联合宣言、联合声明、联合公告等。统计资料汇编是以表格的形式汇辑经济和社会发展的各项统计数字。人物研究资料汇编主要汇集人物生平、著作、交往等方面的资料。专书研究资料汇编主要汇集某书的有关研究资料，如写作缘起、作者、版本、影响、评论等方面的资料。

4）资料性丛书

丛书是指将众多图书或资料汇集在一起，冠以一个总书名出版的一套图书。丛书有丛刻、丛刊、丛钞、丛编、汇刻、汇刊、合刻、全书、集成、大系、文库、文丛等异名，但并不是书名中含有这些字眼的书都是丛书。学术界一般认为，宋代俞鼎孙、俞经编辑的《儒学警悟》为丛书之所创始。有关古籍丛书的分类，《中国丛书综录》按丛书的内容将其分为“汇编”和“类编”两大类别。“汇编”中又分为“杂纂”(内容涉及经、史、子、集中两类或两类以上的丛书)、“辑佚”(从类书或者其他文献中发现并趍录出来的，在传统书目中被著录为已经“佚失”的文献，被编入专门的辑佚丛书者)、“郡邑”(地方文献丛书)、“氏族”(某些家族作者的著作，被集中编入出版的丛书)、“独撰”(个人作者的许多作品，被编为丛书出版者)等类。“类编”则分为“经”“史”“子”“集”四类。《中国古籍善本书目》着眼于丛书成书的形式，将丛书分为“汇编丛书”“地方丛书”“家集丛书”“自著丛书”四类。

当代丛书在20世纪80年代中期到90年代中期，出现了出版的高潮。不仅丛书的种类繁杂，数量也是前所未有的。因此，当代丛书的分类，已无法按古籍丛书的分类模式“依样葫芦”。《全国总书目》所附“丛书目录”采取了《中国图书馆分类法》的分类方法，编排所收录的丛书，更便于读者了解和掌握每年的丛书出版情况。

当然，并不是所有丛书都可视为集成性文献汇编的，如科学出版社出版的《21世纪信息管理丛书》是一套信息管理与信息系统专业的大学教材；世界图书出版公司出版的《星火5元丛书》第一辑《英语精粹文丛》，是小型的英语读物，等等。作为集成性文献汇编的丛书，主要是指资料性丛书。

所谓资料性丛书，是指汇集了大量的或者十分珍贵罕见的图书文献或者资料性文献的丛书。前者如《丛书集成初编》《万有文库》《四部丛刊》等丛书；后者如沈云龙主编，台湾文海出版社出版的《近代中国史料丛刊》，分正编、续编、三编，每编各100辑，收入的文献资料涉及清末民国初期、北洋军阀时期、国民党统治时期，包括文集、别集、信札、日记、年谱、回忆录、传记、会议记录、中外交涉史料等。要注意的是，它们所收入的许多图书或者其他文献资料并没有单行本面世，而是被收入在丛书中出版。因此，在从事人文社会科学方面的信息采集时，不能忽略丛书，尤其是资料性丛书的重要性。

8.4.3 利用工具书和集成性纸质文献汇编采集信息要注意的问题

1. 掌握工具书、集成性纸质文献汇编的编排方法

工具书、集成性纸质文献汇编的编排方法就是文献资料的组织、排序方法。掌握了它们的编排方法，就掌握了打开其大门的钥匙。

工具书的编排方法主要有部首法、笔画法、四角号码法、注音字母排序法等。部首法是将相同偏旁的汉字集中在一起来排检，汉字字头下再排列相关文献信息；笔画法是以汉字的笔画数目多少为序来排检文献资料的方法；四角号码法则是利用绝大多数汉字具有“方正形体”的特性，将每个汉字的四角，分别用“0、1、2、3、4、5、6、7、8、9”等十个阿拉伯数字中的四个数字来标示，然后按汉字所标示数字的多少排序，组织和揭示文献信息的方法；注音字母排序法主要是现代汉语拼音字母排序法，依照《汉语拼音方案》26个字母的顺序，组织编排文献信息。许多工具书，为方便读者使用，常常采用多种编排方法，如我国著名的《辞海》，就有《部首笔画笔形索引》《笔画索引》《汉语拼音索引》《四角号码索引》《词目外文索引》等，供读者采集查询信息时选择使用。

集成性纸质文献汇编的编排方法，常用的有按类别、主题、时间、地域、人物等编排方法。看上去比较直观、简单，似乎采集文献信息时更方便。但要注意的是，这些编排方法，在集成性纸质文献汇编采用时，大都只是其中的一种。如果采用多种编排方法，势必大大增加文献篇幅，出版时就会大幅度增加定价，影响读者购买。而且采用多种编排方法，也不一定行得通，因为文献资料的编排也不一定适合多种方法，同时，还会耗费编辑者更多的时间和精力。而一种编排方法的使用，存在不可避免的问题：一些文献资料，可以编排到不同的类别、主题、人物、地域之中，虽然可以采用参见的办法处理，但集成性纸质文献汇编的编辑者，可能不具备这方面的知识素养，往往就选择安排在其中的某一类别、主题、人物、地域之下了事。因此，我们在利用其采集有关文献信息时，先要特别注意选择的集成性纸质文献汇编是否采用了参见法来处理所收录的文献资料，其体例编排是否科学合理，如果没有采用参见法，那么其编排不是十分科学，就要通过阅读了解、掌握相关类别、主题、人物、地域中的文献资料，决定采集与否，以免文献资料采集过程中产生遗漏，甚至重大遗漏。

2. 选择使用工具书、集成性纸质文献汇编

1）了解工具书、集成性纸质文献汇编的特点和作用

在工具书、集成性纸质文献汇编的编纂中，内容（编纂目的）制约形式，形式又反过来规范内容。故一般说来，工具书的类型不同，作用也就不同。例如，人物传记类工具书采集人物传记资料；辞典类名录类工具书只是对人物的生平事迹、著述情况等作泛泛的介绍，大多不注明资料来源；生卒年表更为简单，只是用表格方式列出人物的生卒年和籍贯。它们都只用于对人物一般情况的查考。人物传记资料汇编则是有关人物生平的第一手材料，能直接用于人物的研究。学案是人物学术交往活动圈子的缩影，可据以了解人物的学术源流、学术影响，并可进一步从其师友和学生等人物中挖掘与之相关的史料。综述是对某一段时期人物研究情况的归纳概括，由此入门，会少走弯路，节省时间。索引是指引人物传记资料出处的路标、检索史料的指南。年谱是对人物一生足迹和事迹的描述。研究人物，往往先要查查是否有现成的年谱。如果没有，还得自己先从人物的年谱编写入手。即使有现成的年谱，也得先对其下一番考证核实的功夫。总之，把握了不同类型工具书的特点，才能为选择使用工具书奠定基础。

不同类型的工具书有不同的特点。同一类型的工具书也会有不同的特点。例如，综合性的正史纪传人名索引，其特点是揭示了史书中立传或有完整事迹的附见人物，同一人物在不同史书中的传记也予以集中反映。专史人名索引的特点是逐页收录史书中所见人名，标引出人物在全书中每次出现的有关史料。例如，汉初吕后采纳季布意见，顾全大局，忍辱与匈奴交好的记载，不见于《史记·吕太后本纪》和《汉书》中吕后本传，而记载在《汉书·匈奴传》中，使用《汉书人名索引》，即可检索到这一珍贵资料。传记资料综合索引，则将人物在众多典籍中或散见在报刊著作中的传记资料集中加以揭示，如《宋人传记资料索引》《辛亥以来人物传记资料索引》等。又比如，年谱中有一种作品编年，如《稼轩词编年笺注》《刘禹锡诗文系年》，其侧重点主要在对人物的著作系年，从而反映出作者思想和艺术风格的发展变化，折射出作者的生活足迹。因此就其本质而言，它仍可说是一种资料汇编，与“正儿八经”的年谱有一定的区别。此外，许多研究性著作中往往附有年谱，

如袁行霈撰，北京大学出版社 1997 年出版的《陶渊明研究》，其内容就包括有“陶渊明年谱汇考”“陶渊明作品系年一览”。在运用工具书采集信息时，这些都是应引起重视的。

2）针对信息采集所需，选择“对路”的工具书、纸质集成性文献汇编

例如，人物传记工具书，是工具书系统中一个庞大的“家族”。尤其是近几十年，国内出版的人物传记工具书品种丰富、数量繁多，为我们提供了很大的选择空间。但是，受编撰者思想意识、学术素养、编制条件等因素影响制约，存在着质量高下的区别。因此，选择对路的好的传记工具书，有助于资料采集的准确、全面，检索效率的提高。

我们选择人物传记工具书采集有关资料，首先就要针对检索问题进行选择。例如，查找人物的生平简历，一般应选择辞典、名录类工具书。因为这两类工具书多，也较容易查找。但是有两点，第一，中国现当代人物，应注意将海峡两岸所撰工具书对照参看，以便取长补短，弥补大陆、台湾地区各自因史料的缺乏对人物介绍不全面的弊端；第二，中国古代人物，如果在辞典、名录中查不到，可查其他工具书。例如，《宋人传记资料索引》就收有宋代人物 22000 多人，凡有较完整事迹或有著述的人物均撰有小传，且于小传中附有资料出处。这说明，有些工具书，其功能还具有多样性的特点。而查人物的传记资料，主要应选择资料汇编、年谱类工具书和索引类工具书。前者提供的是较完整的事实资料，后者则是事实的指引。

3）比较优劣，选择优秀的工具书、集成性纸质文献汇编

这里所说的比较，包括同类型工具书、集成性纸质文献汇编之间的比较，也包括不同类型而具有相同功用的工具书、集成性纸质文献汇编之间的比较。主要从其内部因素和外部因素着眼，比较其优劣短长。

内部因素，包括内涵信息资料和检索系统两个部分。内涵信息资料，一是要比较是否全面。看它们各自所含信息资料覆盖的广度如何；信息资料的取舍是否具有片面性。二是要看其内容是专指性，还是综合性。三是要比较考稽它们揭示相关信息的程度。四是要衡量它们所包含信息量的多少。总之，那些信息资料覆盖面较全的，内容为专指性的，揭示相关信息较深入的，包含信息量较多且大的工具书、集成性纸质文献汇编，往往也是较优秀的工具书和集成性纸质文献汇编，应该成为信息采集选择使用的首选。而对于检索系统的比较较为简单，主要是比较它们是否便于使用。以选择编排科学，适于使用者为宜。

外部因素，可以从出版社、作者、出版时间、书评情况四个方面考察。一般说来，较有影响的出版社如商务印书馆、中华书局、上海辞书出版社出版的工具书、集成性纸质文献汇编质量较高。由国家或出版社组织，或著名专家组成的作者群编写，或者著名专家独撰的书质量较高。从时间上看，后出的工具书、集成性纸质文献汇编大多吸纳了前出同类书的成果，增补了新的内容，改正了前出同类书的谬误，故大多质量较高。工具书、集成性纸质文献汇编书评中口碑甚好的质量较高，反之则较低。

4）尝试多种检索途径

许多工具书、集成性纸质文献汇编，尤其是大型的工具书、集成性纸质文献汇编，检索途径往往不是单一的，而是设置了多种索引，以便从不同途径采集或检索文献使用。例如，我们利用《中国丛书综录》采集某一图书，一般可从书名的角度检索。但如果书名不

能确定，则可以从作者的角度检索。而如果要了解与该书同类书籍被收入丛书出版的情况，就可以从《中国丛书综录》子目分类索引的角度去检索，了解到的信息就更多了。

总而言之，题名途径、分类途径、主题途径、作者途径是我们采集信息最常用的途径。也是许多大型工具书、集成性纸质文献汇编最常用的检索入口（一些大型工具书、集成性纸质文献汇编也常采用分类、主题合用）。在采集纸质文献或有关信息时，我们应该尝试利用多种检索途径，以采集到更多更全面的信息。

5）注意多种工具书、集成性纸质文献汇编并用

在利用工具书、集成性纸质文献汇编查找采集文献时，往往不是一蹴而就的，有时需要采用多种工具书、集成性纸质文献汇编才能完成文献的采集。例如，在检索中国专利时，一般就要先根据其学科分类查找《国际专利分类表》或《国际外观设计分类表》查得其完整分类号，再根据分类号，使用《中国专利索引》的分类年度索引查出公报卷期号或利用《发明专利公报》后面的国际专利分类号索引查取专利的摘要和专利序号，最后才依据专利序号索取专利说明书。又如，我们在采集人物传记资料时，不仅要从反映、揭示人物的生平事迹、生活经历、所处年代等方面资料的工具书、集成性纸质文献汇编去采获，还要考虑人物本人的著作，与老师、同学、朋友的交往材料，从有关工具书、集成性纸质文献汇编中去采集更多的相关信息。

工具书、集成性纸质文献汇编，其内容是对已出版纸质文献信息的揭示或者汇编，其编辑、出版的周期较长，不可能反映最新的纸质文献出版情况。我们在采集纸质文献信息时，除了利用工具书、集成性纸质文献汇编外，还要特别注意最新的纸质文献出版情况，尤其是杂志所反映的学术研究信息，报纸所反映的政治、时事、经济、军事等各方面的新闻报道信息。随着网络化信息社会的来临，我们完全可以利用网络来采集最新的信息，解决这方面的问题。

社会在不停地进步，纸质文献的数字化进程也在加快。在采集纸质文献信息时，对数字化纸质文献信息资源要特别注意，因为无论是从采集的角度还是从利用的角度来说，数字化纸质文献信息资源一般都更为快捷方便。

8.5　纸质文献的数字化及其采集

纸质文献具有易毁损、存储不便、交流不易、利用困难等缺点，在社会信息化的今天，为适应现代社会的需要，更好地实现纸质文献尤其是古代文献的保护、保存，实现纸质文献的共享和利用，纸质文献的数字化取得了很大的进展。

纸质文献的数字化有两种方式。

一种方式是扫描。通过扫描仪作为信息的入口，对纸质文献进行逐页扫描、格式转换、文件压缩、加密控制等输入计算机并以图像和数字两种方式存储。如果以图像文件的形式存储，占用的存储空间比较大，须借助于光学字符识别（optical character recognition，OCR）技术将扫描图像转化为数字形式，才能成为可以任意检索的文件，而文本资料无须借助 OCR 就可被计算机自动识别和检索。目前，由于科技的进步，扫描仪的处理速度越来越快，并可双面同时扫描。大批量文本、图形的数字化主要借助于这种方式完成。

另一种方式是通过键盘将文献重新录入计算机后，形成光盘版和网络版。纸质文献数字化一般用超文本链接置标语言（hypertext markup language，HTML）对文本进行格式编码，以方便检索利用；对静态的图片、画片、拓本、表格、票据、手稿等，则利用数码摄影或扫描录入的方式建库，以保存文献资料的原形；动态性的录音、录像、影片，利用相应的数字化软件工具把它们转换成数码格式输入数据库。

目前，我国主要的纸质文献数字化资源大致有以下五个类别。

（1）年鉴类，如中国年鉴资源全文数据库、中国年鉴网络出版总库、中国统计年鉴、中国金融年鉴等。

（2）图书类，如文渊阁四库全书电子版、中国历代典籍总目分析系统、全唐（宋）诗分析系统、二十五史研习系统、二十五史全文检索系统、中国历史文献总库·民国图书数据库、中国国家书目回溯数据库（1949～1987年）、中国国家书目数据库（1988～1998年）、中国现代地方志及方志学书目数据库（1949～1998年）（中国国家图书馆·数字方志）、中国国家数字图书馆、超星数字图书馆、方正电子书资源库、美星外文数字图书馆、美国机械工程师协会（American Society of Mechanical Engineers，ASME）数据库等。

（3）期刊类，如中国期刊全文数据库、万方数据知识服务平台、维普资讯中文期刊服务平台、Kluwer Online 等。

（4）报纸类，如全国报刊索引数据库、中国重要报纸全文数据库、中国财经报刊数据库、金报兴图-报纸全文库、PressDisplay 在线报纸数据库等。

（5）综合类，如中国人民大学复印报刊资料、国家科技图书文献中心、中国高等教育文献保障系统、中国知网、Dialog 等。

纸质数字化文献信息采集，需要我们充分利用各类机构提供的数字文献数据库来获取。

1）了解纸质文献数字化资源所在

在获取数字化纸质文献时，首先要了解纸质文献数字化后的存储所在，知道在什么地方获取，是否需要付费等问题。纸质文献数字化后，一般将其挂放在文献数字化出版机构的网站、数字出版物收藏单位，以及一些学术机构的网络学科门户上。除了本单位学生、职工可以免费使用外，对外大多需要先付费，才能获取。

2）了解纸质数字化文献资源收录的范围

收录范围主要是指该数字资源收录的时间范围、内容范围、区域范围、语种范围等。对于这类信息一般数据库辅助文件都会加以说明。例如，Dialog 对其收录的每个数据库都编写有蓝页，包括了每个数据库的基本介绍、出版单位、回溯时间、更新频率、应用范围、所支持的指令及检索字段、使用价格等内容。

3）熟悉纸质文献数字化数据库提供的检索途径

各类文献数据库，由于其编辑思想、编辑手段不同，提供的检索方式和手段也有差别。比如，有的提供截词检索、位置检索，也有的仅提供简单的布尔逻辑检索。以化学文摘（Chemical Abstracts，CA）为例，其提供的检索途径有摘要、作者、作者单位、会议代码、会议信息、文件类型、CODEN 码、ISSN、ISBN、论文题目、出版商、刊名、主题词、关键词、数值数据、化学索引等。在查找文献之前一定要熟悉其提供的检索方式。

4）了解其文献输出格式及收费方式

以 Dialog 为例，其信息采集费用主要有联机费、检索费和输出费，联机费高达 16 美元每小时。因此，检索采集信息时，要特别注意时间的控制，以免花费过多的经费成本。

5）充分利用免费数字资源

为推动学术研究更方便地交流与更快发展，受开放存取学术风气的影响，国际学术界正大力推崇学术信息资源的开放出版和免费使用。目前，我国的科技论文在线、中国奇迹文库、中国预印本服务系统、中国数理科学电子预印本镜像库，国外的 HighWire Press、DOAJ、BioMed Central、Bioline International、PLOS、arXiv 等都提供免费电子版论文。同时，一些搜索引擎如 Google 的学术搜索、新浪的爱问搜索、百度文库也提供大量的电子版文献信息。另外，网络版的在线文献信息编辑网站如一起写网、读书网等，也提供了大量的网民参与编辑的文献，我们在采集有关信息时，可以参考使用。

第 9 章　网络信息的采集

电子计算机、存储设备、移动通信、网络信息的快速发展，使移动互联网、社交网络等迅速地融入了人类的社会生活。在网上发布信息、获取信息，已成为人们日常生活的常态。网络产生的数据量呈爆炸式增长，推动社会从传统的纸媒时代进入网络时代，进而发展到目前的大数据时代。截至 2017 年 12 月底，仅在中国范围内，互联网上网站页面总数就已经超过 2500 亿个，年增长为 112%。在海量的信息面前，如何实现高效的网络采集显得尤为重要。更为甚者，网络信息采集是后续的数据挖掘、分析与决策的前提，其采集的效率与准确性直接决定着数据处理的效果。因此，高效、精准地采集与主题相关的信息在网络信息时代变得越来越重要。

9.1　网络信息资源的类型和特点

网络信息资源是指存储在光、磁等介质上，利用计算机、智能手机等通过网络发布和传递的文字、图片、音像、动画等。它可以是传统纸质文献资源数字化的网络呈现，可以是人们随时随地地通过网络发布或转发的政治、经济、军事、文化、教育、体育等各个领域的相关信息，也可以是人们的生活见闻、时事评述、学术批评与褒扬、情感流露与宣泄等的产物。它形形色色，包罗万象，是当代社会信息采集的重点对象。

9.1.1　网络信息资源的类型

网络信息资源种类丰富，数量繁多。为了更高效地利用互联网海量的网络信息资源，将互联网信息资源进行科学分类，是必不可少的工作。学者基于不同的视角与用途，对网络信息资源进行了深入的研究，提出了多种不同分类体系的解决方案。

按信息发行方式的不同，人们将网络信息资源划分为正式出版的网络信息、非正式出版的网络信息、半正式出版的网络信息。非正式出版的网络信息比较常见，如电子会议、电子邮件、电子公告栏等方面的信息；半正式出版的网络信息，是受到一定产权保护但没有正式出版信息的网络信息，如各学术团体、企业、机构等单位的宣传网页、公告、内刊等；正式出版的网络信息，是受到一定产权保护、信息质量可靠、利用率高的信息，如各种电子书、电子版报纸、电子版杂志等。

按信息内容的表现形式不同，人们将网络信息资源划分为全文型信息、数值型信息、事实型信息、数据库类信息等类型。全文型信息包括直接在网上发行的电子期刊、网上报纸、印刷型期刊的电子版、网络学院的各类数字教材、各类国家标准数字全文、政府数字出版物等。数值型信息主要是指各种数据库类信息，如中国人民大学复印报刊资料、万方数据知识服务平台等，是数据库资源的网络数字化。事实型信息包括节目预告、天气预报、火车车次或飞机航班、城市或景点介绍、工程实况等方面的信息。此外，还有一些其他类型的，如博客、公告留言板、聊天室、邮件讨论组、网络新闻组、图形图像、投资行情和分析、音乐电影广告方面的信息，等等。

按照网络信息资源用途的差别，人们将网络信息资源分为一般型网络信息资源和研究型网络信息资源。一般型网络信息资源包括学科指南、机构信息、会议信息、教育信息、组织与交流出版信息等。研究型网络信息资源包括数字图书馆、数字参考服务、数字参考源、数字科学评价、电子出版物、元数据等。

按照文献信息检索的角度，人们又可以把网络信息资源分成网络图书信息资源、网络电子期刊信息资源、网络专利信息资源、网络数据库信息资源等类型。

互联网上提供的图书信息资源主要有书目信息和电子图书，包括以下三方面的信息。

其一是图书馆和文献情报中心的图书馆馆藏联机公共检索目录（online public access catalog，OPAC）。现在，全球范围内的大型图书馆的 OPAC 24 小时对外开放，通过 OPAC 我们可以查询到大量的书目信息，以确定某一本书是否在某个图书馆，是不是可以通过馆际互借获取该本书等。有些 OPAC 提供书目及摘要，还提供与图书相关的一些其他信息。

其二是出版商提供的书目信息。国内外大部分出版社都通过自己的网站发布其出版物的目录、最新图书的内容简介及图书价格等信息。

其三是数字图书馆的电子图书。数字图书馆是数字时代中最重要的文化基础设施之一。数字图书馆所存储的电子图书多种多样，记载了人类社会的文明发展成果，能更好地服务人们的精神生活。

网络电子期刊是非常重要的网络信息资源。网络电子期刊内容丰富、时效性强、检索途径多样，目前已成为利用率非常高的网络信息资源，特别是免费的电子期刊，更受人们的喜爱。网络电子期刊包括与印刷版同时发行和仅在网上发行两种类型，其来源渠道主要有四种。

其一是出版商和文摘索引服务商提供的信息资源。目前，国际上大多数主要的期刊出版商都建立了全文数字化期刊数据库，并通过 Internet 提供其服务。

其二是文献情报部门或学术性机构提供的信息资源。许多文献情报部门或学术性机构通过自己的网站提供期刊或其他类型文献的网络信息资源。用户在其网站检索二次文献信息的同时，可以订购原始文献，有的还可以通过传真、浏览、下载和联机打印等方式获取。

其三是网络数据库信息服务商提供的信息资源。存储在网络服务器上的网络数据库品种多样、质量较高，大多数由信息服务商或大型图书馆机构创建和维护。但除了本单位职工或学生外，需要付费才能获取。

其四是网络版期刊提供的信息资源。目前，许多期刊正在网上建立自己的网站，便于读者上网检索查询有关信息，或提供免费的电子邮件现刊目录服务。

网络专利信息资源获取主要有以下三条渠道。

其一是联机数据库检索系统中的专利数据。一般来说，著名的联机数据库都包含了大量与专利有关的数据，如 Dialog 数据库检索系统、STN 检索系统等。

其二是专利管理机构官方网站中的信息资源。专利管理机构的官方网站主要是指国家、地区或地方的专利局网站，以及其下属机构的网站。这些网站上提供的专利信息通常比较全面、权威、新颖。例如，美国、日本、加拿大等国家的专利数据，许多通过互联网可以免费获取和使用。

其三是数据库出版机构提供的信息资源。Derwent 是全球最权威的专利情报和科技情报机构之一，1948 年由化学家 Monty Hyams 在英国创建，隶属于全球最大的专业信息集团——Thomson 集团。目前全球的科研人员、全球 500 强企业的研发人员、世界各国几乎所有主要的专利机构、情报专家、业务发展人员都在使用 Derwent 所提供的情报资源，它收录世界 40 多个专利机构的 1000 多万个基本发明专利，3000 多万个专利，数据可回溯至 1963 年。同时它每周持续更新，每周新增约 40 多个专利机构的 25000 多个专利。英国工程技术学会（The Institution of Engineering and Technology，IET）的 INSPEC 是科学和技术文献的主要索引数据库。INSPEC 始于 1967 年，是 *Science Abstracts*《科学文摘》服务的产物，电子记录分发在磁带上。在 20 世纪 80 年代，它通过知识指数在美国上市，这是一种低价的 Dialog 拨号版本为个人用户提供的服务，很受欢迎。近 50 年来，IET 聘请科学家手工审查包含在 INSPEC 中的项目，使用他们自己在主题领域的专业知识手工索引文献，并判断应该应用哪些术语和分类代码。基于这项工作，开发了一个重要的词库，使内容能够更准确地在上下文中编制索引，从而帮助用户发现可能在典型搜索查询中隐藏的相关文献，使 INSPEC 成为必不可少的工具。对于现有技术，可专利性检索和专利撰写。

INSPEC 覆盖范围广泛，包括物理、计算、控制和工程领域。其主题涉及天文学、通信、计算机科学、控制工程、电子与电气工程、信息技术、物理、制造、生产和机械工程等。现在，由于新兴的商业技术概念，INSPEC 还在其产品组合中包含了商业信息技术。INSPEC 通过将技术整合到管理、经济和社会科学领域，为一些发表高质量研究论文的期刊编制索引。样本期刊包括金融经济学年度报告、《Aslib 信息管理期刊》、《澳大利亚管理杂志》，以及国际管理、经济和社会科学期刊等。

网络数据库信息是最有价值的网络信息资源之一，通常以学术性数据库、商业性数据库或政务性数据库的形式出现，一般要购买或者授权才可以使用。国内高校图书馆的数据库多为学术性数据库。网络数据库包括有全文型、文摘型、题录型、事实型、数值型、多媒体型等。互联网中也有海量的、有价值的免费数据库，如果我们善于搜索发掘，采集其信息，通常会有出人意料的收获。

此外，网络上还有许多如学术会议、技术标准、科技政策法规、科技报告、统计数据、电子论坛、科技新闻等具有实用性可供参考的信息资源，在采集相关信息时不能忽视，要注意浏览和重视。

9.1.2 网络信息资源的特点

在网络环境下，信息资源以数字形式记录，分布存储在网络中某个节点上，并且可以在需要的时候，通过四通八达的互联网络传向任何合法的网络终端。互联网中的网络信息资源是以数字化形式存储的，较其他信息资源而言，更加便于检索与利用。网络信息资源的特点主要包括以下几方面。

1）信息量大、增长迅速

互联网是一个基于协议联结世界各个国家、机构成千上万个计算机网络的通信网络，也是一个超级巨大的信息资源网。由于各国政府、机构、企业和个人都可以在网上发布信息，它成为无所不有无所不包的庞杂信息源。目前，在互联网上仅数据库就以千万计，其他信息特别是未经过深层次组织的非规范化信息更是如恒河沙数，不计其数。由于利用计算机发布信息、复制信息的速度特别快，网络信息资源在数量的增长上，也是其他任何环境下的信息资源所无法比拟的。

2）内容丰富、覆盖面广

网络信息资源内容包罗万象，类型丰富多样，覆盖了不同学科、不同领域、不同地域、不同语言的信息资源。在信息内容上，学术信息、商业信息、政府信息、企业信息、个人信息等无所不包；在形式上，有文本、图像、声音、视频、音频和数据库等，堪称多媒体、多语种、多文字、多类型的信息无所不有。

网络信息资源在数量、分布、信息呈现形式及信息内涵等方面，都超出了传统的信息资源管理方式和技术手段所能容纳的范围。据有关资料统计，在全球约250个国家和地区中，已有240多个国家和地区开通了互联网。互联网的兴起和广泛渗透，打破了时空的阻碍，使网络信息资源呈现出全球化的分布结构，其内容覆盖了全球不同国家、不同民族、不同人群在工作和生活方式上的种种表现。互联网已成为全人类最大的信息集聚、发散、采集中心。

3）动态更新、传递速度快

互联网上的信息具有高度动态性，不但各种信息资源处在不断产生、更新和淘汰的过程中，它连接的网络、网站和网页也都处在不断变化之中，任何网络信息资源都有可能在短时间内建立、更新或消失，这使得互联网上的许多信息资源瞬息万变。

信息价值的体现在很大程度上受时效性影响。信息用户在需要信息时能及时得到响应，是保证信息时效性的重要环节。然而，以往的信息环境很难提供这种保障。互联网提供了辐射全球范围的高速信息资源传输通道，特别是在采用先进的传输模式后，信息资源的传输速度有了更大的突破。它解决了信息传输延迟所导致的服务滞后问题，使信息资源更加快捷地分配于各种应用领域，呈现在浏览者和采集者的面前。

4）共享程度高、使用成本低

信息资源具有共享性，这是信息资源优越于物质资源和能源资源的重要特征，同时也使信息资源在更高水平上可以实现有效配置。由于信息存储形式及数据结构具有通用性、开放性和标准化的特点，在网络环境下，时间长度和空间范围得到了最大限度的延伸和扩展。一份信息资源上网后，不仅可以及时地提供给本地网络用户使用，而且成千上万的不同地域的用户不需排队等候也可以同时共享。高度共享的网络信息资源，可以有效缓解人类信息资源配置中“顾此失彼”的缺陷，使有限的信息资源最大限度地为广大用户所分享利用。

网络信息资源绝大部分可免费使用，用户所需要支付的主要费用是计算机上网的费用。除了免费信息资源外，还有一些是有偿信息资源，在这些资源中，尽管目前还存在较大的成本降低的空间和潜力，但与其他非网络信息资源相比，如果把人力和时间成本考虑在内，在满足用户同样信息需求的情况下，网络信息资源还是具有更低成本的。低费用的网络信息资源有效地刺激了用户信息需求，从而又从信息需求拉动的角度促进了信息资源有效、合理地配置与利用。

5）分散无序、质量良莠不齐

互联网通过 TCP/IP 协议将不同的网络连接起来，对网络信息资源本身的组织管理并无统一的标准和规范。网络信息资源分别存储在不同国家、不同地区的服务器上，不同的服务器采用不同的操作系统及数据结构，字符界面、图形界面、菜单方式、超文本方式等缺乏集中统一的管理机制，因此，从整体上看，网络信息资源尚处于无序状态。

互联网络具有巨大的开放性。在互联网上，信息地址、信息链接、信息内容处于经常性的变动之中，信息资源的更迭和消亡无法预测。而且，网络上大部分资源并不像图书、期刊那样经过编辑和出版部门的审核，网站资源的提供不受任何组织或制度的控制，信息发布具有很大的自由性和随意性，缺乏必要的过滤、质量控制和管理机制，正式出版物与非正式出版物交织在一起，学术信息、商业信息及个人信息混为一体，信息质量良莠不齐，泥沙俱下，为用户选择、利用网络信息资源带来了不便。

9.2 网络信息手动采集途径

海量的网络信息资源的存在，使网络成为我们重要的采集对象。网络上各种特色服务的提供，各种工具的开发与使用，也在改变人们信息采集的途径和方式。目前，人们采集网络信息主要通过搜索引擎、信息门户、社交网络、维基等途径，借助各种工具来获取。

9.2.1 基于搜索引擎途径

互联网上海量的信息资源给我们快速、方便、准确地找到自己所需的信息增添了难度，搜索引擎的出现便很好地解决了这一问题。搜索引擎（search engine）是指根据一定的检索策略、运用特定的计算机程序搜集互联网上的信息，在对信息进行组织和处理后，将信息显示给用户的检索服务系统。最早的现代意义上的搜索引擎出现于 1994 年 7 月。当时卡内基梅隆大学的 Michael Mauldin 将 John Leavitt 的 Spider 程序接入其索引程序中，创建了著名的 Lycos（http://www.lycos.com/）。同年，斯坦福大学的两名博士生，美籍华人杨致远（Jerry Yang）和 David Filo 共同创办了目录索引 Yahoo!，并成功地使搜索引擎更好地得到应用，从此搜索引擎进入了高速发展时期。

搜索引擎一般由搜索器、索引器、检索器和用户接口四部分组成。搜索器又称 Robot（机器人）、Spider（蜘蛛）、WebCrawler（爬行者）、Worm（爬虫）等，它的功能是在互联网中漫游，发现和搜集信息。索引器对搜索器所搜索的信息进行分析处理，从中抽取出索引项，用于表示文档及生成文档库的索引表。检索器是根据用户的查询在索引库中快速检出文档，进行文档与查询的相关度评价，对将要输出的结果进行排序，并实现某种用户相关性反馈机制。用户接口的作用是输入用户查询、显示查询结果、提供用户相关性反馈机制。

1. 搜索引擎的发展

搜索引擎的变革发展，总体上来可以划分为以下五个阶段。

1）第一阶段：人工分类目录阶段

人工分类目录阶段的搜索引擎并不是我们今天看到的大型搜索引擎，或者说用分类检索系统形容它更为合适。它的运行机制就像图书馆为每一本书籍分类建立索引的过程一样。最典型的应用就是导航网站，在导航网站内分列了各式网站，用户根据分类目录去寻找需要的信息。作为搜索引擎的鼻祖，这类搜索引擎依然是人们检索信息的工具之一，但是这种搜索引擎在很大程度上取决于人工的分类，需要大量的人力、物力作为支撑，而且随着目录的增加，系统的响应速度会有所降低，不利于系统的维护与拓展。

2）第二阶段：文本检索阶段

以 AltaVista、Excite 为代表的第二代搜索引擎的技术特点是海量自动获取与排序清单。这类搜索引擎将布尔模型、概率模型或者向量空间模型应用到检索系统中，可以实现高级语法的搜索功能，提供给用户匹配度较高的检索结果。而且作为第二代搜索引擎，它既支持将搜索限制标题、统一资源定位符（uniform resource locator，URL）等页面元素，还可以限制到站点或者某个域例。

3）第三阶段：整合分析阶段

简单地说，这一阶段的搜索引擎更关注于立体搜索与检索结果的整合。这类搜索引擎技术提出了我们今天在网站中也使用的推荐链接打分机制，一个网站是否重要或者流行，取决于推荐链接的数目。搜索引擎巨头——Google 作为这一链接分析算法的提出者，不仅使其旗下的搜索引擎在商业中取得了巨大成功，也引起了学术界的高度关注，以至于后来主流的链接分析算法都是这一基础算法的延伸版本或者改进版本。第三阶段的搜索引擎在检索结果上做了极大的整合，让用户的每一个检索请求都能从海量的信息资源中寻找并整合出切合度高、立体式的完整结果集，这也是不同于第二阶段的搜索引擎返回清单式结果集的典型特征。第三阶段的搜索引擎提供了更相关、更准确的搜索结果集，让用户一眼就能找到最想要的信息，大大改善了用户检索信息的体验。

4）第四阶段：用户中心阶段

第四阶段的搜索引擎技术是以用户为中心的搜索阶段，即搜索技术以用户为核心提供个性化的搜索服务。个性化服务也即搜索的精准化。这是因为即使是对于相同的搜索关键字，它背后的搜索需求也可能是不同的。例如，“小米”这样一个搜索指令，对于农民来说它可能就是我们吃的食物，对于手机爱好者和使用者来说它就是小米手机。如果搜索引擎只提供标准统一的检索结果，是人们所不希望看到的。第四阶段的搜索引擎更加的智能化，它体现在搜索引擎更高级的智能语义分析。对于“北京”“中国首都”“中国的首都在哪里”这三组不同的搜索指令来说，用户的检索本意是一样的，那么它返回的结果也应当是相同的。总的来说，搜索引擎必须试着以更加人性化的思维去考虑、分析用户需求及背后隐藏的动机盾。面对网络信息化发展过程中每日产生的海量数据，搜索引擎既要考虑到为用户提供更加丰富全面的检索结果集，又要考虑到用户对于检索过程的快速高效及其直观的服务需求。另外，第四代搜索引擎技术不同于以往的搜索引擎，它将面对处理更多的非文字信息、语音输入、图片输入等多种多样的信息源。在极大地丰富了人们检索手段的同时，也给新时代的搜索引擎技术带来了新的挑战，而这些也必将成为未来信息承载的主流方式。

5）第五阶段：生活生态圈搜索阶段

目前，整个网络发展的趋势是由互联网向物联网过渡。随着现代传感器技术的发展，人们可以随时随地地捕捉、记录事物的数据，并作出实时的分析，实现万物的互联。因此，第五阶段的搜索引擎应当是基于物联网的。这种立足于实体搜索的搜索引擎技术拥有极其广阔的发展前景，通过结合图像识别、声音识别、GPS 定位等技术支撑，可以应用在很多生活场景中。例如，当人们不在家时，可以实时远程地监控家里的老人和孩子，以及家里是否有陌生人等；当人们出差工作或旅游时，可以便捷地寻找附近的美食、药店等，甚至人们不需要主动搜寻，这些信息就会自动地推送到面前；当钱包、文件夹等物品丢失时，这些物品可以自动地发出位置共享信息，实现丢失物品的自动报警定位；等等。以互联网为标志的第五阶段实体搜索引擎，将极大程度地改变人们的生活方式。

2. 搜索引擎的分类

1）全文搜索引擎

全文搜索引擎是人们日常生活中接触和使用最多的也是企业最常用的搜索引擎。这一类搜索引擎技术的代表有国内的百度、搜狗和国外的 Google 等。全文搜索引擎由一个称为蜘蛛（Spider）程序或者机器人（Robot）程序以某种策略自动地在互联网中搜集和发现信息，由索引器为搜集到的信息建立索引，由检索器根据用户的查询输入检索索引库，并将查询结果返回给用户。服务方式是面向网页的全文检索服务。全文搜索引擎按实现方式的不同可以划分为自主式全文搜索引擎和非自主式全文搜索引擎两大类。自主式全文搜索引擎在工作时将文档或者网页以字和词的形式分割，同时记录每个字或词组出现的位置、频率等信息，然后通过一定的方式建立索引数据库。在用户检索阶段，自主式全文搜索引擎系统将用户输入的检索信息与索引库中的文件进行比对，然后通过一系列的排序算法将排序后的结果反馈给用户。当然，数据源的获取需要通过爬虫体系，在抓取时要注意深度和广度的拓展，做到抓取结果尽可能的全面。该类搜索引擎的优点是信息量大、更新及时、无须人工干预，因此适用于检索难以查找的信息或者一些比较模糊的主题；缺点是返回信息过多，包括很多无关信息，甚至垃圾信息，用户必须从结果中进行筛选。目前，最著名的自主式全文搜索引擎的代表就是 Google 了。与自主式全文搜索引擎相比的是非自主式全文搜索引擎，其需要借助于其他的搜索引擎的检索结果，通过定符算法综合，将最终的检索结果呈现给用户，国外的 Lycos 就是这一类搜索引擎的代表。

2）目录式搜索引擎

目录式搜索引擎是以人工方式或半自动方式搜集信息，建立数据库，由编辑人员访问了某个 Web 站点之后，对该站点进行描述，人工形成信息摘要，并根据站点的内容和性质将其归为一个事先确定的分类框架中。信息大多面向网站，提供目录浏览服务和直接检索服务。因为加入了人的智能，所以它具有信息准确、导航质量高的优点。其缺点是需要人工介入、维护量大、信息量少、信息更新不及时。在目录式搜索引擎系统中，用户不能直接地输入搜索关键字来查询出需要的信息资源。目录式搜索引擎很大程度上依赖于人工分类，信息资源需要被严格地筛选、审核才能被作为目录索引，造成了目录更新缓慢、目录不全等问题。相对于全文搜索引擎，目录式搜索引擎的成本更高。目前，目录式搜索引擎思考的方向是目录分类技术的优化问题，越来越多的目录式搜索引擎开始将全文搜索引擎技术的优点借鉴到自身的改革进程中，力争为用户提供更便捷、更优质的信息检索服务。

3）元搜索引擎

元搜索引擎又称为后搜索引擎或者聚类搜索引擎。这类搜索引擎没有自己的索引数据库，而是将用户的查询请求同时向多个搜索引擎递交，将返回的结果进行重复排除、重新排序等处理后，作为自己的结果返回给用户。相对于其他形式的搜索引擎，元搜索引擎起步比较晚，需要借助其他搜索引擎的检索结果。元搜索引擎不需要自己抓取、存储、建立索引库进而节省了大量的成本。由于对于同一个检索请求不同的搜索引擎返回的结果可能不同，元搜索引擎需要对结果按照自身的一套算法进行综合排序后才将结果反馈给用户。元搜索引擎的优点是返回结果的信息量更大、更全，缺点是不能够充分使用所使用搜索引擎的功能，用户需要做更多的筛选。尽管元搜索引擎存在一些功能局限，但其以涵盖较多的搜索资源，能够在尽可能短的时间内提供相对全面、准确的检索结果等优点而受到用户的青睐，已逐渐成为一种不可或缺的极具潜力的网络信息采集工具。这类搜索引擎的国外代表是 WebCrawler、InfoMarket、InfoSpace、Dogpile、Vivisimo 等，中文元搜索引擎的典型代表是万维搜索、北斗搜索、搜星搜索等。

4）垂直搜索引擎

垂直搜索引擎可以定义为某一行业或者是某一领域内的专用搜索引擎。与全文搜索引擎最大的不同是，垂直搜索引擎限定于某一特定范围内提供搜索服务，在建立索引时需要建立行业的专业数据库，这样有助于帮助用户在行业或者领域内实现信息的精准搜索。因为建立的搜索范围是针对某一特定范围，所以垂直搜索引擎的建立成本也比较低。国内的汽车之家、携程旅游搜索都是元搜索引擎成功的典型案例。

3. 搜索引擎采集和提供信息的过程

搜索引擎能够代替人们浏览浩瀚的网络资源，迅速地帮助人们找到所需要的信息。这里，以最常用的全文搜索引擎为例，介绍其采集和提供信息的过程：它一般包括了从互联网上抓取网页信息，为网页数据创建索引并放进建好的索引库中，在索引库中搜索并将查找到的结果排序展示等 3 步骤。

1）从互联网上抓取信息

从互联网上抓取信息一般分为人工收集和爬虫抓取两种方式。人工收集通常由工作人员调查所有网站（可能会不全），筛选目标网站，将符合条件的网站分类并按照类别存储。再创建重要词汇的索引文件，将其存入硬盘。索引库中信息收集抓取通常是由网络爬虫完成，网络爬虫自动从互联网上搜集网页内容，通过网页中提供的其他链接依次搜索新链接。每当跳转到新网页，爬虫就会重复抓取网页信息，所以搜索引擎能够定期更新维护自己的索引库。此外，网络爬虫在抓取信息时，需要过滤掉重复的URL地址，并且优先搜索重要的URL。过滤掉重复的URL地址只要将已经抓取过的URL依次和当前URL比较，这两个字符串内容相同就是重复。至于优先搜索重要的URL，这里采用爬虫常用的First Search算法来揭示：网络爬虫抓取当前网页所有链接的URL，通过判断已有网页的URL和当前网页的URL的相关度来决定是否优先抓取，如果相关度比较小，就把它放在其他地方，等相关度比较高的URL抓取完毕后，再转向相关度小的URL集合，直到某个条件终止爬虫活动，抓取工作才告一段落。通常情况下，人工收集信息的方式准确性要远优于爬虫抓取信息的方式，效率却远远低于爬虫抓取信息的方式。但人们更愿意选择爬虫收集，然后再通过一些算法将正确信息、相关度高的信息排列在前面。

2）*为网页数据创建索引并放进建好的索引库*

信息索引就是为文档的文章标题和文章内容创建索引，使用户快速检索到所需信息。创建索引的目的是搜索，搜索引擎的目标是实现只搜索被索引的字、词、句单元，从而找到原文档。系统会将一个文件中创建好的索引保存到索引库中，包括文件名的索引及文件相关内容的索引。然后再转向下一个文件，又将从这个文件里得到的索引再保存到索引库中。如果有索引内容和上一个文件的某个索引内容相同，那么索引库中存的这个索引的记录就会加一，以此类推。在执行查询时，根据这个索引的数量返回对应编号的这几个文档。其中，索引在各个文档中出现的次数越多，排的位置越靠前。创建索引要有分词器的支持，通过分词器对收集得到的网页进行分析，将文章的标题和内容进行分词处理，提取相关信息创建索引，并将索引数据放进索引库，这样才能准确地创建索引。分词对于英文而言比较容易，因为在英文里，一句话中词与词之间都是用空格分开的，而且句与句之间也是由句号分开的，只要通过空格和标点符号就能实现对英文的分词。但对中文的分词处理存在歧义识别和新词识别两大难题。

歧义是指同样的一句话，可能有两种或者更多的切分方法。主要的歧义有三种：交集型歧义、组合型歧义和真歧义，例如："结合成分子"，因为"结合"、"合成"、"成分"和"分子"都是词，那么这个短语就可以分成"结合｜成｜分子"和"结｜合成｜分子"。这种称为交集型歧义。由于没有人的知识去理解，计算机很难知道到底哪个方案正确。交集型歧义相对组合型歧义来说是还算比较容易处理，组合型歧义就必须根据整个句子来判断了。例如，在句子"这个门把手坏了"中，"把手"是个词，但在句子"请把手拿开"中，"把手"就不是一个词；在句子"将军任命了一名中将"中，"中将"是个词，但在句子"产量三年中将增长两倍"中，"中将"就不再是词。真歧义指存在两种或两种以上的可实现的切分形式，如句子"羽毛球拍卖完了"可以分为"羽毛球｜拍卖完了"和"羽毛球拍｜卖完了"两种完全不同意思的句子。这些歧义对于计算机处理来讲是非常困难的。

新词识别也就是那些在分词词典中没有收录，但又确实能称为词的那些词。最典型的是人名，人可以很容易理解。句子"王军虎去广州了"中，"王军虎"是个词，因为是一个人的名字，但要是让计算机去识别就困难了。如果把"王军虎"作为一个词收录到字典中去，全世界有那么多名字，而且每时每刻都有新增的人名，收录这些人名本身就是一项既不划算又巨大的工程。即使这项工作可以完成，还是会存在问题。例如，在句子"王军虎头虎脑的"中，"王军虎"还能不能算词？除了人名以外，还有机构名、地名、产品名、商标名、简称、省略语等都是很难处理的问题，而且这些又正好是人们经常使用的词，因此对于搜索引擎来说，分词系统中的新词识别十分重要。新词识别准确率已经成为评价一个分词系统好坏的重要标志之一。

3）在索引数据库中搜索并将结果排序展示

当用户输入关键词之后，系统自动从索引库中找到符合该关键字词的索引，再找到和索引相关的所有网页，根据相关度进行排序，并将排序结果返回给用户。信息排序的依据有多种：有的是根据关键词在文档中出现的次数多少排序；有的是根据关键词在文档中出现的重要位置排序；有的采用分类技术，把查询结果分类，再对类别进行排序；还有的按照文件的大小、文件创建的时间排序；等等。总之，全文搜索引擎并不是将互联网上的信息直接展示给人们，而是把预先整理好的网页索引库中的数据经过排序后展示给人们。

4. 搜索技巧

1）精确搜索

精确搜索中最简单有效的方式是将关键词加双引号。关键词加上双引号后输入搜索框，结果会只反馈与关键词完全相符的搜索结果。

例如，我们将【信息检索】输入检索框中时，如果没有将关键词加上双引号的话，搜索引擎显示的结果会包含【信息检索】【信息】及【检索】三个关键词有关的信息，显然这些并没有达到我们的预期。但是如果我们在关键词上加上双引号后，搜索引擎就只会反馈包含【信息检索】的信息。

精确搜索通常可以排除常见但是相近度偏低的信息，提高检索效率，精确检索结果，节约时间。

2）排除关键词

精确搜索若没有检索到自己预期的结果，就需要对检索结果中包含特定关键词的信息进行排除，此时使用减号即可达到目的。

例如，我们在搜索框中输入【“信息检索”-图情】作为检索词时，所检索到的结果是不含【图情】字眼的【信息检索】条目。

3）用逻辑【OR】检索

通常情况下，搜索引擎会检索所有和输入的关键词相关的结果，但是若使用逻辑【OR】，我们就能检索到【OR】连接到两个关键词分别有关的结果，而不仅仅是与两个关键词同时相关的结果。使用逻辑【OR】检索能够在不确定哪个关键词对于搜索结果起关键作用时依然能够确保搜索结果的准确与全面。同时，它也能将同一个概念以不同词语出现的信息采集齐全。例如，元代大书法家赵孟頫，字子昂，其书法作品，或以其本名命名，或以其字命名，在搜索引擎中用【赵孟頫 OR 赵子昂】搜索，就能将有关信息“一网打尽”。

4）同义词搜索

在某些情况下我们可能对自己的检索需求并不十分明确，这时可以用同义词进行检索。同义词检索会让检索结果中包含与关键词意思相同的结果，以便于自己进一步明确检索需求，然后进行二次检索。

例如，我们在搜索框中输入【华师】，反馈所得到的结果中会包括【华东师范大学】和【华中师范大学】【华南师范大学】等相似条目。

5）站内搜索

互联网中的绝大部分网站自带的搜索功能都不完备，所以，我们通过百度等搜索引擎对某个网站的信息进行检索。例如，我们需要在豆瓣电影网上搜索某部电影的影评信息，只要在百度中输入【site：douban.com】加上关键词，百度就会将豆瓣网内和关键词相关的所有条目反馈出来，其中就有相关的影评信息。

6）利用星号

在进行信息检索时，我们可以用“*”代替关键词中的缺失部分，不管缺失的是多个词汇中的一个还是某个关键词的一部分都可以替代。通常情况下，我们想要检索一些不十分确定的信息时，在检索框中输入确定的词汇，用“*”填补不确定的部分。例如，在检索框中输入【信息*】，所反馈的结果将是所有包含信息组织、信息检索、信息生态、信息安全、信息服务及所有包含用【信息】开头的关键词的条目。

7）在网页标题、链接和主体中搜索关键词

当我们需要找出所有包含关键词的链接、网页标题、主页等信息时，我们要使用一些限定词。

inurl：检索包含关键词的 URL 链接。

intext：检索网页主体包含关键词的信息。

intitle：检索网页标题中包含关键词的信息。

例如，在搜索框中输入【intitle：漫威】就可以检索到与关键词【漫威】相关的所有网页标题。

8）搜索技巧的组合使用

在检索时，还可以对上述所有搜索技巧进行组合使用，以便根据自己的检索需求缩小或扩大检索范围。可能有些技巧使用频率并不高，但在精确搜索和站内搜索时，使用还是非常广泛的。

随着人工智能的发展，百度、Google、Bing 等搜索引擎对自然语言的检索越来越成熟，这些搜索技巧派上用场的情况或许会越来越少，这也正是所有搜索引擎追求的目标：能够直接对自然语言进行理解。不过，目前我们掌握这些搜索技巧采集信息，依然是很有必要的。

9.2.2　基于联机数据库途径

搜索引擎巨大的搜索功能使信息获取变得简单、容易。但是，搜索引擎搜索的范围毕竟有限，许许多多的网络信息资源并不能够采集到。美国 Jill Ellsworth 博士将那些传统的搜索引擎难以发现的网络信息资源称为“Deep web”。联机数据库就属于“Deep web”的范畴，是很多搜索引擎难以发现和采集的信息资源。联机数据库所包含的内容一般是专业性比较强的学术信息资源，联机数据库的数字资源大都是数字化的文献信息资源，它们大都经过专业加工整理，数据比较规范，内容详尽，涵盖面广，囊括了人类大部分知识领域。

其内容具有很高的参考与使用价值，是人们学习和科学研究重要的信息资源。而且它经过了规范化处理，能够实现复杂的检索。

联机数据库信息资源按照收录的文献类型，可以划分为电子期刊数据库、电子图书数据库、电子报纸数据库、学位论文数据库、会议论文数据库、文摘型数据库、专利数据库及专题数据库等。

联机数据库的检索主要包含五个步骤：课题分析、选择合适的数据库、检索式的编写、检索策略的调整、检索结果处理。课题分析就是根据信息的需求确定检索的主题。选择合适的数据库是指根据检索主题的数据类型、数据范围等需要，选择合适的数据库。检索式的编写是我们根据检索主题确定有效的检索词，并利用逻辑算符、位置算符、截词算符及限定字段组成检索式在数据库中检索。检索策略的调整是指在检索过程中，根据需要进行重新调整，采取更换检索词、调整表达式等措施。检索结果处理则是对检索结果进行排序、打印等。

下面简单介绍几个国内常用的联机数据库。

1. CNKI

国家知识基础设施（National Knowledge Infrastructure，NKI）的概念，由世界银行于 1998 年提出。CNKI 即中国知识基础设施工程（China National Knowledge Infrastructure）。CNKI 是以实现全社会知识资源传播共享与增值利用为目标的信息化建设项目，由清华大学、清华同方发起，始建于 1999 年 6 月，在党和国家领导及中华人民共和国教育部（简称教育部）、中国共产党中央委员会宣传部（简称中宣部）、中华人民共和国科学技术部（简称科技部）、新闻出版总署、国家版权局、国家发展计划委员会的大力支持下，在全国学术界、教育界、出版界、图书情报界等社会各界的密切配合和清华大学的直接领导下，经过多年努力，采用自主开发并具有国际领先水平的数字图书馆技术，建成了世界上全文信息量规模最大的“CNKI 数字图书馆”，并正式启动建设《中国知识资源总库》及 CNKI 网格资源共享平台，通过产业化运作，为全社会知识资源高效共享提供最丰富的知识信息资源和最有效的知识传播与数字化学习平台。

CNKI 的具体目标，一是大规模集成整合知识信息资源，整体提高资源的综合和增值利用价值；二是建设知识资源互联网传播扩散与增值服务平台，为全社会提供资源共享、数字化学习、知识创新信息化条件；三是建设知识资源的深度开发利用平台，为社会各方面提供知识管理与知识服务的信息化手段；四是为知识资源生产出版部门创造互联网出版发行的市场环境与商业机制，大力促进文化出版事业、产业的现代化建设与跨越式发展。例如，其中的“学术文献总库”，所收录的文献类型包括学术期刊、博士学位论文、优秀硕士学位论文、工具书、重要会议论文、年鉴、专著、报纸、专利、标准、科技成果、知识元、哈佛商业评论数据库、古籍等，还可与德国 Springer 公司期刊库等外文资源统一检索。

CNKI 提供了多样化的检索方式，包括一框式检索、高级检索、作者发文检索、句子检索等。

一框式检索提供主题、关键词、题名等多字段限定，整合文献、期刊、会议、报纸等多个数据库，可选择基础科学、农业科技、哲学与人文科学等多种文献分类。

高级检索可以限定检索的条件，通过逻辑运算符和检索词相结合进行检索。高级检索中，还提供了更多的组合条件，如来源、基金、作者及作者单位等。检索时，首先选择检索范围，如限定时间、选择期刊等，然后选择检索字段并输入检索词，选择检索词间正确的逻辑关系，最后单击检索按钮即可检索到相关的信息。

作者发文检索是由作者姓名、作者单位等信息入手，检索作者的全部文献信息及下载、被引情况。通过作者进行检索不但可以找到作者发表的文献，还可通过对结果分析深入了解作者的主要研究领域。

句子检索是通过用户输入的两个关键词，查找同时包含这两个关键词的句子。由于句子中包含了大量的事实信息，通过句子检索可以为用户提供有关事实的问题的答案。

2. Web of Science

Web of Science 数据库是美国汤姆森科技信息集团基于 Web 开发的产品，是大型综合性、多学科、核心期刊引文索引数据库，包括 SCI、SSCI、A&HCI 等三大引文数据库和 CCR、IC 两个化学信息事实型数据库，以及科学引文检索扩展版（SCIE）、科技会议文献引文索引和社会科学及人文科学会议文献引文索引等三个引文数据库，以 ISI Web of Knowledge 作为检索平台。

Web of Science 数据库中共包括 8000 多种世界范围内最有影响力的、经过同行专家评审的高质量的期刊，该数据库每周更新。其中，A&HCI 收录有世界一流人文科学刊物 1140 多种，数据回溯到 1970 年；SSCI 收录有世界一流社会科学刊物 1700 多种，数据回溯到 1970 年；SCIE 收录世界一流科技期刊 5600 种，比印刷版和光盘版多 2000 种左右，数据回溯到 1970 年。

此外，Web of Science 还包括三种专科引文索引，即《生物科学引文索引》、《化学引文索引》和《临床医学引文索引》。其中，《生物科学引文索引》共有生命科学期刊 930 多种，尤其强调分子科学和细胞科学；《化学引文索引》共包括 630 多种化学、生物化学、药学和毒理学方面的期刊；《临床医学引文索引》共包括临床医学研究期刊 2000 多种。这些学科数据库既可以独立使用，也可以综合起来进行检索。

Web of Science 提供基本检索、被引参考文献检索、高级检索等三种检索入口。其中，基本检索、高级检索是检索系统中使用最多的两个检索功能，被引参考文献检索专门用于检索某篇文章或某个人的作品被引用的情况。当选中了 Web of Science Core Collection 数据库，单击主界面中检索入口中的“+”，就可以看见 Author Search、Structure Search 这两种检索入口，选择进入就可检索到有关信息。Web of Science 数据库还提供了 All years（1950-2018）、Last 5 years、Year to date、Last 4weeks、Last 2weeks、Current week、Custom year range 一共 7 种时间跨度限定。

基本检索可以进行多种限定，如时间限定、字段限定等。支持多个字段同时检索，使用 Adding a new field 即可实现。提供了 10 种搜索字段，分别是主题、标题、作者、作者标识符、团体作者、编辑、出版物名称、DOI、出版年份、地址。数据库默认的是主题字段。可以运用各种各样的运算符。添加新字段也将第二字段设置为 AND 运算符或.NOT 运算符。可以将 AND 运算符更改为“OR”或“NOT”。

作者发文检索通过作者姓名、单位等信息，查找作者发表的全部文献及被引、下载情况。通过作者发文检索不仅能找到某一作者发表的文献，还可以通过对结果的分组筛选情况，全方位地了解作者主要研究领域。

被引参考文献检索一般适用于检索一篇文献或一个课题的发展情况，并了解和掌握其研究思路。可检字段共有 8 个：被引作者（Cited Author），被引著作（Cited Work），被引 DOI（Cited DOI），被引年份［Cited Year(s)］，被引卷（Cited Volume*），被引期（Cited Period*），被引页（Cited Page*），被引标题（Cited Title*）。

高级检索可检字段比基本检索更多，在高级检索界面检索框旁边还提供了字段标识参照表。它更适用于有检索经验的用户用直接构造检索式完成检索。其中的组合检索还可以对检索结果运用 AND 与 OR 进行再一次检索。

作者检索提供作者姓名、研究领域、机构三个检索字段。作者姓名为必填项，接着可选择研究领域范围，最后才能选择研究机构。可以添加作者姓名的不同拼写形式进行检索。机构按照字顺排列，单击字母可以跳转至对应首字母开头的位置，也可以鼠标拖动。作者姓名里面包含的“-”“.”都可以输入，得到的结果更准确。

3. Dialog

Dialog 目前是世界上功能最强大、系统最成熟、检索完善度最高的联机检索系统，它是最先出现的网络联机检索系统，应用非常广泛。从 20 世纪 50 年代开始，随着对数据的需求不断增加，提高数据利用效率越来越受到人们关注，通过计算机来储存和检索数据逐渐得到人们的共识。起初，由于计算机技术限制，计算机处理和储存数据能力较弱，主要通过磁带来储存，之后根据实际需求，用脱机批量处理来检索数据。1966 年，一个隶属于美国洛克希德导弹和宇航公司的情报科学实验室，开发出了一套通过人机交互检索情报的软件，就是 Dialog 最初的版本。通过这套检索系统，可以用电话线，对存储在计算机中的数据库进行交互式检索，检索效率有了质的提升。1972 年，Dialog 开始面向社会提供商业服务，从此成为在互联网出现之前第一款提供全球联机检索的商业化系统。后来美国政府的各个部门开始使用这套系统，效果非常好。到了 1981 年，由于 Dialog 提供的商业服务效果显著，专门成立了 Dialog 公司，作为洛克希德导弹和宇航公司的子公司，开始了专门的业务经营。Dialog 拥有 600 多个数据库，每天能处理 3 万多次搜索，提供数百万数据浏览，通过它可检索的内容包括实时新闻，报纸、广播、商业杂志中的文章和报告，市场研究报告和投资分析报告，科学、技术数据，专利、商标和其他知识产权数据等。同时 Dialog 的数据库大多持续更新，以提供最新的信息服务。

利用 Dialog 必须先申请登录账号，交一定费用，然后每年还需缴纳年费和数据库的使用费，所以对于个人使用来说费用还是比较高的，因此 Dialog 通常情况下都是单位购买。现在，可以通过 Internet 的远程登录（Telnet）功能或者直接通过访问网页的方式使用 Dialog，十分便捷。

输入网址 http://www.dialog.com 可以访问 Dialog 主页，可以看到为用户提供有关 Dialog 的全面综合的帮助信息，如公司介绍、最新产品信息与数据库更新、所有产品介绍、技术支持、常见问题解答、世界各地的培训等。还可以下载各个数据库的详细介绍、数据库价格表、培训教材及一些相关应用软件，了解到 Dialog 的最新情况。

9.2.3 基于信息门户途径

英国联合信息系统委员会（Joint Information Systems Committee，JISC）认为“门户（gateway）是通过统一检索、数据收割、推送服务等技术手段，将分布在不同信息源的内容整合在一起集中提供给用户的网络服务”。我们一般认为，信息门户是某一组织、企业将某领域内的信息资源有效地组织整合在一个统一的平台上，集中提供给用户的服务。

常见的信息门户主要有企业信息门户、政府信息门户、学科信息门户、行业信息门户和综合信息门户。企业信息门户是将企业的所有应用和数据集成到一个信息管理平台之上，并以统一的用户界面提供给用户，使企业可以快速地建立企业对企业和企业对内部员工的信息门户。企业信息门户是企业信息内容的展示平台，提供企业产品、组织结构、经营策略、发展方向等信息内容。目前，一些大中型企业如钢铁类企业都建立有自己的企业信息门户，介绍自己的产品和公司相关的信息。政府信息门户是政府信息服务的指南，提供政府服务的内容、范围、服务流程、相关的政策、法规等内容。我国各级政府均建有政府网站，信息公开与信息服务占的比例越来越大，内容丰富、信息量大，与民生息息相关。学科信息门户又称主题网关，是针对特定学科或主题领域，按照一定的资源选择和评价标准、规范的资源描述和组织体系，对具有一定学术价值的网络资源进行搜集、选择、描述和组织，并提供浏览、检索、导航等增值服务的专门性信息网站。目前，我国影响较大的是国家科学数字图书馆（Chinese Science Digital Library，CSDL）学科信息门户和中国高等教育文献保障系统（China Academic Library & Information System，CALIS）重点学科网络资源导航门户。行业信息门户是将行业内相关的信息整合在一起，提供统一的信息展示平台，反映行业的发展动态。综合信息门户则提供覆盖面广、类别较齐全的信息内容。目前，新浪、搜狐是我国著名的综合信息门户，提供新闻、娱乐、体育、科技、军事等各方面的信息。

信息门户资源充沛，内容丰富。以 CSDL 学科信息门户为例，它是中国科学院知识创新工程重大建设项目之一，于 2001 年 12 月正式启动。CSDL 从开放数字信息服务机制出发，建立多个分布的学科信息门户网站，提供权威和可靠的学科信息导航，整合学科信息资源与服务系统。CSDL 学科信息门户按学科大类组建，目前已建成并投入使用的学科信息门户有数学学科、化学学科、生命科学等 10 个学科。其中，化学门户以“突出重点、兼顾覆盖面”为策略，首先系统索引各个学科分支/某种资源类型的小型导航系统，以及其他的化学综合性资源导航系统，并选取各个学科分支/某种资源类型的一批重要资源作为收集对象，通过“重点资源”加“学科分支导航/某种资源类型导航”的结合，索引资源总数达到 10942 个。重点资源是以美国化学排名前几十位的学校、国家实验室、政府实验室，英国 4 级和 5 级的化学系、国家实验室等对象的资料作为组织对象，资料权威性强，内容参考和使用价值比较大。

通过信息门户采集信息，前提是需要选择一个好的信息门户。信息门户的选择，考虑的因素有以下几方面。

1. 目标用户群

每一个信息门户都有其确定的服务对象，如学科信息门户的对象主要为科研人员、大学生、研究生、博士生等。不同的服务对象有不同的信息需求，在选择资源时就应该具有针对性。用户群的划分并不等同于学科的划分，不同的用户群由于其学习、研究范畴的不同，对同一学科领域的信息资源也会有不同的需求。

2. 收录范围

一个好的信息门户所指引的有关资源应尽可能地涵盖本领域的重要资源。信息门户资源覆盖范围，不必非要做到大而全，而要根据门户所服务的目标、用户的需求及该领域资料的特色来权衡。还需要考虑收录网络资源相关信息的详细程度，即信息资源的深度问题。有些信息门户对其收录的网络资源仅提供资源名、网址、内容描述、关键词、资源类型等简单信息，而有些信息门户提供的信息则十分详尽，甚至包含了大量直接使用的信息。其揭示内容除上述几项外，还提供分类、主题、语种、国别、来源、关联关系、资源类型等相关信息。一般来说，信息门户提供的信息越详细，就越有助于用户判断该资源的重要性。而信息收录范畴的专、深、全、精，则是衡量信息门户是否优秀的标准。

3. 资源质量

信息门户以提供质量受控的信息为特征，资源质量的选择是评价和反映门户水平的重要指标。例如，化学学科信息门户（The Chemical Information Network，CHIN）在资源的选择上，以“有效性、准确性、权威性”作为其资源选择的标准。CHIN 索引的每一条资源都必须首先经过访问验证，并且选择美国化学会（American Chemical Society，ACS）、英国皇家化学学会（Royal Society of Chemistry，RSC）、国际纯粹与应用化学联盟（International Union of Pure and Applied Chemistry，IUPAC），以及化学分支学科的国际专业组织等权威性组织的资料作为信息资源。目前，资源质量的把握主要从资源的来源、资源的专业评估效果、资源内容的原创性、资源的时效性、更新频率等考核指标对信息门户网站的资源质量进行评价和选择。

4. 资源类型

信息门户是一个涉及学科或某专业领域的信息资源中心，应该收录该学科或某专业领域各种类型的有价值的网络信息资源。因此，其资源因包含一些传统类型的如文本、图表等文献信息资源，还要收录音频、视频等多媒体资源和一些特有的新兴信息资源。资源类型的多样化可以从多种角度揭示学科或专业领域的情况，为用户提供多样化的选择，使用户能选择更符合自身需要的资源类型。

5. 内容及功能更新频度

一般来说，好的信息门户网站都有专门的工作人员不断收集或标引新的网络资源，以便研究者及时了解和跟踪新的学术研究热点和研究前沿。网站的功能会不断适时调整，以适应信息需求者浏览和采集的需要。而较差的信息门户网站，网络信息资源内容往往较陈旧，没有按时更新，服务功能单一且长时间无变化。由此可见，信息门户网站类信息资源及服务功能更新的频度，是衡量信息门户优劣的重要尺度。

获取信息门户常用的途径主要有三个。一是利用网络书签、收藏夹。通过网络书签或者浏览器收藏夹，对信息门户进行收藏和整理，以备随时利用。二是通过专业的分类网站获取。有些专业的分类网站或者专业的信息网站，提供信息门户的链接，我们可以由此来获取信息门户。三是咨询专业信息服务机构或有关专家。有些信息门户涉及领域范围比较窄，或者专业程度比较高，社会知名度较小，需要咨询专业信息服务机构或有关专家，以获取相关的信息。

对信息门户实施信息采集时，要注意充分利用信息门户提供的各项信息服务功能，包括主动推送服务如 RSS 服务、邮件服务、短信服务等。这些服务方式都能提供及时的更新信息。

9.2.4　基于大数据途径

大数据网络信息采集就是基于确定的目标，对目标范围内的结构化、半结构化和非结构化的网络数据信息进行采集。然后对采集的网络数据信息进行分析、处理和挖掘，找出有价值的信息。在通过大数据对网络信息进行采集的过程中，其面临的主要问题就是大量用户在同一时间内集中访问引起的高并发数。例如，12306 网站春运最高峰时，日访问量达 297 亿次，服务器瞬间被挤爆。在大数据概念出现之前，计算机处理数据时需要在前期对数据进行结构化处理，然后存储到数据库中。大数据技术的出现，对于数据的结构化要求就没有以前高了，人们在网络上留下的社交、地理位置、行为偏好等信息都可以通过大数据进行处理。

大数据的数据来源主要有三个，分别是商业数据、互联网数据及物联网数据。一般情况下，商业数据通过企业的 ERP 系统、POS 终端还有网上支付等业务系统产生；互联网数据通过 QQ、微信、微博等社交媒体产生；物联网数据通过射频识别装置、GPS、传感器设备、视频监控设备等产生。

1. 商业数据

商业数据是数据最主要的产生渠道。沃尔玛是全球最大的零售商，它每小时产生的各类数据达 2.5PB，包括消费者的购买清单、消费数额、购买日期和时间、天气和气温，通过大数据对消费者购物行为进行分析，可以发现商品之间的关联，优化商品陈列。沃尔玛不仅记录本身的商业数据，还收集社交网络数据。用户在 Facebook 和 Twitter 讨论一些产品或者表达喜好时，这些社交数据都会被沃尔玛采集下来并进行分析利用。亚马逊公司拥有全世界零售业最先进的智能仓库，通过对数据的采集、整理和分析，可以优化产品结构，开展精确营销和快速发货。另外，亚马逊公司的 Kindle 电子书城中积累了上千万本图书的数据，并完整记录着读者对图书的标记和笔记，若加以分析，亚马逊公司能从中得到哪类读者对哪些内容感兴趣，从而能给读者作出准确的图书推荐。

2. 互联网数据

互联网数据指的是网络之间交互过程中产生的数据，其数据结构化程度低，类型复杂难以利用。例如，社交网络数据中大多是用户的当前状态信息，同时还包含用户年龄、性别、所在地、教育、职业和兴趣等数据。网络信息数据采集还要考虑采集范围和采集类型。采集范围包括微博、论坛、博客、新闻网、电商网站、分类网站等；而采集类型包括文本、数据、URL、图片、视频、音频等。互联网数据具有以下特点。

（1）海量化。在大数据背景下，互联网中的数据迅猛增长，数据规模从开始以吉字节（GB）为单位到如今已经是拍字节（PB）乃至艾字节（EB）量级，并且在如此海量的基数下互联网数据的增长速度依然保持强劲。

（2）多样化。互联网数据包含结构化数据、半结构化数据和非结构化数据多种类型。其中非结构化数据增长迅猛，据调查统计，非结构化数据占网络数据总量的 77%左右，互联网中非结构化数据的大量产生与社交网络及物联网技术的发展有直接联系。

（3）快速化。互联网数据一般情况下以数据流形式快速产生，且具有动态变化的特征，其时效性要求是，用户必须准确掌握互联网数据流，才能更好地利用这些数据。

3. 物联网数据

物联网是指在计算机互联网的基础上，利用射频识别装置、传感器、红外感应器、无线数据通信等技术，构造一个覆盖世界上万事万物实现物物相连的互联网络。其内涵包含两方面：一是物联网的核心和基础仍是互联网，是在互联网基础之上延伸和扩展的一种网络；二是其用户端延伸和扩展到了任何物品与物品之间进行信息交换和通信。物联网数据是除了人和服务器外，在射频识别装置、物品、设备、传感器等结点产生的大量数据，包括射频识别装置、音频采集器、视频采集器、传感器、全球定位设备、办公设备、家用设备和生产设备等产生的数据。物联网数据的特点主要包括以下几点。

1）物联网中的数据量更大

物联网的最主要特征之一是结点的海量性，其数量规模远大于互联网；结点的数据生成频率也远高于互联网。例如，传感器结点多数处于全时工作状态，数据流是持续的。

2）物联网中的数据传输速率更高

物联网与真实物理世界是直接关联的，很多情况下需要实时访问、控制相应的结点和设备，因此需要高数据传输速率来支持。

3）物联网中的数据更加多样化

物联网涉及的应用范围广泛，包括智慧城市、智慧交通、智慧物流、商品溯源、智能家居、智慧医疗、安防监控等。在不同领域、不同行业，需要面对不同类型、不同格式的应用数据，因此物联网中数据多样性更为突出。

4）物联网对数据真实性的要求更高

物联网是真实物理世界与虚拟信息世界的结合，其对数据的处理，以及基于此进行的决策将直接影响物理世界，物联网中数据的真实性显得尤为重要。以智能安防应用为例，智能安防行业已从大面积监控布点转变为注重视频智能预警、分析和实战，利用大数据技术从海量的视频数据中进行规律预测、情境分析、串并侦查、时空分析等。在智能安防领域，数据的产生、存储和处理是解决智能安防方案的基础，只有采集足够有价值的安防信息，通过大数据分析及综合研判模型，才能制定智能安防决策。所以，在信息社会中，几乎所有行业的发展都离不开大数据的支持。

大数据采集技术是信息科学中不可或缺的组成部分，已经广泛应用于我们国民经济和国家国防建设中的方方面面，并且伴随着现代社会科学技术的不断发展，特别是计算机科学技术的发展普及。大数据的采集技术是大数据处理的关键环节。很多互联网企业都有自己的海量数据采集工具，多用于系统日志采集，如 Hadoop 的 Chukwa、Cloudera 的 Flume、Facebook 的 Scribe 等。这些系统采用分布式架构，能满足每秒数百兆字节的日志数据采集和传输需求。例如，Scribe 是 Facebook 开源的日志收集系统，能够从各种日志源上收集日志，存储到一个中央存储系统上，以便于进行集中统计分析处理。它为日志的“分布式收集，统一处理”提供了一个可扩展的、高容错的方案。

9.2.5　基于社交网络服务途径

社交网络服务（social networking services，SNS）即社会性网络服务，专指旨在帮助人们建立社会性交往网络的互联网应用服务。在网络内通过人际互动实现信息交流。SNS 发展的依据是“六度分隔理论”（six degree of separation）。六度分隔理论是 20 世纪 60 年代由美国的心理学家米格兰姆（Milgram）提出的，这个理论可以通俗地阐述为：你和任何一个陌生人之间所间隔的人不会超过六个，也就是说，最多通过六个人你就能够认识一个陌生人。SNS 就是通过利用这种人与人之间的关系构建虚拟社交网络，通过虚拟社交网络来实现参与者之间信息的交流。SNS 在 2003 年兴起于美国，而后迅速在全世界流行。2006 年以来，SNS 得到广泛的应用，如世界上著名的 MySpace、Friendster、Facebook、Mixi、人人网、开心网、微信等。

2007 年，密歇根州立大学通信、信息和媒介学院教授 Ellison 和 Boyd 在《社会网络站点的定义、历史和学问》一文中，将 SNS 定义为基于网页的服务。它允许个人在一个有界限的系统中建立公开或半公开的个人页面，可以和有着共同联系的人保持联系，能够互相浏览对方的社会网络链接，并且这些链接能够从一个站点转移到另一个站点。我们认为，社交网络实质上是一个虚拟的人际网络，其提供的是人与人在虚拟环境下交流认识的场所。SNS 以个人作为网络结点，与其他联系人形成网状链接，起到了联系纽带的作用。

社交网络的信息交流特点是以用户为中心，通过虚拟的人际关系来传播信息。其中，用户的意识及行为成为 SNS 关注的焦点。社交网络与论坛不同。论坛是以主题为中心，通过共同的兴趣话题作为传播的对象。社交网络与博客不同，博客实质上是用户网络日志。传统的博客所提供的网络服务，主要是以内容为维度，通过展示内容进而展示用户。

社交网络的信息较为零碎，大多以情感体会、社会生活经验之类的信息为多。社交网络以模仿现实中人与人的活动为主要方式，以群组、团体等形式组织参与用户，并通过参与用户实现群组内或团体内信息自由的流动。其信息传递已经从一对一的信息门户时代转向了多对多的自由信息交换时代。参与的每个用户都拥有自由的话语权，能够实现信息的自由发布与流通。

基于社交网络的信息采集主要可以从以下四方面展开。

1）选择合适的小组

注重组内成员的道德素质和知识素质，最好能了解主要成员的结构与知识水平并参与其中。只有在具有“共同语言”的小组，才能“惺惺相惜”，才能找到知音，才能更好地采集有关信息。

2）发布主题信息，引导“舆论”

积极将组内成员导向自己信息采集的主题，引导其畅所欲言，各自将自己所掌握的知识信息无保留地贡献出来，这是信息采集者的高明之处。

3）利用社交网络的人际关系

可以通过查阅、关注、沟通等行为，结交朋友，尤其是知识持有量多、知识面广、具有某方面精深知识的朋友，利用社交网络的特点，请求帮助，实现信息采集的跨越。

4）充分利用社交网络分析方法

利用社交网络分析方法，对相关信息进行分析、求证，力求采集到准确而实用的信息。

常见的国外社交网络主要有 Facebook、MySpace、LinkedIn、Xing、Video 等。国内以微信为主的社交网络服务发展很快，占据最大的份额并仍在不断发展，新浪微博、腾讯微博、人民网微博等也占有一定的份额。

9.2.6　基于博客、社区途径

博客是一个大众化的网络平台。任何人都可以将个人的观点、知识、见闻等按时间顺序张贴出来，公之于众，以共享方式提供给他人浏览。博客是以人为中心，所张贴的内容往往集中在个人思想、知识、生活领域，许多涉及工作、生活、学习、研究、经历等内容。其内容是“自我呈现”，是第一手的资料，是关于人物信息重要的采集对象。而知识界，尤其是一些学者、专家的博客，则有相当部分内容具有重要的学术含量，在采集学术性信息时，也不可忽略。因为有些学术观点和见解、学术研究成果是没有公开发表的。

论坛又称为 BBS，与博客相反，它是以主题为对象，将相关主题的内容集中起来，实现人与人之间信息的交流。论坛站点中积存了丰富的信息资源，不但有各类技术信息、学术信息和社会热点信息，还包含着用户的判断和评论。论坛站点已成为 Web 信息库的重要组成部分。论坛也成为人们交流观点、发布信息的主要场所，无疑也是信息采集的重要对象之一。

博客所载的信息一般来讲具有多样性，其信息的主题性比较分散。论坛版块的内容比较集中，领域范围比较专业或专门。在利用博客进行信息采集时，需要选择博主。利用论坛采集信息时则需要选择专业性或影响力比较大的论坛。一些搜索引擎如 Google 等提供博客和论坛搜索，我们在采集博客信息、论坛信息时，可以先考虑使用搜索引擎了解有关博客和论坛的大致情况，然后再进行信息采集。

9.3　网络信息采集相关技术

9.3.1　网页采集技术

网页采集技术主要包含两方面的内容，一是网络爬虫技术，是搜索引擎的核心技术，其利用网络爬虫实现网页信息的采集；二是搜索排序算法，是将采集到的网页按照一定的排序算法进行重要性排序，供用户优先选择。

1. 网络爬虫

网络爬虫又称网络机器人，是按一定规则自动抓取网络信息资源的程序或者代码。搜索引擎中，网络爬虫承担着从网络上采集网页信息的功能。它利用网页链接实现从一个网页的信息采集到另一网页的信息采集。网络爬虫的基本设计原理是利用给定的一个或多个网址来获得更多的URL，通过这些URL下载网络资源，再对其进行链接分析，找到其中包含的其他URL，依此类推，直到满足设定的条件为止。

网络爬虫程序有四个队列：等待处理队列、正在处理队列、无效链接队列、完成队列。等待处理队列存放的是等待被网络爬虫程序处理的URL；正在处理队列存放的是正被网络爬虫处理的一个URL；无效链接队列存放的是在网络爬虫访问过程中无效的URL；完成队列存放的是被网络爬虫程序处理的URL。其采集信息的过程是：网络爬虫得到一个给定的URL放入等待处理队列，将该URL从等待处理队列中提出来放入正在处理队列，建立超文本传送协议（hypertext transfer protocol，HTTP）通信连接，发送HTTP请求，得到响应后保存该页面。然后，将该请求获得的页面利用分词技术进行链接分析，提取该页面所包含的URL，并检查是否被处理过，没有则将该URL放入等待处理队列。处理完毕的URL放入完成队列。处理过程中发现无法访问的URL则放入无效链接队列。再从等待处理队列中提出一个URL，重复该过程，直至满足一定的停止条件结束爬虫工作。

网络爬虫有两种爬行策略，广度优先与深度优先。广度优先是指网络爬虫会先对一个页面上所有的链接进行处理，然后才继续处理这个页面所指的下一层页面，直到形成回路或者遍历完成时终止，这是最常用的方式。其优点是收敛速度快，能够抓取较多的网页。但是它对于大型网站不能深入抓取。深度优先是指网络爬虫会从页面的一个链接、一个链接跟踪下去，处理完这条线路之后再转入下一个页面，继续跟踪链接。这个方法的优点是能够更深入地采集到网站的信息，缺点是容易使爬虫发生陷入“信息泥淖”而出不来的情况。

网络爬虫按照系统结构和实现技术可分为通用网络爬虫、聚焦网络爬虫、增量式网络爬虫、深层网络爬虫四种类型。

1）通用网络爬虫

通用网络爬虫的爬行对象可以从一些种子URL扩充到整个Web，主要为搜索引擎、大型网络服务提供商采集数据。这类网络爬虫的爬行范围和爬取的数量巨大，对速度与存储的空间要求非常高，但对爬取页面的顺序要求较低。同时，因为待刷新页面多，常常采用并行工作方式，需比较长的时间才刷新页面。通用网络爬虫适用于为搜索引擎采集广泛主题，应用价值很强。

通用网络爬虫的结构可分为爬行模块、分析模块、链接过滤模块、数据库、URL队列、初始URL集合几个部分。为了提高采集效率，通用网络爬虫会采取特定的策略，常用的有深度优先策略和广度优先策略。

深度优先策略的基本方法是按深度由浅入深，依次访问次级网页链接，一直到无法再继续深入为止。爬虫完成一个爬行分支后再返回到上一节点，再重复进行依次访问该节点的次级链接。所有的网页链接遍历结束后，爬行任务终止。深度优先策略适合垂直搜索或站内搜索，但是如果遇到爬行的站点页面层级较多时会造成硬件和网络资源的浪费。

广度优先策略是按照网页目录层次的深浅来爬行页面，首先爬取处于较浅目录层次的页面，同一层中的页面爬完后，再深入下一层级爬行。广度优先策略能有效控制爬行深度，可以避免当遇到无穷深层分支时无法结束的问题，并且该策略实现方便，无须存储大量的中间节点，不足之处在于需较长时间才能爬行到目录层次较深的页面。

2）聚焦网络爬虫

聚焦网络爬虫又称主题网络爬虫，指有选择性地去爬行那些与预先设定的主题有关的页面的爬虫。相比通用网络爬虫，聚焦网络爬虫只需要爬行和主题相关的页面，能极大地节省硬件和网络资源，保存的页面数量也少，可以更快地更新，还能很好满足用户对特定领域的信息需求。

聚焦网络爬虫增加了链接评价和内容评价模块，聚焦网络爬虫爬行策略实现的关键是对页面内容评价和链接重要性评价，不同的方法计算出的重要性不同，由此导致链接的访问顺序也不同。通常有以下四种策略。

（1）基于内容评价。De Bra 和 Post 提出了 Fish-Search 算法，将文本相似度的计算方法引入网络爬虫中，它将输入的查询词作为主题，包含查询词的页面被视为与主题相关页面，但该算法无法评价页面与主题相关度的高低。因此，Herseovic 改进了 Fish-Search 算法，利用空间向量模型计算页面与主题的相关度大小，也就是 Shark-Search 算法，通过它可以对爬取内容进行评价。

（2）基于链接结构评价。网站页面是一种半结构化文档，其中包含很多结构化信息用来评价链接的重要性。典型的 PageRank 算法最初是用来对搜索引擎中反馈结果进行排序，该算法同样可用来评价链接的重要性，具体做法就是利用该算法计算页面中的链接，每次选择 PageRank 值较大页面中的链接来访问。另一种是 HITS（hyperlink induced topic search）算法，就是利用 Web 结构评价链接的价值，通过计算每个已访问页面的 Authority 权重和 Hub 权重，以此决定链接的访问顺序。

（3）基于增强学习评价。增强学习是 Rennie 和 McCallum 引入聚焦网络爬虫的，通过贝叶斯分类器，对整个网页文本和链接文本进行分类，计算出每个超链接的重要性，从而决定访问顺序。

（4）基于语境图。它是一种通过建立语境图来学习页面之间的相关度，并训练机器学习系统，由该系统便能计算当前页面与相关页面之间的距离，距离越近的页面中的链接越优先访问。印度理工大学和 IBM 研究中心的研究人员开发了一个典型的聚焦网络爬虫，它定义的主题既不是采用关键词也不是加权矢量，而是一组具有相同主题的网页。它有两个重要模块：一个是分类器，用来计算所爬行的页面与主题的相关度，确定是否与主题相关；另一个是净化器，用来识别通过较少链接连接到大量相关页面的中心页面。

3）增量式网络爬虫

增量式网络爬虫是指对已下载网页采取增量式更新和只爬行新产生的或者已经发生变化网页的爬虫，它能够在一定程度上保证所爬行的页面是尽可能新的页面。与周期性网络爬行和刷新页面的网络爬虫相比，增量式网络爬虫只会在需要的时候爬行新产生或发生更新的页面，并不重新下载没有发生变化的页面，可有效减少数据的下载量，及时更新已爬行的网页，减小时间和空间上的耗费，但是增加了爬行算法的复杂度和实现难度。增量式网络爬虫的体系结构包含爬行模块、排序模块、更新模块、本地页面集、待爬行 URL 集及本地页面 URL 集。

增量式网络爬虫以保持集中存储的页面最新和提高页面质量为主要目标。为了保持页面最新，增量式网络爬虫会不断重新访问网页，更新本地存储页面的内容。通常采用统一更新法、个体更新法及分类更新法。统一更新法是指网络爬虫用相同的频率访问所有页面，不考虑网页更新频率。个体更新法是指网络爬虫根据单个网页的更新频率来重新访问每个页面。分类更新法是网络爬虫根据网页更新频率，分为更新较快和较慢网页两类，然后分别用不同的频率访问这两类网页。而提高页面质量的增量式网络爬虫需要对网页的重要性排序，像 IBM 的 Web Fountain 增量式网络爬虫是采用一个优化模型来控制整个爬行过程，它没有对页面变化过程做任何统计假设，而是通过前爬行周期中的爬行结果和网页实际更新的速度对页面更新频率进行自适应调整，从而提高页面质量。而北京大学开发的天网增量爬行系统是将网页分为动态更新网页和新网页两类，对应使用不同的爬行策略。为缓解对大量网页变化历史维护导致的性能瓶颈，它根据网页变化时间的局部性规律，在短时期内直接爬行多次变化的网页，为尽快获取新网页，它利用索引型网页来跟踪新出现的网页。

4）*深层网络爬虫*

Web 页面按存在方式可以分为表层网页和深层网页。表层网页是指传统搜索引擎可以索引的页面，由以超链接可以到达的静态网页为主构成。深层网页是那些大部分内容不能通过静态链接获取的、隐藏在搜索表单后的，只有用户提交一些关键词才能获得的 Web 页面。例如，那些用户注册后内容才可见的网页就属于深层网页。深层网页中可访问的信息容量是表层网页的几百倍，是互联网上最大、发展最快的新型信息资源。

深层网络爬虫结构中包含 5 个基本功能模块（爬行控制器、解析器、表单分析器、表单处理器、响应分析器、LVS 控制器）和两个爬虫内部数据结构（URL 列表和 LVS 表）。其中 LVS 表示标签/数值集合，用来表示填充表单的数据源。

深层网络爬虫爬行过程中最重要部分就是表单填写，包含两种类型。

（1）基于领域知识的表单填写。此方法一般会维持一个本体库，通过语义分析来选取合适的关键词填写表单。Lu 等提出一种获取 Form 表单信息的多注解方法，将数据表单按语义分配到各个组中，对每组从多方面注解，结合各种注解结果来预测一个最终的注解标签；郑冬冬等利用一个预定义的领域本体知识库来识别深层页面内容，同时利用一些来自 Web 站点的导航模式来识别自动填写表单时所需进行的路径导航。

（2）基于网页结构分析的表单填写。此方法一般无领域知识或仅有有限的领域知识，将网页表单表示成 DOM 树，从中提取表单各字段值。有一种 LEHW 方法可以将 HTML 网页表示为 DOM 树形式，将表单区分为单属性表单和多属性表单，分别进行处理；孙彬等提出一种基于 XQuery 的搜索系统，它能够模拟表单和特殊页面标记切换，把网页关键字切换信息描述为三元组单元，按照一定的规则排除无效表单，将 Web 文档构造成 DOM 树，利用 XQuery 将文字属性映射到表单字段。

Raghavan 等提出的 HIWE 系统中，爬行管理器负责管理整个爬行过程，分析下载的页面将包含表单的页面提交给表单处理器处理。表单处理器先从页面中提取表单，从预先准备好的数据集中选择数据自动填充并提交表单，由爬行控制器下载相应的结果页面。

2. 搜索排序算法

在根据用户需求反馈给用户所采集到的页面时，有必要对页面的重要性进行排序，从而使用户首先看到最重要的网页。页面的排序主要是根据链接的情况来决定的。在这里仅介绍影响比较重要的两种算法。

1）PageRank

PageRank 是由 Google 创始人 Larry Page 及 Sergey Brin 于 20 世纪 90 年代中期就读美国斯坦福大学时发明的，并且由斯坦福大学申请专利。PageRank 算法是 Google 搜索引擎的核心排序算法，是 Google 成为全球最成功的搜索引擎的重要因素之一，同时开启了链接分析研究的热潮。PageRank 的基本原理是，当网页 A 链接到网页 B，网页 A 就等于投票给网页 B，网页 A 的重要性越高，则它投给网页 B 的票数就越多，通过统计这些票数来判断网页的重要性。其主要算法如下。

PR(A)为页面 A 的网页级别：

$$\mathrm{PR}(\mathrm{A})=\frac{(1-d)}{N}+d\sum\left[\frac{\mathrm{PR}(T_i)}{C(T_i)}+\cdots+\frac{\mathrm{PR}(T_n)}{C(T_n)}\right]$$

式中：$\mathrm{PR}(T_i)$为页面 T_i 的网页级别，页面 T_i 链向页面 A；$C(T_i)$为页面 T_i 链出的链接数量；d 为阻尼系数，取值在 0～1，常指定为 0.85；N 为互联网上所有网页的数量。

2）HITS 算法

HITS 算法是 Kleinberg 在 1998 年提出的，是基于超链接分析排序算法中另一个最著名的算法之一。该算法按照超链接的方向，将网页分成两种类型的页面：Authority 页面和 Hub 页面。Authority 页面又称权威页面，是指与某个查询关键词和组合最相近的页面；Hub 页面又称目录页面，该页面的内容主要是大量指向 Authority 页面的链接，它的主要功能就是把这些 Authority 页面联合在一起。例如，对于 Authority 页面 P，当指向 P 的 Hub 页面越多时，质量越高，P 的 Authority 值就越大；而对于 Hub 页面 H，当 H 指向的 Authority 的页面越多，Authority 页面质量越高，H 的 Hub 值就越大。对整个 Web 集合而言，Authority 和 Hub 是相互依赖、相互促进，相互加强的关系。Authority 和 Hub 之间相互优化的关系，是 HITS 算法的基础。

HITS 算法的基本思想是：算法根据一个网页的入度（指向此网页的超链接）和出度（从此网页指向别的网页）来衡量网页的重要性。在限定范围之后，根据网页的出度和入度建立一个矩阵，通过矩阵的迭代运算和定义收敛的阈值不断对两个向量 Authority 和 Hub 进行更新，直至收敛。

目前，搜索排序算法研究比较热，算法发展较快。还有很多其他的算法如微软亚洲研究院提出的 Browse Rank 算法，以用户体验作为算法的基石也值得我们关注。

9.3.2 信息检索技术

信息检索的实质是将用户所需信息的提问特征，与信息集合中的检索标识进行比较，从中找出与提问特征一致或基本一致的信息。信息检索中，制定科学、合理的检索表达式是信息检索过程中的重要内容。构造检索表达式的主要因素有检索词、布尔逻辑检索、位置逻辑检索、截词检索和限定检索。

1. 检索词的选择

搜索引擎毕竟只是一个程序，它需要根据人们指定的字词，才能搜索网络上匹配的网页。因此，合适的检索词对于信息检索来讲是非常重要的。一般用专业性的术语，尽量简明扼要地描述要查找的内容，越准确越好。也可以使用最可能出现在要查找网页上的字词作为检索词。在通常情况下，不要使用如“文档”、“网站”、“公司”或“信息”等大量存在于网页而专指性不强的字词。也不要使用“我的头很痛”之类的语句，而应选择描述性的专指性强的字词，如“群体性事件”“弱势群体”等。

2. 布尔逻辑检索

布尔逻辑检索是指利用布尔逻辑运算符“与”、“或”和“非”连接各个检索词，构成一个逻辑检索式，然后由计算机进行相应逻辑运算，以找出所需信息的方法。布尔逻辑检索运算见表 9.1。

表 9.1 布尔逻辑检索运算一览表

名称	符号	表达式	定义	示例
逻辑与	*或 and	A*B	同时含有提问词 A 和 B 的文献，为命中文献	moon and lunar，表示检索 moon 和 lunar 同时出现的文献
逻辑或	+或 or	A+B	凡是含有提问词 A 或 B 的文献，为命中文献	moon or lunar，表示检索出 moon 和 lunar 两者出现任意一个的文献
逻辑非	–或 not	A–B	凡是含有提问词 A 但不含有 B 的文献，为命中文献	moon not lunar，表示只检索出 moon 出现而 lunar 不出现的文献

3. 位置逻辑检索

位置逻辑检索表达式表示两个检索词之间的位置邻近关系（不同的检索系统采用的表达符号可能不同），常用的见表 9.2。

表 9.2 位置逻辑检索算符一览表

位置逻辑符号	含义	示例
（W）	（W）表示其两侧的检索词必须按前后顺序出现在记录中，两词之间不允许插入其他词，只可能有空格或一个标点符号	solar（W）energy
（N）	（N）表示其两侧的检索词位置可以互换，在两词之间不能插入其他词，但允许有空格或标点符号	solar（N）energy

续表

位置逻辑符号	含义	示例
（L）	（L）表示其两侧的检索词之间有主从关系，前者为主，后者为副	solar（L）energy
（F）	（F）表示其两侧的检索词必须出现在同一个字段中，但两个检索词的词序不限	solar（F）energy
（S）	（S）表示两侧的检索词必须出现在同一个字段中，如同一个句子或短语中，但词序不限，且两个检索词之间可以有若干个其他词	library?（S）automat?.

4. 截词检索

截词检索是指用给定的词干做检索词，查找含有该词干的全部检索词的记录，也称词干检索或字符屏蔽检索。它可以起到扩大检索范围，提高查全率，减少检索词的输入量，节省检索时间，降低检索费用等作用。不同的检索系统采用的符号不同。常见的截词符有“?”“*”“#”等。截词的方式有多种，按截断部位可分为右截断、左截断、中间截断、复合截断等；按截断长度可以分为有限截断和无限截断。

1）*右截断*

截去某个词的尾部，是词的前方一致比较，也称前方一致检索。例如，输入 geolog?，将会把含有 geological、geologic、geologist、geologize、geology 等词的记录检索出来。若输入 PY=199?，会把有关 20 世纪 90 年代的记录全部查出来。

2）*左截断*

截去某个词的前部，是词的后方一致比较，也称后方一致检索。例如，输入?magnetic 能够检出含有 magnetic、electromagnetic、paramagnetic、thermo-magnetic 等词的记录。

3）*中间截断*

截去某个词的中间部分，是词的两边一致比较，也称两边一致检索。例如，输入 organi?ation 可以检出 organization、organisation；输入 f??t 可查出 foot、feet。

4）*复合截断*

它是同时采用两种以上的截断方式。例如，?chemi?可以检出 chemical、chemist、chemistry、electrochemistry、electrochemical、physicochemical、thermochemistry 等。

5）*有限截断*

允许截去有限个字符。例如，“acid? ?”表示截去一个字符，它可检出 acid、acids，但不能检出 acidic、acidcity、acidity 等词。又如，comput??? ?可检出 compute、computer、computers、computing 等词，不能检出 computable、computation、computerize 等词。词干后面连续的数个问号是截断符，表示允许截去字符的个数，最后一个问号是终止符，它与截断符之间要有一个空格，输入时一定要注意。

6）*无限截断*

它允许截去的字符数量不限，也称开放式截断。上面右截断、左截断所举的例子均属此类型。

5. 限定检索

在一些计算机存取系统中，为了提高查全率和查准率，可以根据用户课题的需要，将输入的检索单元与索引文档的索引词类比、匹配在一定的字段中，此类检索即为限定检索。限定检索是一种缩小检索范围的措施，通过限定符号可以将检索结果限定在某个特定范围内。限定符号在表达式之后为后缀代码，在表达式之前为前缀代码。不同的检索系统其前缀代码和后缀代码也不完全相同，最常见的有以下几种（表 9.3）。

表 9.3　常见的后缀代码及前缀代码

后缀代码	限定的查找范围	前缀代码	所限制的字段名称
/TI	标题	AU	=Authors
/ID	自由标引词	CS	=Corporate Source
/NT	注释	DT	=Document Type
/SH	类目标题	JN	=Journal Name
/AB	摘要	CC	=Classification Code
/DE	叙词	SP	=Source Publication
		LA	=Language
		PY	=Publication Year

9.3.3　信息抽取技术

信息抽取技术（information extraction，IE）是建立在自然语言理解和机器学习等技术基础之上，从各种类型文本中抽取与指定主题相关的事件、事实等信息，并以结构化的数据形式填入数据库中供用户查询使用的过程。它的出现是为了解决用户在获取信息过程中面对海量信息检索、比较和判断时非常困难而产生的。近年来，一些信息抽取领域的国际测评会议，如消息理解会议（Message Understanding for Conference，MUC）、多语种实体评价任务（Multilingual Entity Task Evaluation，MET）、自动内容抽取（Automatic Content Extraction，ACE）、文档理解会议（Document Understanding Conferences，DUC）等，对信息抽取技术的发展起到了很大的推动作用，使其成为众多科研院所、大学、公司的研究热点。

1. 信息抽取的任务

20 世纪 80 年代，由美国国防部高级研究计划署（Defense Advanced Research Projects Agency，DARPA）资助的 MUC 先后举办了 7 次信息抽取系统的测评，提出了一系列的评测要求。其后的 MET、ACE、DUC 也先后举办同类的评测活动，极大地促进了信息抽取技术的发展。在这些活动中，MUC 的评测要求具有典型的代表性，可以说是信息抽取任务的主要体现，表现在以下几方面。

1）命名实体识别

命名实体识别（named entity recognition，NER）的任务被确定为识别出文本中出现的专有名称和有意义的数量短语并加以归类。命名实体是现实世界中的某一具体的或抽象的实体，通常用唯一的标志符（专有名称）表示，如人名、组织名、地名等，还可以包含时间、数字表达式等。一般指的是三大类（实体类、时间类和数字类）、七小类（人名、地名、机构名、时间、日期、货币和百分比）。命名实体识别就是要判断一个待抽取的文本串是否代表一个命名实体，并确定它的类别。命名实体识别是信息抽取活动中最重要的步骤，因为待抽取的信息都和相应的命名实体相关联，识别出命名实体就可以正确理解文本。命名实体识别研究是目前最成功的。根据MUC评测结果，英文命名实体识别任务的F指数（召回率与查准率的加权几何平均值，权重取1）能达到90%以上。

命名实体识别的方法主要分为：基于规则的方法和基于统计的方法。基于规则的方法多采用语言学专家手工构造规则模板，选用特征包括统计信息、标点符号、关键字、指示词和方向词、位置词（如尾字）、中心词等方法，以模式和字符串相匹配为主要手段，这类系统大多依赖于知识库和词典的建立。基于统计的方法利用人工标注的语料进行训练，标注语料时不需要广博的语言学知识，并且可以在较短时间内完成。统计方法一般将文本切分成若干片段之后对每个片段进行自动分类，选出那些构成实体及属性的片段输出。切分可能存在不同的层次，可以切分成字或切分成词，这使得分类的特征有所不同。基于这些切分后的文本，首先人工选择一部分标注出那些实际构成实体的片段，形成标注语料库；然后根据标准语料库，利用统计方法，训练出根据文本片段的上下文环境来推测它构成实体及属性的概率模型；最后将模型应用于那些未标注的文本进行分析，选择可能性最大的输出。尽管这种方法得到的模型往往不为人所理解，但它对文本中的噪声具有较强的健壮性。

2）同指关系消解

同指关系消解的任务是识别出待抽取文本中具有同指关系的名词、名词短语和代词。指代是一种常见的语言表达方式，是文本中的一个语言单位（通常是词或短语）与之前出现的语言单位存在的特殊语义关联，其语义解释依赖于前者。用于指向的语言单位称为照应语。被指向的语言单位称为先行语。确定照应语所指的先行语的过程称为指代消解。如果照应语与先行语都指称（refer to）“现实世界”的同一对象（或实体），则表明两者具有同指关系，此时的指代消解便称为同指消解。同指是不同的命名实体表达了相同的含义。在IE系统中，由于用户关心的事件和关系往往散布于文本的不同位置，其中涉及的实体通常可以有多种不同的表达方式，并且还有许多事实信息隐含于文本之中。为了准确而没有遗漏地从文本中抽取相关信息，IE系统必须能够识别文本中的同指现象，进行必要的推理，以合并描述同一事件或实体的信息片断。同指关系消解任务在于抽取关于同指表达的信息，可以基于句法、基于“优先知识”、基于简单共现，也可以基于统计、基于决策树、基于聚类、基于记忆的学习 MBL（Memory-Based Learning），基于概念层次网络（hierarchical network of concepts，HNC）理论等实现。

3）模板元素填充

模板元素（template element，TE）填充任务是要识别出特定类型的所有命名实体及它们的属性特征。其从文本中识别出特定类型命名实体的属性特征，填充到预先定义的命名实体属性模板，形成命名实体对象。例如，对人物实体的模板元素抽取，需要信息抽取系统能够抽取出预先定义的人物的名称、职务、国籍等属性。模板元素填充信息抽取将特定的描述信息与命名实体联系起来，并将这些信息作为命名实体的属性进行聚集，形成命名实体对象。在 MUC 评测中，模板元素填充系统需要能够从文本中抽取特定类型的实体信息，并将这些信息填写到预先定义的小型属性模板之中。

4）模板关系确定

模板元素之间的各种关系又称为事实。模板关系（template relation，TR）确定是发现实体之间的相互关系，在模板元素填充的基础上寻找实体之间可能存在的关系。模板关系是 MUC-7 定义的一项新任务，需要抽取模板元素之间的相互关系如职员和组织之间的关系（employee_of）、产品和生产企业之间的关系（product_of）及公司和地区之间的关系（location_of）。方法有基于知识库的方法、基于特征的机器学习方法、基于 kernel 的方法、Bootstrapping 方法。

5）场景模板填充

场景模板（scenario template，ST）填充就是将各实体联系到一起形成事件或关系的完整描述。场景模板填充即事件的提取，针对某一场景中设定的一些槽提取相应的内容进行填充。场景模板抽取某一事件中的事件信息并将事件信息与某个组织、人物或其他实体相关联。场景模板需要标识出特定事件及事件的相关属性，包括将事件中的各个实体填充到事件的相应角色中，通过各个对象之间的关系能够还原出整个事件的“原型”。

2. 信息抽取系统的体系结构

信息抽取的目的主要是从各种各样的文档中把信息点抽取出来，然后以统一的形式集成在一起。信息抽取技术并不试图全面理解整篇文档，只是对文档中包含相关信息的部分进行分析。信息抽取中的关键技术包括命名实体识别、句法分析、篇章分析与理解及知识获取。

Hobbs 在 1993 年曾提出一个信息抽取系统的通用体系结构，他将信息抽取系统抽象为“级联的转换器或模块集合，利用手工编制或自动获得的规则在每一步过滤掉不相关的信息，增加新的结构信息”。Hobbs 认为典型的信息抽取系统应当由依次相连的 10 个模块组成。

（1）文本分块：将输入文本分割为不同的部分——块。

（2）预处理：将得到的文本块转换为句子序列，每个句子由词汇项（词或特定类型短语）及相关的属性（如词类）组成。

（3）过滤：过滤掉不相关的句子。

（4）预分析：在词汇项序列中识别确定的小型结构，如名词短语、动词短语、并列结构等。

（5）分析：通过分析小型结构和词汇项的序列建立描述句子结构的完整分析树或分析树片段集合。

（6）片段组合：如果上一步没有得到完整的分析树，则需要将分析树片段集合或逻辑形式片段组合成整句的一棵分析树或其他逻辑表示形式。

（7）语义解释：从分析树或分析树片段集合生成语义结构、意义表示或其他逻辑形式。

（8）词汇消歧：消解上一模块中存在的歧义得到唯一的语义结构表示。

（9）共指消解或篇章处理：通过确定同一实体在文本不同部分中的不同描述，将当前句的语义结构表示合并到先前的处理结果中。

（10）模板生成：由文本的语义结构表示生成最终的模板。

当然，并不是所有的信息抽取系统都明确包含所有这些模块，并且也未必完全遵循以上的处理顺序，如（6）、（7）两个模块执行顺序可能就相反。但一个信息抽取系统应当包含以上模块中描述的功能。

3. 网络信息的主要抽取方法

网络信息抽取的任务和传统信息抽取的任务有很大的不同。传统信息抽取的任务是从完全无结构的、使用自然语言的纯文本中抽取信息。网络信息抽取处理的是在线文档，这些文档都是半结构化的，且通常由服务器端的应用程序自动生成。通常传统信息抽取使用自然语言处理技术，而网络信息抽取使用机器学习和模式挖掘技术。

1）*基于自然语言理解的方法*

基于自然语言理解的信息抽取技术主要适用于源文档中包含大量文本的情况，对缺少规范的语法结构的结构化和半结构化文本并不是太适合，且该方法的处理速度通常比较慢，这对于网上海量信息来说是一个大问题。这种方式通常使用过滤技术、词性标记和词汇语义标记去建立短语和句子元素间的关联，通过给定的例子学习抽取规则。这些规则通过语法和语义上的约束来定位元素。主要有三种工具 RAPIER、SRV 和 WHISK，RAPIER 和 SRV 只能抽取单条记录，而 WHISK 可以抽取多条记录。

2）*基于机器学习的方法*

基于机器学习的抽取规则是基于分隔符来定位要抽取的数据，也是通过人为标记的样本自动学习抽取规则。它和前面一种方法主要不同之处在于它们并不依赖于语言上的约束，而是描绘数据的隐式的格式特性。主要有三种工具 WIEN、SoftMealy 和 STALKER。WIEN 和 SoftMealy 必须依靠紧挨着数据的分隔符来定位数据，而且还不能抽取复杂格式的数据；STALKER 引入嵌入分类树（embedded classification tree）来表示复杂格式的数据。

3）*基于 Ontology 的方法*

基于 Ontology 的方法主要依赖一个完全的知识库。知识库定义了各个元素的抽取模式，还有它们之间的联系。在抽取之前，需要将包含数据的记录块分隔开来，然后依次对每个记录块进行信息抽取。抽取模式没有使用依赖于特定文档的分隔符或者词性这样的自然语言理解技术，而是主要使用通用的词法模式。

4）*基于 HTML 结构的方法*

基于 HTML 结构的信息抽取方法是依靠 HTML 文件固有的结构特性进行信息抽取。在进行信息抽取之前，先把 HTML 文件转换成解析树，这个解析树反映其层次结构。接着，半自动地或者全自动地生成抽取规则，并把它应用于这棵树上。采用这种方式构建的系统有 W4F、XWrap 等。W4F 和 XWrap 都设计了各自的抽取规则，根据树结构可以精确地定位数据。因此，它们都包含了图形用户界面以帮助生成抽取规则，但是简单的单击有时并不能描述复杂数据的抽取模式，因此自动生成的抽取规则可能需要重新改写。XWrap 生成 Java 代码的 Wrapper，这使得 Wrapper 修改起来很困难。

5）*完全自动化的方法*

完全自动化的方法不需要人为标记样本，也不需要人为编写抽取规则。这种方法根据网页的相似性结构自动找到网页中的数据并归纳出抽取规则，用户只需要最后对数据模式进行标记。这方面典型的工作有 IEPAD、Road Runner 等，但是这种方法并不适用于定制的信息抽取任务，如抽取某个网页中某一块的信息，因为很多任务并不是简单地获取所有网页中变化的数据或者频繁出现的结构中的数据。

9.3.4 数据挖掘技术

数据挖掘就是利用各种智能方法从大量有噪声的数据中发现知识、提取知识的过程，其目的是发现隐含在数据中有价值的信息。数据挖掘是涉及数据库技术、人工智能技术、数理统计、可视化技术、并行计算等多个交叉学科技术，将数据的简单的记录功能拓展到数据的开发利用，从而产生价值的功能，实现了信息技术在数据处理上深层次的突破。

1. 数据挖掘的对象

理论上，数据挖掘的对象是任何类型的数据，即可以是商业数据，也可以是科学数据，即可以是关系数据库中的数据，也可以是网络上多媒体的数据。同时，对于数据结构和形式也可以不尽相同，可以是文本，也可以是图形、音频数据，还可以是空间数据。网络中常见的数据挖掘处理对象主要表现在以下几方面。

1）网络信息的内容数据

网络信息的内容数据是指网络中信息所表达的具体内容数据。这些往往是关于某一事物或某一主题相关文字、图片、音频等数据，是围绕其所阐述的对象信息的集合。网络信息的内容是数据挖掘的重点。从大量的信息中进行内容分析、聚类，以多维方式来表达内容，从而对内容的进一步开发。

2）网络信息的结构数据

网络信息的结构是指网络信息特有的组织方式所形成的信息之间的联系。这种信息组织方式是以 HTML、XML 等网络信息组织的代码作为网页内信息组织方式，而以链接作为网页之间的组织方式，形成复杂的网络信息资源分布结构。而这种组织方式所形成的数据能够反映资源之间彼此的联系，具有重要的意义。网络信息的结构数据挖掘是从网络信息的组织方式出发，从网络信息的组织结构中发现有价值的信息。

3）信息用户的行为数据

信息用户的行为数据是信息用户访问网页过程中由用户的操作而产生的各种数据。这些数据往往存储在服务器的日志、cookies 中，是用户网上各种操作的记录。对信息用户的行为进行数据挖掘可以发现用户群体的兴趣、偏好，开展个性化服务。

4）信息服务商及用户的基本数据

用户的基本数据主要是用户群体的规模、年龄、区域分布、需求等与用户相关的基本数据。信息服务商的基本数据主要是服务商数量、赢利模式等数据，这两者形成网络市场的基础数据。对它们开展数据挖掘，可以为网络企业提供经营策略。

2. 数据挖掘的功能

数据挖掘通过预测未来趋势及行为，作出预见性的、基于知识的决策。数据挖掘的目标是从数据库中发现隐含的、有意义的知识，主要有以下六类功能。

1）关联分析

关联是某种事物发生时其他事物会发生的这样一种联系。例如，每天购买啤酒的人也有可能购买香烟，比重有多大，可以通过关联的支持度和可信度来描述。数据关联是数据库中存在的一类重要的可被发现的知识。若两个或多个变量的取值之间存在某种规律性，就称为关联。一个关联规则可以用四个参数进行描述：可信度、支持度、期望可信度、作用度。关联可分为简单关联、时序关联、因果关联。关联分析的目的是找出数据库中隐藏的关联网。有时并不知道数据库中数据的关联函数，即使知道也是不确定的，因此关联分析生成的规则带有可信度。

2）聚类

数据库中的记录可被划分为一系列有意义的子集，即聚类。例如，将申请者分为高度风险申请者、中度风险申请者、低度风险申请者。聚类增强了人们对客观现实的认识，是概念描述和偏差分析的先决条件。聚类技术主要包括传统的模式识别方法、统计分析方法、机器学习法和神经网络方法。20 世纪 80 年代初，Mchalski 提出了概念聚类技术法，其要点是，在划分对象时不仅考虑对象之间的距离，还要求划分出的类具有某种内涵描述，从而避免传统技术的某些片面性。

3）分类

分类是找出描述并区分数据类或概念的模型（函数），以便能够使用模型预测类标记未知的对象类。例如，银行部门根据以前的数据将客户分成了不同的类别，现在就可以根据这些来区分新申请贷款的客户，以采取相应的贷款方案。其中模型可以用多种形式来表示，如分类规则、决策树、数学公式、神经网络等。

4）概念描述

概念描述就是对某类对象的内涵进行描述，并概括这类对象的有关特征。概念描述分为特征性描述和区别性描述，前者描述某类对象的共同特征，后者描述不同类对象之间的区别。生成一个类的特征性描述只涉及该类对象中所有对象的共性。生成区别性描述的方法很多，如决策树方法、遗传算法等。

5）偏差检测

对分析对象的少数的、极端的、特例的描述，揭示内在的原因。例如，在银行的 100 万笔交易中有 500 例的欺诈行为，银行为了稳健经营，就要发现这 500 例的内在因素，减小以后经营的风险。数据库中的数据常有一些异常记录，从数据库中检测这些偏差很有意义。偏差包括很多潜在的知识，如分类中的反常实例、不满足规则的特例、观测结果与模型预测值的偏差、量值随时间的变化等。偏差检测的算法包括统计学方法、基于距离的方法和基于偏移的方法等。偏差检测的基本方法是，寻找观测结果与参照值之间有意义的差别。

6）时序演变分析

时序演变分析是描述时间或者对象行为随时间变化的规律或者趋势，并对其建模。它主要包括时间序列数据分析、序列或周期模式匹配和基于相似性的数据分析。

需要注意的是数据挖掘的各项功能不是独立存在的，在数据挖掘中互相联系，发挥作用。

3. 数据挖掘基本算法

数据挖掘的关键是方法的使用。在数据挖掘技术方法中，目前应用较多的主要有统计分析方法、频繁项集、决策树方法、贝叶斯分类、人工神经网络方法、遗传算法等。

1）统计分析方法

在数据库字段项之间存在两种关系：函数关系（能用函数公式表示的确定性关系）和相关关系（不能用函数公式表示，但仍是相关的确定性关系），对它们的分析可采用统计学方法，即利用统计学原理对数据库中的信息进行分析。常用的方法有统计方法（求大量数据中的最大值、最小值、总和、平均值等）、回归分析（用回归方程来表示变量间的数量关系）、相关分析（用相关系数来度量变量间的相关程度）、差异分析（从样本统计量的值得出差异来确定总体参数之间是否存在差异）等。

2）频繁项集

频繁项集是关联规则挖掘的内容，其目的是发现事物之间存在的关联关系。关联规则挖掘包括两部分内容，一是发现频繁项集，二是生成关联规则。Apriori 算法是频繁项集算法中最著名的算法，其思想是利用候选项集来寻找频繁项集。

为了提高频繁项集产生的效率，Apriori 算法利用 Apriori 性质来压缩搜索空间。Apriori 性质强调：频繁项集的非空子集也是频繁项集。Apriori 算法发现频繁项集的过程包含两部分，连接和剪枝。首先遍历数据集，计算数据集中每个数据项出现的次数（即支持数），将其支持数与设定的最小支持度阈值比较，得到 K 项组成的不低于最小支持度阈值的频繁项集 C_1，将 K 与 $K-1$ 项连接，形成新的候选项集，再次遍历数据集，计算其支持度，得到 M 项组成了不低于最小支持度阈值的频繁项集 C_2。依次迭代，直到没有新的候选集产生。

3）决策树方法

决策树是一种类似于流程图的树形结构，节点（非树叶节点）表示在一个属性上的测试，分枝代表测试输出，树叶节点存放类标号，树的最高层为根节点，通过把样本从根节点自顶向下递归排列到叶节点，对其进行分类。决策树描述简单，分类速度快，常用于预测。最有影响和最早的决策树方法是由 Quinlan 提出的 ID3 算法及其后又提出的 C4.5 算法。Breiman 等提出的 CART 算法也有广泛的应用。决策树算法的基本策略如下。

算法：Generate_decision_tree。由数据划分 D 的训练元组产生决策树。

输入：数据划分 D 是训练元组和对应类标号的集合；

候选属性的集合 attribute_list；

attribute_selection_method，确定“最好”的划分数据元组为个体类的分裂准则的过程。

输出：一棵决策树。

方法：

（1）创建一个节点 N；

（2）If D 都在同一个类 C then；

（3）返回 N 作为叶节点，以类 C 标记；

（4）If attribute_list 为空，then；

（5）返回 N 作为叶节点，标记为 D 中的多数类；　//多数表决

（6）使用 attribute_selection_method（D，attribute_list），找出“最好”的 splitting_criterion；

（7）用 splitting_criterion；标记节点 N；

（8）if splitting_attribute 是离散值的，并且允许多路划分 then；　//不限于二叉树

（9）attribute_list←attribute_list-splitting_attribute；　//删除划分属性

（10）for splitting_criterion 的每个输出 j；　//划分元组并对每个划分产生子树

（11）设 D_j 是 D 中满足输出 j 的数据元组的集合；　//一个划分

（12）if D_j 为空 then；

（13）加一个树叶到节点 N，标记为 D 中的多数类；

（14）else 加上一个 Generate_decision_tree（D_j，attribute_list.testattribute）；

（15）endfor；

（16）返回 N。

attribute_selection_method 用来确定分裂准则。在选择分裂准则中 ID3 算法使用信息增益作为属性选择度量，ID3 算法的后继 C4.5 算法采用增益率作为信息增益的扩充。而 CART 算法中使用 GINI 指标度量数据划分的不纯度。

决策树很擅长处理非数值型数据，这与神经网络只能处理数值型数据比起来，就免去了很多数据预处理工作，甚至有些决策树算法专为处理非数值型数据而设计，因此当采用此种方法建立决策树同时又要处理数值型数据时，反而要做数值型数据映射到非数值型数据的预处理。

4）贝叶斯分类

贝叶斯分类是统计学分类方法，是由英国牧师托马斯·贝叶斯提出的，它利用概率预测类成员关系的可能性。贝叶斯分类是基于贝叶斯定理提出的。贝叶斯定理在利用概率时，使用后验概率和先验概率作为判断假设条件下的元组属于某类的概率，从而实现类的划分。其定理如下：

$$P(H \mid X) = P(X \mid H)P(H) / P(X) \tag{9.1}$$

式中：$P(H \mid X)$为条件 X 下 H 的概率；$P(X \mid H)$为条件 H 下 X 的概率；$P(H)$为 H 作为独立因素出现的概率；$P(X)$为 X 作为独立因素出现的概率。

根据贝叶斯定理所发展的朴素贝叶斯分类和贝叶斯信念网络是当前被认为非常有效的分类方法。朴素贝叶斯分类或称为简单贝叶斯分类，其工作过程如下。

假定有 m 个类 $C_1, C_2, \cdots, C_m$，对于数据样本 X，预测 X 属于类 C_i 的条件是

$$P(C_i | X) > P(C_j | X),\quad 1 \leqslant j \leqslant m,\ j \neq i \tag{9.2}$$

依据贝叶斯定理有

$$P(C_i | X) = P(X | C_i)P(C_i) / P(X) \tag{9.3}$$

由于 $P(X)$对于所有类皆为常数，只需要计算 $P(X|C_i)P(C_i)$即可，而类的先验概率未知下通常假定类是等概率的，即 $P(C_1) = P(C_2) = \cdots = P(C_i)$。同时，朴素贝叶斯分类为了降低计算的复杂程度，假定类条件独立，则有

$$P(X | C_i) = \prod P(X_n | C_i) = P(X_1 | C_i)P(X_2 | C_i)\cdots P(X_k | C_i) \tag{9.4}$$

计算结果，再根据前面的公式得出相关类的判断。

朴素贝叶斯分类是假定类条件独立，然而实际中变量之间存在依赖性，贝叶斯信念网络的出现解决了这一问题。贝叶斯信念网络是关于联合条件概率分布的，其包含有向无环图和条件概率表（conditional probalility table，CPT）两部分。

有向无环图中每个节点代表一个随机变量，每条弧表示一个概率依赖。如果有一条弧由节点 Z 到 Y，则 Z 是 Y 的双亲。对于每个变量 Y 在 CPT 中说明该变量条件分布概率 $P(Y|Z)$，则贝叶斯信念网络可以表达为

$$P(X_1, X_2, \cdots, X_n) = \prod P(X_i | Z_i) \tag{9.5}$$

式中：$X = (X_1, X_2, \cdots, X_n)$ 为变量 Y 描述的数据元组；$P(X_1, X_2, \cdots, X_n)$ 为 X 的值的特定组合的概率，而 $P(X_i|Z_i)$对应 CPT 中的表目。

5）人工神经网络方法

人工神经网络方法是模拟人脑神经元处理过程而推导出的一种数据挖掘方法。人工神经网络是由大量的神经元通过连接形成的，它有通过调整连接强度而从经验知识进行学习的能力，并可以将这些知识进行运用。

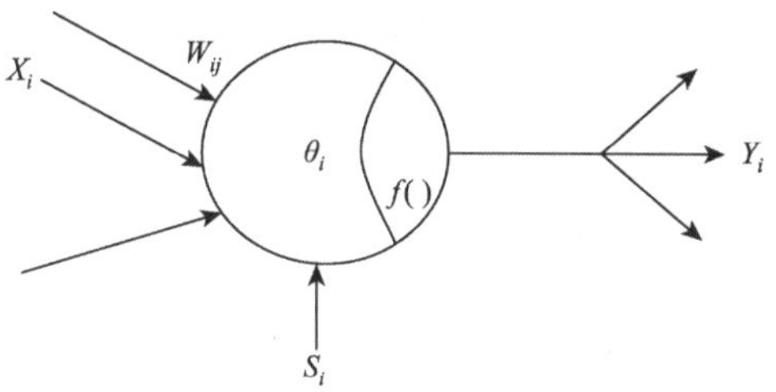

图 9.1　神经元基本结构

神经元是信息处理的基本单元，也是构成神经网络的基本单元，其基本结构如图 9.1 所示。X_i 是多个输入信号，Y_i 是输出信号，θ_i 是阈值，S_i 是外部环境输入信号。另外，用 W_{ij} 表示 X_i 对 U_i 的权值，$f()$表示阶跃函数，则上述神经元模型的数学表达式为

$$y = f\left(\sum_{j=1}^{N} W_{ij} \cdot X_i - \theta_i\right)$$
$$f(x) = \begin{cases} 1, & x_i > 0 \\ 0, & x_i \leqslant 0 \end{cases} \tag{9.6}$$

神经元具有学习功能。学习的法则有教师学习和无教师学习等。大量神经元组互联成神经网络，如图 9.2 所示。第一层为输入层，其次为中间层，最后一层为输出层。典型的神经网络模型主要分三大类：以感知机、反向传播（back propagation，BP）模型、函数型网络为代表的，用于分类、预测和模式识别的前馈式神经网络模型；以 Hopfield 的离散模型和连续模型为代表的，分别用于联想记忆和优化计算的反馈式神经网络模型；以 BP 模型、Koholon 模型为代表的，用于聚类的自组织映射方法。

神经网络由于本身良好的鲁棒性、自组织自适应性、并行处理、分布存储和高度容错等特性，非常适合解决数据挖掘的问题，因此近年来越来越受到人们的关注。神经网络方法的缺点是“黑箱”性，人们难以理解网络的学习和决策过程。

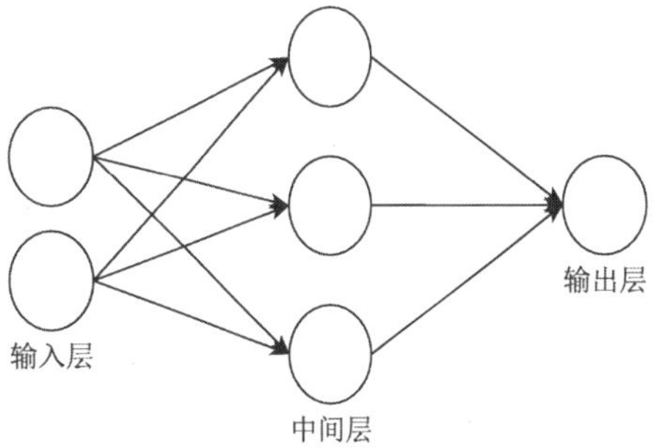

图 9.2　一个神经网络

6）遗传算法

遗传算法是利用自然进化的思想来进行优化组合的方法。其基本思想来源于进化论与遗传学说。进化论主张适者生存原则，强调只有最适合外界环境的物种才得以进化，而遗传学说认为基因的重组、变异所生成的染色体对生物的进化起决定作用。遗传算法正是基于这两点实现信息的优化组合。

遗传算法是一般以二进位串作为编码，把待优化问题的参数编码成染色体。每个染色体可以看作 n 个基因组成，染色体的集合就构成群体。用于检测染色体的优劣称为适应度。首先随机产生初始群体，并将初始群体利用适者生存的原则进行适应度检测。如果具有良好的适应度则被复制到一个类中，否则，通过基因的复制、交叉和变异三种算子产生后代，形成新的群体作为解决问题的方案，并进行适应度检测，重复直至最优组合。其步骤如下。

（1）编码。利用二进制数 0、1 对拟解决问题的方案进行编码形成个体。

（2）形成初始群体。随机选择 n 个个体构成初始群体。

（3）计算适应度。利用适应度函数来计算群体中个体的适应度，从而区分群体中的个体的优劣。

（4）遗传算子操作。复制：个体按照适应度规则复制为新的个体。交叉：将个体中的元素（基因）进行交换，组合成新的个体。变异：个体赋予新的元素成为新的个体。

（5）判断是否符合遗传算法终止条件，如果满足则停止；否则返回步骤（4）。

9.3.5　信息过滤技术

信息过滤是一种从大量的信息流中去掉一些非用户所需要的信息，为用户提供经过过滤后而满足某种要求的信息子集的技术。信息过滤的内涵主要包括：信息过滤的对象是动态的网络信息流；信息过滤的目的是满足特定用户的信息需求；信息过滤的依据是信息与特定用户信息需求的相关性；信息过滤不仅从信息流中选取需要的信息，也从中剔除不需要的信息等几方面。

1. 信息过滤系统的类型

信息过滤系统主要处理的是一些半结构化和非结构化的数据。它从用户的长期的信息需求出发，以用户的兴趣模型作为模板，将信息和用户模板进行比较，根据比较结果确定相关过滤的信息。常见的过滤系统主要有基于内容的过滤系统、协作过滤系统和混合过滤系统。

1）基于内容的过滤系统

基于内容的过滤系统是从信息的内容及属性出发，依据用户的信息需求与信息内容匹配的程度来实现信息的过滤系统。基于内容过滤的结果只取决于用户信息需求模型（即用户模板）与信息资源的匹配程度，其利用的是信息资源与用户兴趣的相似度来过滤信息。基于内容的过滤系统如 Personal WebPersonalizer 等，它的优点是简单、有效，缺点是不能为用户发现新的感兴趣的信息。

2）协作过滤系统

它从用户群体信息需求的相似性出发，根据将相同或相近兴趣的用户所需求的信息推荐给有共同信息需求的用户。这种过滤系统能够为用户发现新的感兴趣的信息，从而弥补基于内容的过滤系统的缺点。同时，因为不依赖于内容，所以不仅适用于文本格式的过滤，也可以广泛应用于非文本介质的资源过滤，如视频、音频等的协作过滤。但是这种协作过滤系统也存在扩展性、用户资源不足的问题。典型的协作过滤系统，如 Web Watcher、Group Lens、Firefly、SELECT、Lile Minds 和 Citeseer 等。

3）混合过滤系统

混合过滤系统综合了基于内容的过滤系统和协作过滤系统的优点，在基于内容的过滤过滤系统的基础上增加用户协作推荐，或者在协作过滤系统过滤后再对内容进一步过滤，从而提高过滤的效果。这种过滤模型目前还不是很完善，如何更好地结合是目前信息过滤仍待解决的问题。

2. 信息过滤常用的方法

1）分级法

分级法按照一定的分类体系将动态的网络信息就其内容分门别类，再依据用户的需求分别于以不同的过滤，从而实现信息有针对性地传递。采取分级法过滤信息需要一套完整的分级标记系统，用来标记信息。分级法典型的应用有美国娱乐软件咨询委员会（the Recreational Software Advisory Council，RSAC）的 RSACi 分级体系。

2）URL 地址列表法

URL 地址列表法是将网络信息资源的 URL 添加到决定是否允许访问的 URL 地址列表中，从而达到控制信息资源的传播。URL 地址列表法比较灵活，用户可以根据自身实际情况决定是否添加。但是对于丰富、多变的网络资源来讲，其 URL 的收集成为最大的挑战。

3）动态文本分析法

其原理是，首先将用户的信息需求转换为用户需求模板，然后根据模板来对网络信息资源过滤，并根据反馈的结果不断调整模板，达到符合用户信息需求的意愿。在动态文本分析法中用户需求模板的构建一般以关键词、特征值、关联规则等来描述，网络信息资源利用布尔逻辑、关联规则、向量空间等来实现资源的描述与匹配。

4）多媒体识别技术

它主要是利用图形、音频等信息识别技术实现网络上的多媒体信息过滤。多媒体识别技术通过建立多媒体特征信息库，利用色彩、纹理、波形等特征的相似性判断，将网络上的多媒体信息与多媒体特征信息库比较，从而决定信息是否过滤。

5）用户行为跟踪技术

它主要是利用服务器日志记载用户上网的行为或者用户有选择性的操作，来判断哪些网络信息用户感兴趣，从而提交用户感兴趣的信息，将用户可能不感兴趣的信息过滤掉。

3. 信息过滤系统模型

一个信息过滤系统模型主要包含信息采集模块、信息分析模块、生成过滤模块、过滤模块、学习模块五个模块，如图 9.3 所示。信息分析模块，先对海量信息进行分析，提取其中的特征信息，如将每条信息表示为空间向量或索引等；生成过滤模块，通过收集用户对信息的需求生成过滤模板；过滤模块，根据上述两个模块的结果来处理海量信息并将最终结果返回给用户，从而实现过滤的目的；学习模块，就是不断跟踪用户兴趣的变化来调整甚至更改生成过滤模板，从而达到正确过滤无用信息的目的。

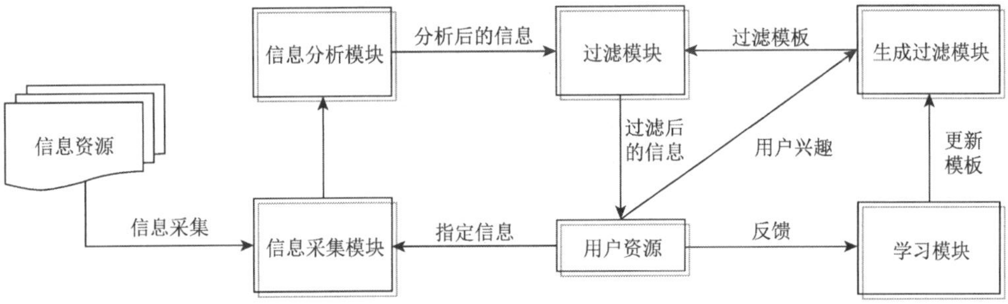

图 9.3　信息过滤系统模型

信息过滤其实质是一种信息检索技术，它需要依托于某一种信息检索模型，在用户模板与文档的匹配中选择不同的模型。常见的信息过滤系统模型有布尔模型、向量空间模型、概率模型等，其中不同的检索模型有不同的过滤方法。

信息过滤系统模型一直是互联网信息过滤研究的中心内容，布尔模型由于其简洁性一直受到商业用户的青睐，向量空间模型和概率模型则由于其形式化备受学者的推崇，上述模型都在进一步的完善中。

9.4　网络信息采集结果清洗

在如今的大数据背景下，网络信息采集结果中存在大量的冗余、缺失、错误数据，难以直接利用产生价值，因此网络信息采集结果的清洗过程是必不可少的。网络信息采集结果的清洗工作促进了数据清理技术的发展速度，能够提高数据质量，满足行业和个人的数据需求。大数据时代下，人们不缺乏数据，而是缺乏找到有价值数据的能力和工具，这使得数据清洗工作价值凸显。

现实世界的数据常常是有噪声的、不完全的和不一致的。数据清洗例程通过清洗重复内容、填补缺失值、消除非需求内容、纠正不一致的数据等来提高数据质量。下面详细介绍数据清洗的主要处理方法。

9.4.1 重复内容清洗

处理网络信息采集结果时会发现，结果中难免会存在重复内容。通常，我们采用重复过滤的方法处理重复数据。

重复过滤是指在识别数据来源集中的重复数据基础上，从每个重复数据项中选择一项数据作为代表，并保留在目标数据集中。重复过滤法需要进行两个关键过程：识别重复数据和过滤重复数据。重复过滤的第一步是找出重复记录。判断两条记录是否重复的方法有很多种，一般需要根据来源数据本身的具体结构来确定。例如，在关系表中，可以由属性值相似性来确定；在图论中，可以由计算数据之间距离的方法来确定。需要注意的是，重复数据是相对概念，并不要求数据中的所有属性值均完全相同。因此，一般由数据分析和处理的需求决定这条数据是否为“重复数据”。在识别出重复数据的基础上，需要对重复数据进行过滤操作。

根据操作复杂度，重复数据过滤可以分为直接过滤和间接过滤两种。

直接过滤是对重复数据进行直接过滤操作，选择其中的任何数据项作为代表保留在目标数据集中，过滤掉其他冗余数据。

间接过滤是对重复数据进行一定校验、调整、合并操作之后，形成一条新记录。可见，间接过滤比直接过滤更为复杂，需要专业知识和专家的支持。

除了重复数据过滤，我们还可以进行条件过滤。条件过滤是指根据某种条件进行过滤，如过滤掉成绩低于 60 分的学生记录（或筛选成绩高于等于 60 分的学生记录）。从严格意义上讲，重复过滤也是条件过滤的一种特殊表现形式。通常情况下，在条件过滤的过程中需要对一个或多个属性设置为过滤条件。符合条件的数据将放入目标数据集，不符合条件的数据就将被过滤掉。

9.4.2 缺失值清洗

数据内容缺失也是网络信息采集结果中常见的现象，如采集结果中的记录属性值为空。对于为空的属性值，可以采用下面的方法进行缺失值清洗。

1）忽略掉属性值被遗漏的数据

如果一条数据有属性值被遗漏，可以把这条数据直接排除在信息采集的过程外，特别是没有类别属性的值，又要进行信息采集分类时。但是这种办法并不是十分有效果，特别是在各个属性缺失值的记录存在较大比例的差别时。

2）手工填补缺失值

这种方法特别耗时，对于存在非常多缺失值的大规模数据集而言，这个方法的可行性并不是很强。

3）缺失值用默认值填补

我们可以对一个属性的所有缺失值都利用一个确定的值来填补，如都用零来填补。但是当一个属性值空缺率太高，采用这种方法，就可能误导数据采集进程。因此这种方法虽然简单，但并不推荐使用，或使用时需要仔细分析填补后的情况，以尽量避免对最终数据采集结果产生较大误差。

4）利用均值填补缺失值

计算一个属性值的平均值，并用该平均值填补该属性的所有缺失值。例如，一个学校的学生平均体重为 60kg，则用此值填补学生体重属性中的所有缺失值。

5）利用同类别均值填补缺失值

这种方法尤其在进行分类信息采集时使用。例如，若要对学生按身高分层进行分类采集时，就可以用同一身高范围内的“体重”属性的平均值，来填补所有在这一身高范围下“体重”属性的缺失值。

6）利用最可能的值填补缺失值

可以利用回归分析、贝叶斯计算公式或决策树推断出该条数据特定属性的最大可能的取值。例如，利用数据集中其他学生的属性值，可以构造一个决策树来预测“体重”属性的缺失值。

最后一种方法是一种较常用的方法，与其他方法相比，它最大限度地利用了当前数据中所包含的信息来辅助预测所缺失的数据。

9.4.3 非需求内容清洗

非需求内容是指网络信息采集结果中存在的随机错误或偏差。造成这一现象的原因有很多，可能是网络信息采集工具的原因，也可能是数据传输的错误；技术限制和命名规则的不一致也会造成这样的结果。对非需求内容的清洗通常有以下几种方法。

1. 分箱法

分箱法是指把待处理的数据按照一定的规则放进一些箱子中，再采用某种方法来分别对各个箱子中的数据进行处理的办法。而这里，所谓的箱子就是指按照属性值划分的某个子区间。如果一个属性值处于某个子区间范围内，就称把该属性值放进这个子区间代表的“箱子”里。在实施分箱之前，首先对记录集按目标属性值的大小进行排序。分箱法又分为等深分箱法和等宽分箱法两种。

1）等深分箱法

等深分箱法又称等频率分箱法，即按照对象的个数来划分。具体来说，就是将对象范围划分为每块包含大致相同数量样本的 N 块。每箱具有相同的记录数，而每箱的记录数就称为箱的权重，也叫箱子的深度。这种分箱方法便于数据缩放，缺点则是绝对属性管理比较困难。

2）等宽分箱法

等宽分箱法又称等距离分箱法，即按照对象的值来划分。具体来说，就是将对象范

围划分为等间隔的 N 块。如果 A 和 B 是最低和最高的属性值，那么间隔宽度 W 的计算公式是

$$W = (B-A)/N$$

通常说来，等宽分箱法是最简单的划分方法，但在使用它时可能会出现不少例外情形，而且它不能很好地处理歪斜数据。划分之后的数据集在整个属性值的区间上呈平均分布，每个箱子的区间范围是一个常量。

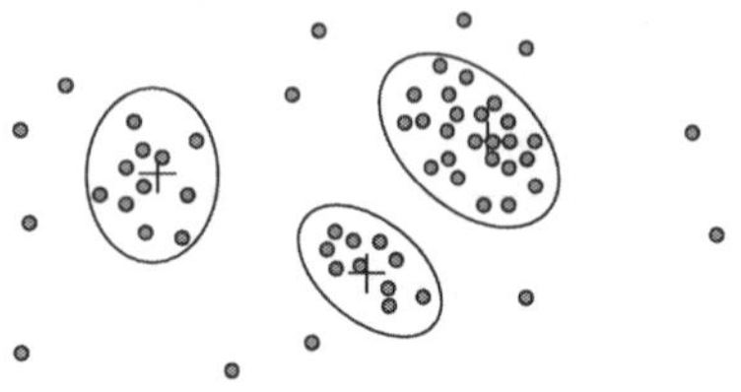

图 9.4　聚类法

2. 聚类法

聚类法将相似或相邻近的数据聚合在一起形成了各个聚类集合，而那些位于这些聚类集合之外的数据对象，就可以认为是非需求数据或者异常数据（图 9.4）。

3. 回归法

回归法是发现两个相关变量之间的变化模式，通过这一变化模式来平滑数据，即利用拟合函数对数据进行平滑。最常用的回归方法包括线性回归法、非线性回归法等。图 9.5 给出了一个利用线性回归法来平滑噪声数据的例子。线性回归法可以找出适合两个变量的“最佳”直线，使一个变量能够预测另一个变量。而从图 9.5 中可以看到，大部分数据点是分布在直线附近的，只有两个点的偏离距离较大，这两个点就是需要平滑掉的噪声数据。

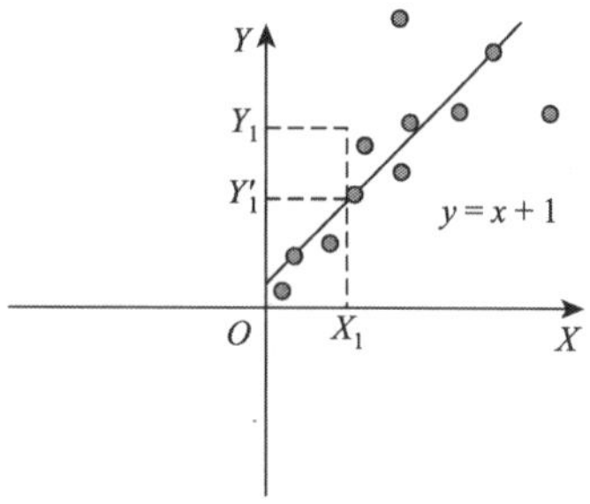

图 9.5　回归法

9.4.4　内容精简

对大规模的网络信息采集内容进行复杂的数据分析，往往需要耗费大量的时间，这就常常变得不现实或者可行性不佳，尤其是需要进行交互式数据采集时。所以我们需要对采集的结果数据进行精简，才能从原有庞大数据集中获得一个精简的数据集，同时精简后的数据集和原有数据集具有同样的完整性，这样在精简后的数据集上进行数据分析显然效率更高。数据精简的主要策略有以下四种。

（1）数据立方合计。这类合计操作主要用于构造数据立方。

（2）利用维度精简。主要用于检测和消除无关、相关性小或冗余的内容。

（3）数据压缩。利用特定的编码技术对数据集进行压缩。

（4）利用数据块精简。利用更简单的数据表达形式，如参数模型和非参数模型。非参数模型有聚类、采样、直方图等取代原有的数据。

图 9.6 就是一个对某高校 3 年的学生入学人数合计处理的描述。图 9.7 则描述了在三个维度上对学生原始成绩数据进行合计所获得的数据立方。

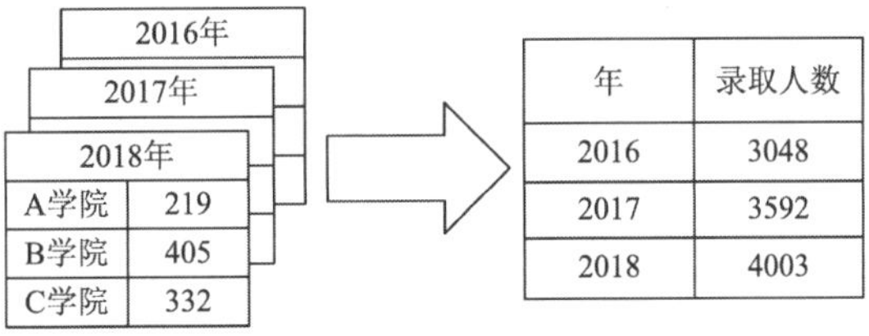

图 9.6　内容精简

这个三维数据立方，从时间、院系及录取人数三个维度描述录取的情况。每个属性都可对应一个概念层次树，以帮助进行多抽象层次的数据分析。例如，一个分支属性的层次树，可以提升到更高一层的区域概念，这样就可以将多个同一区域的分支合并到一起。当按照 OLAP 上卷或下钻操作查询不同抽象层次的数据时，最高可查询整个学校 3 年、所有分支、所有学生的情况，最低则可查询到最小数据粒度的细节信息。每一层次的数据立方都是对其低一层数据的进一步抽象，因此它也是一种有效的数据规约。

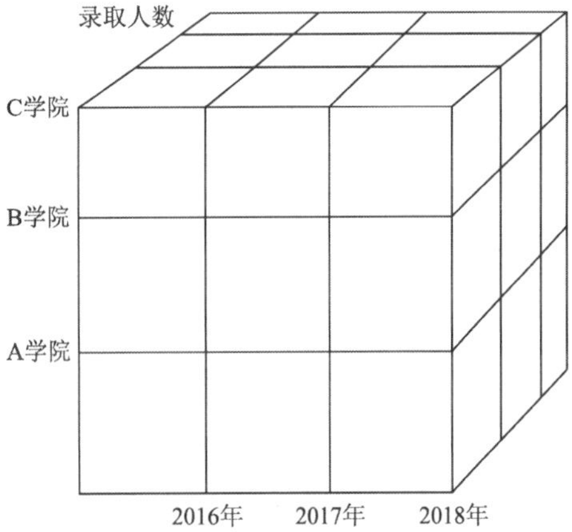

图 9.7　三维数据立方

规约就是通过消除多余和无关的属性而有效消减数据集的规模。这里通常采用属性子集选择方法。属性子集选择方法的目标就是寻找出最小的属性子集并确保新数据子集的概率分布尽可能接近原来数据集的概率分布。利用筛选后的属性了集挖掘所获的结果，由于使用了较少的属性，从而用户更加容易理解挖掘结果。

从初始属性集中发现较好的属性子集的过程就是一个最优穷尽搜索的过程，显然随着属性个数不断增加，搜索的可能将会增加到难以实现的地步。因此，可以利用启发知识来帮助有效缩小搜索空间。这类启发式搜索通常都是基于可能获得全局最优的局部最优来指导属性的筛选。

一般利用统计重要性的方法来选择“最优”或“最差”属性。这里假设各属性之间都是相互独立的。构造属性子集的基本启发式方法有以下四种。

1）逐步添加方法

该方法从一个空属性集（作为属性子集初始值）开始，每次从原来属性集合中选择一个当前最优的属性添加到当前属性子集中，直到无法选择出最优属性或满足一定阈值约束为止。

2）逐步消减方法

该方法从一个全属性集开始，每次从当前属性子集中选择一个当前最差的属性并将其从当前属性子集中消去，直到无法选择出最差属性为止或满足一定阈值约束为止。

3）消减与添加结合方法

该方法将逐步添加方法与逐步消减方法结合在一起，每次从当前属性子集中选择一个当前最差的属性并将其从当前属性子集中消去，以及从原来属性子集中选择一个当前最优的属性添加到当前属性子集中。直到无法选择最优属性且无法选择最差属性为止，或满足一定阈值约束为止。

4）决策树归纳方法

通常用于分类的决策树算法也可以用于构造属性子集。可利用决策树的归纳方法对初始数据进行分类归纳学习，获得一个初始决策树，所有没有出现在这个决策树上的属性均认为是无关属性。因此，将这些属性从初始属性集合中删除掉，就可以获得一个较优的属性子集。

第10章　借助于信息服务机构的信息采集

当代信息社会，掌握、利用信息对企业与个人而言是必不可少的。但是，企业（尤其是中小企业）或个人由于受时间、客观物质条件和自身所处环境、见闻等因素的制约，能够了解和掌握的信息资源毕竟有限。对中小企业而言，花费巨大的精力，设立专门的信息采集部门，或组建专门的信息采集研究队伍来搜集信息，在很多情况下并不经济，也不高效。因此，在单凭自己的力量并不能有效而经济地获取到满意的信息时，便应考虑充分地利用社会各类信息服务机构来获取必要的信息。

信息服务机构是专门针对用户开展信息服务的机构，其目的是满足用户的信息需求，获得社会效益或经济利益。信息服务机构的服务对象是信息需求者，为他们提供其所需的信息或相关联的信息研究产品。信息的采集、加工、整理、研究和服务等工作，是社会信息服务机构主要的工作。信息服务机构通常拥有一定的信息资源、比较娴熟的信息采集技术、丰富的信息采集技巧和信息采集经验，能够快速而高效地为信息需求者提供信息。

从美国、日本及我国的信息服务机构的发展来看，信息服务机构是伴随着社会的进步和发展而发展的。在当代信息社会，伴随着信息需求的迅速扩增，信息服务机构的数量不断增加，其服务内容也在不断拓展。从传统的图书馆、档案馆到专业的信息处理与服务企业、信息咨询服务企业；从单一的文献信息咨询服务到科技信息咨询服务、经济信息咨询服务、社会信息咨询服务、决策信息咨询服务和管理信息咨询服务等各个方面的社会信息服务，信息服务机构的功能越来越多样化，社会作用越来越重要。信息服务机构已成为推动社会发展的有效动力。

10.1　大众图书馆系统的信息服务

10.1.1　大众图书馆及其类型

图书馆是搜集、整理和收藏文献信息资料供人浏览与借阅参考的机构，一般由社会、高校或政府机构创办。图书馆承担着保存人类文化遗产、开发信息资源、参与社会教育等职能。借助图书馆服务，人们能够获取那些他们不愿意购买（或者无力购买）的文献信息资料，这些文献信息资料甚至是个人或企业难以从别处获得，或者需要专业的协助才能获得的。历史上早期的图书馆主要是为王室成员、贵族和大臣等提供服务。例如，我国最早的国家图书馆——天禄阁是为皇帝服务的，现存最早的私家藏书楼——天一阁是为明朝兵部右侍郎范钦私人所建的。随着社会的进步，作为人类知识宝库的图书馆进入了寻常百姓的日常生活，成为普通民众汲取知识营养的园地。

大众图书馆主要分为公共图书馆、高校图书馆和私立图书馆三大类别。公共图书馆是由政府管理、资助和支持的，免费或者象征性地收取一点费用为社会公众服务的图书馆，大部分是在省、市、县、乡等地域划分的基础上建立的，如国家图书馆、省市图书馆、县图书馆、乡图书馆、社区图书馆等。公共图书馆担负着为科学研究服务和为大众服务的双重任务，在促进国家经济、科学、文化和教育事业的发展，提高全民族科学文化水平方面起着重要作用。公共图书馆的社会职能主要包括保存人类文化遗产、开展社会教育、传递科学信息、开发智力资源等。公共图书馆既可以为一般社会公众服务，也可以为某些特定读者人群（如儿童、工人或农民等）开办专门的服务。高校图书馆是隶属于高等院校的图书馆，其服务的对象群体为高等院校的师生，具有一定的特殊性。一些高校图书馆也承担着为国家科研项目提供文献资料查新服务的职责，其学术性、专业性比较强。私立图书馆是主要依靠私人力量建设的图书馆。私立图书馆早先大多数为馆主自己的藏书之所，后随着公益的目的逐渐对外开放。在美国，私立图书馆比较盛行。在企业财团的帮助下，许多名人甚至总统（如罗斯福、布什等）都热衷于建立自己的图书馆，并提供给他人使用。还有一些私营机构也建有自己的图书馆，将其作为企业文化和科技发展的一部分。私立图书馆为社会增添了文化风采，丰富了人们的文化生活。

图书馆内存储了大量的图书、杂志、报纸、音像、光盘和数字资源等信息资源，重点以图书文献资料为主。其中，大型的图书馆内的藏书达几十万册乃至上千万册，小型的图书馆藏书一般也有上万册。例如，中国国家图书馆仅善本古籍就有 27 万册，普通古籍 164 万件，其中的殷墟甲骨、敦煌遗书、赵城金藏、《永乐大典》、《四库全书》等极为珍贵。图书馆藏书越多，内容就越丰富，涉及政治、经济、军事、科技、文化等人文社会科学和自然科学各个领域。随着科技的进步，人们对数字资源越来越重视，音像、光盘数据库和数字资源也越来越多地成为图书馆的重要馆藏资源。以中国国家图书馆为例，仅 2008 年，正式入藏的电子文献就达到 2765 种、视听文献 7383 种、微缩文献 18 542 种。

除了省级以上大型公共图书馆外，一般公共图书馆馆藏资源涉及范围有限，仅以满足当地大众读者阅读需求为己任，内容往往较为浅显，供学术研究参考的文献信息资源较少。某些地方特色资源和特殊人群所需的信息资源只能在大型公共图书馆中找到。相对而言，高校图书馆则在学术研究性资源上占有优势。高校图书馆是为教学和科研服务的学术性机构，为教学和科研服务是高校图书馆的基本特征，也是高校图书馆的价值所在。因此，高校图书馆的科技查新服务是一种专业性、学术性很强的服务。

为了解决资源存储日益接近上限与读者需求日益旺盛的矛盾，各图书馆在发展特色馆藏资源的同时，着重开展与其他图书馆的合作，实施资源共享、馆际互通的策略。于是，图书馆联盟就诞生了。图书馆联盟最早可以追溯到 20 世纪，20 世纪 70 年代曾一度很是兴旺的，并于 90 年代进入发展高峰。目前，有高等院校图书馆联盟、国家与地区图书馆联盟等形式。图书馆联盟累积的大量纸质与数字资源，极大地拓展了图书馆的服务能力。以我国公共、教育、科技系统图书馆合作建立的“全国图书馆参考咨询联盟”为例，该联盟是以数字图书馆馆藏资源为基础，以因特网的丰富信息资源和各种信息搜寻技术为依托，为社会提供免费的网上参考咨询和文献远程传递服务的机构。“全国图书馆参考咨询联盟”拥有我国目前最大规模的中文数字化资源库群，其中，电子图书

120 万种，期刊论文 4000 多万篇，博硕士论文 300 万篇，会议论文 30 万篇，外文期刊论文 500 万篇，国家标准和行业标准 7 万件，专利说明书 86 万件，还有全国公共图书馆建立的规模庞大的地方文献数据库和特色资源库等，提供网络表单咨询、文献咨询、电话咨询和实时在线咨询等多种方式的信息服务。从长远来看，资源共享是图书馆服务的发展趋势。公共图书馆与高校图书馆联合开展信息服务，将使借助于图书馆的信息服务更加广泛、方便和快捷。

互联网的出现使图书馆的传统发生了革命性改变。信息化、自动化和网络化的服务模式使读者足不出户就可以在任意时间、任意地点全方位、多渠道地获取信息。信息载体也随着现代技术的发展而不断更新，如磁介质的电磁信息资源、光介质的光盘数据库资源、电介质的网络数字化信息资源等，以其传播面广、传递速度快、检索方便、存储量大和功能独特等优势为信息资源的存储与利用带来了极大的便捷；网络不但改变了信息来源和长期以来形成的信息采集方式，也改变了图书馆等信息机构的服务方式。数字图书馆与虚拟图书馆是现代社会图书馆类型的两种崭新形式。

数字图书馆是利用数字技术获取、存储、存取和发布信息的图书馆。虽然称为“馆”，但它并不是图书馆实体；它对应于各种公共信息管理与传播的现实社会活动，表现为一种新型信息资源组织和信息传播服务。它借鉴图书馆的资源组织模式，借助计算机网络通信等高新技术，以普遍存取人类知识为目标，运用知识分类和精准检索手段，有效地进行信息整序，使人们获取信息可以不受空间和时间限制。其服务是以知识概念引导的方式，将文字、图像和声音等数字化信息，通过互联网传输，从而做到信息资源共享。每个拥有计算机网络中端的用户只要通过联网，登录相关教学图书馆的网站，就可以在任何时间、任何地点方便快捷地享用世界上任何一个数字图书馆的数字化信息资源。我国重要的数字图书馆有中国国家数字图书馆、上海数字图书馆、深圳数字图书馆等。其信息资源除了来源于网络之外，最重要的是对本馆所藏纸质文献资源的数字化。

虚拟图书馆是针对某一学科或领域的研究者的需要，将互联网上有关的研究机构、实验室、电子图书、学术期刊、会议论坛和专家学者的 URL 系统地组织起来，存放于某一网页，供用户浏览或检索的“图书馆”。但这个“图书馆”存在于网络，同样没有物理意义上的实体，仅是虚拟化的图书馆镜像，借助信息资源的电子化及信息服务的网络化在网络环境下营造出类似图书馆的功能，完成图书馆开展的各项业务和服务。因此，其实际上就是在网络上构筑出图书馆的这种镜像。它不但提供自身的信息资源对外服务，还通过网络联结全地区、全国乃至全世界的信息资源以提供服务。因此，它已突破实际意义上的图书馆界限，使网上所有信息资源都可构成逻辑上的虚拟馆藏。

虚拟图书馆有三个比较显著的本质特征：其一，从收录信息资源的学科属性来讲，虚拟图书馆都是学科专业或专题性的。一些著名的网络虚拟图书馆（如 WWW 虚拟图书馆）虽然可能包括数百个专题，但不同专题的数据库分布在全球不同的 Web 服务器上，每一个专题都是一个独立的虚拟图书馆。而 WWW 虚拟图书馆等只不过是将这些独立的虚拟图书馆集成起来，向用户提供一个集中的检索入口界面而已。其二，从对收集来的信息进行加工的方式方法来讲，虚拟图书馆对收集的信息均进行了分类组织，并且大多数也进行了关键词方式的词汇控制，其目的是将传统图书馆内容组织方法结合信息技术融入互联网中，从而实现信息的重新组织与加工。其三，从指向原始网页网站的超级链接来讲，虚拟图书馆对链接进行鉴定核实，并不断维护，使其尽可能地不产生死链，从而维持资源的可访问性。

10.1.2 大众图书馆的文献信息服务

图书馆是典型的信息集散地，其收集并存储信息资源是为了给用户使用，即服务于用户的信息需求。随着信息技术的发展，图书馆信息服务越来越完善，个性化特征日益突出。具体来说，图书馆开展的文献信息服务包括文献外借与阅览服务、视听服务、复制服务、参考咨询服务、定题服务、科技查新服务、情报调研服务、文献传递服务、文献信息检索服务、导读服务和文献报道服务等。下面将其分为四个部分进行介绍。

1. 文献资料借阅服务

文献资料借阅服务是图书馆长期以来面向读者的重要服务。在不同的图书馆，文献资料借阅服务的内容可能略有不同，不过大致都包含了以下几种服务。

（1）文献外借服务。文献外借服务是图书馆最为传统的用户服务方式。图书馆为了满足读者的阅读需求，允许读者凭借书证或用其他有效证件作抵押，到图书馆借书处办理借阅手续，借出自己所需的文献，阅读后按期归还。读者将书籍资料借出后，可以依据自身情况，随意安排阅读的时间和地点，深入地阅读思考，提炼书籍中有价值的内容。文献外借服务是图书馆最易于采用、也最受读者欢迎的服务，大多数图书馆都提供此类服务。文献外借服务类型主要有个人外借、集体外借、馆际互借、预约借书、邮寄借书、馆外流动借书和在线借阅等多种方式，读者可以根据文献资源的存储状况及自身的时间安排来选择。

（2）阅览服务。其又称内阅服务，它是允许读者利用图书馆的空间和设施，在馆内开展各种阅读活动的服务形式。阅览服务主要以图书馆内各种阅览室、参考室作为阅读场所。这些场所提供座椅甚至电子设备供读者使用，而且环境优雅、安静，非常适合阅读与学习。读者可以充分利用图书馆提供的良好环境和阅读条件，利用馆藏文献进行长期的学习研究。

（3）复制服务。其指的是以文献复制为手段，为用户提供复印文献的一种技术型的服务方式。它是文献外借服务和阅览服务的延伸、发展，也是用户获取文献信息资源的另一种快捷方式。大多数图书馆都有复印设备，供读者自行使用。但文献复制涉及著作权，因此图书馆提供的少量文献复制件仅可以用于个人学习或者研究，不能用于任何商业目的。

（4）文献传递服务。它是将用户所需的特定文献由图书馆工作人员在一定时间内、以有效的方式与合理的费用从文献源直接或间接提供给用户的一种服务，也是一种提供文献复制件的非返还型服务。借助文献传递服务，用户足不出户就能快捷地获取文献。文献传递服务是用户利用图书馆文献资源的重要形式之一。

（5）文献信息检索服务。根据用户的实际需要，利用纸质检索工具书、全文光盘数据库、网络信息检索工具，或者直接从大量的一次文献中查找出与用户需求相关或有用文献的一种服务方式。借助文献信息检索服务，读者能快速地检索到其所需的文献资料，从而大大节省时间，提高服务效率。随着馆藏量的提高，文献信息检索服务成为图书馆最为基础的服务。

（6）导读服务。导读服务是指图书馆工作人员对读者阅读本馆所藏图书时所进行的积极主动的引导和指导服务。图书馆员的阅读指引是连通读者和馆藏的桥梁。导读服务可分为一般性导读服务和专题性导读服务。导读服务主要体现为在阅读内容、阅读方向、阅读方法等方面加以指导。

（7）文献报道服务。它是通过对文献的报道，使有关用户迅速、全面、准确地了解和掌握本行业、本专业的最新文献信息的一种服务。它也是开发文献资源、促进文献快速传递与交流的一种重要方式，如新书报道、外文期刊报道、检索工具报道、网络信息资源的报道等。在网络环境下，网络信息资源的报道具有信息过滤、筛选和控制的功用，具有网络信息资源开发重组及引导用户利用的作用。文献报道服务主要通过学科导航的形式进行。学科导航为读者按学科查询互联网上的学术资源提供方便，并节省搜寻信息和相关网站的时间。

（8）视听服务。它是指利用馆藏声像（视听）资料，通过现代化的声像（视听）技术设备为用户提供服务的一种方式。视听服务是为了满足用户对影像资源需求而开展的新型服务。图书馆通过设置不同类型的视听室为用户提供不同内容和载体的视听文献。

2. 参考咨询服务

参考咨询服务是图书馆的一项传统服务类型，属于读者服务工作的范畴。它直接面对读者，帮助读者获取资料，并更好地利用图书馆资源。有些国家的图书馆参考咨询服务甚至还包括解答公众生活问题的咨询。其服务对象包括全部到馆用户和远程查询用户，其内容范围可以包括社会日常生活、学习、研究和工作中的方方面面、大大小小的问题。

3. 科技查新服务

在我国，科技查新服务是在科技体制改革进程中萌生并发展起来的一项情报咨询工作。20 世纪 80 年代后期，我国科研管理部门为了提高科研立项、成果鉴定与奖励的严肃性、公正性、准确性和权威性，采取了不少措施，并制定了一系列管理办法和规定。其中，为了避免科研课题重复立项和客观正确地判别科技成果的新颖性，一些大型公共图书馆、高校图书馆和省级以上信息研究机构开辟了科技查新咨询工作。科技查新是针对某一特定的研究课题进行的，首先通过计算机检索和手工检索等手段查出国内外公开发表的与该课题相关的文献；再对查出的文献与被查课题进行对比分析；最后根据分析结果对被查课题的新颖性进行判定。科技查新的结果是为所查课题出具一份“查新报告”，以判定该课题是否具有创新性。

4. 定题服务

定题服务是图书馆根据用户教学或研究的特定需求而开展的从某项课题开题直至工作结束的全程文献跟踪服务。通过这种服务，可使用户及时了解和掌握有关课题的研究现状，并能帮助其一直追踪课题相关研究的最新发展动态。定题服务可为用户提供源源不断的所需文献信息的题录、文摘、全文，或者是作为情报研究成果的综述分析报告。

5. 情报调研服务

情报调研服务是定题服务中更高标准的服务，是指根据用户特定任务的要求，在广泛收集文献，必要时在实地考察调查的基础上，对收集来的文献资料和信息进行分析对比、推理判断，然后进行综合归纳，撰写出具有较高参考价值的分析论证报告的服务方式。其论证报告内容一般要阐述某一课题的内部变化规律与周围事物的联系，介绍它的过去和现状，预测其未来发展的趋势，从而提出解决问题的建议和措施等。

10.1.3　大众图书馆的网络信息服务

图书馆的网络信息服务主要是指图书馆利用网络开展的信息服务。其主要方式是将信息服务的一部分内容搬到互联网上，利用网络提升信息服务的响应速度，提高信息服务的自动化水平。目前，图书馆的网络信息服务出现了基于移动终端的网络信息服务和基于传统 PC 的网络信息服务两种方式。移动终端包括智能手机、掌上电脑、E-Book 和平板电脑。它们的特点是比传统 PC 更小巧，便于携带。所以基于移动终端设备的网络信息服务具有及时性和移动性的特点。基于移动终端的网络信息服务实质上是基于传统 PC 的网络服务的延伸，而且随着移动终端硬件的完善，其功能日渐强大，目前主流的掌上电脑基本可以完成传统 PC 所能实现的全部功能，而且其移动性在进一步加强，真正实现了网络服务的无处不在，无时不在。图书馆开展网络信息服务体现了图书馆以用户为中心的服务理念，也是图书馆适应社会进步的一种具体体现。

从当前的发展来看，图书馆的网络信息服务主要包括以下几方面。

1. 在线检索服务

图书馆是信息的集散地，其馆藏资源种类齐全，信息量庞大，仅凭传统卡片式检索方式已远远满足不了大众的检索需求。目前图书馆的信息资源还无法通过一般的搜索引擎进行查询，所以每个图书馆都会有在线检索服务，用以查询本馆的各类馆藏资源，包括书刊、报纸和数据库等。在中国，通过 CALIS 联机目录可以检索查询 CALIS 成员馆的所有图书馆藏。这样就为信息采集提供了极大的便利。国外类似的联机查询系统有联机计算机图书馆（online computer library center，OCLC）提供的在线编目联合目录 WorldCat。WorldCat 目前可以搜索 112 个国家的图书馆，包括近 9000 家图书馆的书目数据。WorldCat 可以提供用户所需的图书、期刊和光盘等的书目信息、馆藏地址。用户可以搜索当地所有的图书馆，只要输入搜索的内容和 pin 代码，就会有一个列表将用户所需的信息显示出来。

2. 在线用户教育服务

该项服务是图书馆为履行其自身教育职能而开展的信息服务，通常以在线展览和在线讲座的形式进行用户教育。其内容主要有信息组织与检索利用课程、本馆数据库的使用方法讲座、时事图片展和各种与用户生活息息相关的讲座（如职业规划讲座）等。例如，中国国家图书馆的在线展览《艰难与辉煌——纪念中国共产党成立九十周年馆藏珍贵历史文献展》就是在 2011 年 6 月 1 日～7 月 30 日国家图书馆展览厅进行的实体展的虚拟化，该在线展览图文并茂并配有语音讲解，使用户有身临其境的感觉。更重要的是它跨越了时间和空间的限制，使更多人享受到国家图书展览的魅力。随着移动终端设备功能的进一步完善，在线用户教育服务也逐渐被移植到移动终端设备上来，使得用户教育变得更加便利，而且使用户与图书馆的交互与交流也更加频繁。

3. 虚拟参考咨询服务

虚拟参考咨询服务又称数字参考咨询服务、电子参考咨询服务。它滥觞于 20 世纪 80 年代的美国，是在传统参考咨询服务的基础上发展起来的。它主要是利用网络对用户提供信息查询和咨询服务，对用户的咨询问题在网上给予及时答复，帮助和指导用户利用信息资源。虚拟参考咨询服务方式主要分实时虚拟参考咨询和非实时虚拟参考咨询。实时虚拟参考咨询主要通过在图书馆网站上嵌入图书馆专业虚拟咨询软件系统（如“Ask a Librarian”参考咨询页面中的“chat”服务）和在图书馆网页中植入 IM 工具（如 QQ 等）。实时虚拟参考咨询适用于一些结构化的咨询问题，问题相对简单或有较为固定的解决方案。非实时虚拟参考咨询则是用户填写电子表单后提交，图书馆工作人员一般会在 1～2 个工作日内将解决方案通过电子邮件传递给用户，对于一些经典问题的解决方案会挂在 BBS 上供更多用户共享。非实时虚拟参考咨询适合比较复杂的参考咨询问题。

4. 网络资源导航服务

信息迷航是现代信息社会人们面临的新困境，即在大量数字资源中寻找所需信息时更容易陷入迷航。针对这一问题，现代大型图书馆网站大多构建有网络信息资源主页及信息服务专栏，用于介绍信息服务项目及相关内容，向读者展现本馆各类数字资源。例如，中国国家图书馆的数字资源导航展示了大量的中外文数据库，同时还建立了自己的网络信息导引系统，以方便用户连接其他信息资源。又如，北京大学图书馆在其网站的左侧以树形结构进行学科导航，将涉及某一学科的各种资源特别是数据库电子资源整合在一起，从而极大地方便了特定学科用户查找或采集信息。

5. 个性化定制服务

根据用户个性化的需求，由图书馆信息服务部门收集、整理或索取各种相关信息，全面、准确、及时地提供给用户服务。随着 RSS 等主动推送技术在图书馆的应用，用户可以更加便捷地定制图书馆个性化信息服务。用户只需要在自己的终端设备（包括传统的 PC 和现代新型移动终端设备）上安装 RSS，然后按照自己的需求在图书馆网站上一次性地定制自己所需的信息，就能够实现这些信息的定时自动推送。例如，华中师范大学图书馆为读者提供了 4 种不同的基于 RSS 的信息定制服务。

6. 移动阅读服务

移动阅读服务是通过手机等移动终端在线阅读书刊、报纸等图书馆数字资源，享受图书馆服务的一种方式。这是一种移动设备能够直接获取数字资源全文的在线服务。其技术实现方式是借助移动信息技术在图书馆的应用而发展出来的一种新型阅读方式，从通过SMS（短信息）服务、MMS（多媒体信息，俗称“彩信”）服务到直接通过WAP和Web网络提供服务。而随着以智能手机为代表的新型移动设备的出现，可以通过移动阅读的手机客户端方便快捷地直接为用户提供个性化的移动阅读服务。当前随着云计算技术的应用，图书馆已经成功地构建了不受移动设备限制的无区别的移动阅读服务（如北京大学图书馆提供的手机阅读服务），在不同规格的移动终端上能享受同平台的阅读服务，这样使移动阅读的成本越来越低，移动阅读的用户群体越来越大。

7. 学科博客/微博服务

当今社会博客与微博以其原创性和交互性强而深入人心，是一种理想的信息交流方式，所以很多图书馆会指派资深的学科馆员采用学科博客或微博的形式为用户提供学科信息服务。例如，上海师范大学图书馆信息共享空间的特色之一就是开设学科博客，目前该校图书馆已开设教育学院学科博客和金融学院学科博客。其中，教育学院学科博客开辟的栏目有学科介绍、学术动态、重要人物、会议通知、核心刊物、精品课程、相关网站、本馆资源和学科标签。其信息更新及时，信息量大，信息质量经过人工筛选而较高，使其成为追踪教育学科动态的理想网站。

8. 图书馆移动导航服务

该项服务是基于移动终端设备的一项新型服务，它依靠先进的GPS定位技术和移动互联网，为用户提供图书馆内的导航服务。目前，这项服务主要应用在一些大型图书馆，如中国国家图书馆等中。图书馆移动导航服务分为静态导航服务和动态导航服务。静态导航服务为读者提供图书馆主楼和各楼层的平面图。读者可以从宏观上了解自己所处的位置及各阅览室的位置。动态导航服务则根据读者选定的初始点和终止点，动态地为读者指示路径，自动带领读者到达目的地；它可以模拟图书馆所提供的馆内场景，让读者身临其境般地漫游其中。随着信息技术的进步，未来图书馆移动导航服务不仅仅只限于用户在馆内位置的导航，更重要的是能帮助用户直接找到自己所需要的书刊、报纸和资料等资源，虽然这种技术已有少数图书馆在尝试应用，但从整体上来讲技术还不太成熟，应用效果也不理想。但它无疑是图书馆未来发展的一个重要方向。

10.1.4　借助大众图书馆的信息采集

借助于大众图书馆进行信息采集是获取信息最经济的途径之一。第一，作为专门的信息服务机构，图书馆蕴藏了大量的文献信息资源，尤其是省级以上大型公共图书馆和重点高校图书馆，收藏的文献大都以百万乃至千万计；且涉及的文献信息资源面广，类型丰富，又经过工作人员的专门处理，查找容易，获取便利。第二，公共图书馆的服务属于全免费服务，不仅开放，而且经济。一些高校图书馆的服务虽然一般只对本单位开放，但在特殊情况下，也会对外提供信息服务。第三，大型图书馆是藏龙卧虎之地，拥有各种学术背景的人才，且由于长期从事信息的收集、组织、存储、开发和利用等方面的工作，积累了丰富的经验，在采集信息时用户可以随时请教，获得他们的帮助。但是，图书馆的文献信息大多偏重在学术性信息和一般社会生活信息方面，图书馆工作人员的信息服务也大多局限于一般学术性信息服务领域。专深领域的学术信息采集，经济和社会生活领域的信息采集等，大都要靠信息采集者自己深入图书馆，埋头于文献信息的海洋之中，去寻觅，去挖掘，去开采。

到图书馆采集文献信息，可以依照下列程序进行。

（1）充分利用图书馆的馆藏目录，了解文献信息的分布情况。图书馆的文献一般都按一定的系统分类收藏。因此，在查找信息时可先根据分类体系找到其所在的类别，从文献分类的角度寻找和发现同主题方面的文献。如果事先知道作者、书名等信息，可以按作者、书名、ISBN、导出词等其他项目来找到所需要的具体文献。在大型图书馆，这些项目都被编辑在电子数据库中，也就是 OPAC 中，通过图书馆提供服务的计算机很容易找到所要的文献。同时，大型图书馆都收藏有重要的电子信息资源数据库，在采集报刊论文资料类信息资源时，先要了解图书馆的电子信息资源收藏情况，以便有的放矢，快捷地采集到相关信息。

（2）利用图书馆的信息咨询服务采集信息。一般来说，图书馆的信息咨询服务机构集中了图书馆内比较有经验、有学科知识背景的专家，其能为读者提供更加专业化的信息咨询服务。许多图书馆也将其作为图书馆的特色工作之一。向这些专家咨询，不仅能获取到专业化的信息服务，还可以挖掘出文献中难以获取到的隐形信息。一些大型图书馆还开辟了网络虚拟参考咨询平台，可以使我们远距离采集、获取到许多有用的信息。在信息采集遇到困难或者时间条件不许可时，我们都可以委托图书馆的信息咨询部门帮助完成信息采集的任务。例如，中国国家图书馆的参考咨询服务机构开设了专题或定题检索、科技查新、文献查证、委托咨询和信息推送等形式的全方位咨询服务，并设有国家图书馆网上咨询台，建有全国图书馆信息咨询协作网，面向国内重点教学、科研单位和企业组织开展全方位的创新服务。用户采用委托其采集信息的方法，即使需要付出一定的报酬，也是“物有所值”的。

10.2 中国科学院文献情报中心的信息服务

中国科学院于 1949 年 11 月在北京成立，是国家科学技术方面的最高学术机构和全国自然科学与高新技术综合研究发展中心。中国科学院包括 6 个学部（数学物理学部、化学学部、生命科学和医学学部、地学部、技术科学部和信息技术科学部），以及 12 个分院（科技创新发展中心、沈阳、长春、上海、南京、武汉、广州、成都、昆明、西安、兰州和新疆）、114 个研究院所、2 所大学、4 个文献情报中心和 2 家新闻出版单位。

中国科学院文献情报中心于2006年3月由成立于1950年的四个中国科学院院级文献情报机构整合而成，为中国科学院直属事业法人单位。其下设中国科学院兰州文献情报中心、中国科学院成都文献情报中心、中国科学院武汉文献情报中心三个二级法人单位，并依托若干研究所（校）建立特色文献中心。中国科学院文献情报中心是支撑科技自主创新、服务国家创新体系、促进科学文化传播的国家级科技文献情报机构，主要为自然科学、边缘交叉科学和高技术领域的科技自主创新提供文献信息保障、战略情报研究服务、公共信息服务平台支撑和科学交流与传播服务，同时通过国家科技文献平台和开展共建共享来支持国家创新体系其他领域的信息需求。

中国科学院文献情报中心（国家科学图书馆）作为国家平台——国家科技图书文献中心（National Science and Technology Library，NSTL）的部分和中国科学院大学研究生的图书馆，它是一个现代化的复合型图书馆。一方面，是嵌入了中国科学院科研环境之中的网络化“国家科学数字图书馆”（Chinese Science Digital Library），按照“资源到所、服务到人”的服务模式，通过公共集成服务平台，将数字化文献资源和网络化信息服务推送到科研现场，使科研人员在实验室、办公室、野外场站和家里就能随时随地地获取丰富的科技信息；另一方面，它又是一系列拥有丰富文献资源收藏和多方面服务力量的多层次的图书馆体系。2006 年建立了学科馆员制度，推行面向一线创新基地、研究所、实验室、课题组和个人的学科化服务，“融入一线、嵌入过程”，致力于提升科技自主创新的文献保障能力和学科情报服务能力。中国科学院文献情报中心、各地区中心、各特色文献中心与各研究所图书馆密切合作，统筹协调，协同支撑和满足研究所科研人员与研究生的文献信息需求，保障科技自主创新活动的开展。

中国科学院兰州文献情报中心（中国科学院西北生态环境资源研究院文献情报中心，中国科学院资源环境科学信息中心，甘肃省科技图书馆）成立于 1955 年，最初名为中国科学院图书馆兰州分馆，后期曾用中国科学院西北分院图书馆、中国科学院兰州分院图书馆等名称，1987 年更名为中国科学院兰州文献情报中心，1997 年更名为中国科学院资源环境科学信息中心，2002 年起院地共建为甘肃省科技图书馆，2006～2014 年参与建设中国科学院国家科学图书馆，2014 年 3 月恢复中国科学院兰州文献情报中心名称，2016 年 6 月参与建设中国科学院西北生态环境资源研究院。中国科学院兰州文献情报中心现设有战略情报研究部、区域发展研究部、科技咨询服务部、资源系统建设部、文献信息服务部、期刊编辑出版部、综合业务部 7 个部门，先后建成西部资源环境与区域发展智库、知识计算与决策支持实验室、学术大数据云服务中心、科技查新与评估中心、知识产权分析评议中心、科学文化传播中心、资源环境战略研究中心、环境与发展政策研究中心、政策规划监测评估中心、海洋战略情报研究中心、中国全球变化研究信息中心、西部区域发展研究中心、产业技术情报分析中心、数字出版研究中心，以及资源环境科技期刊集群、资源环境科技情报协作网络等。

中国科学院成都文献情报中心创建于 1958 年，最早为中国科学院西南分院图书馆，后更名为成都图书馆，1989 年 4 月重新更名成都文献情报中心，是中国科学院文献情报系统的主要组成部分，是中国科学院国家高端科技智库的有机组成部分，是全方位开展科技战略研究与决策咨询服务、科研创新学科知识服务、区域与产业发展战略政策研究与决策咨询服务的国家级专业型知识服务机构，也是全方位开展覆盖科技创新全价值链的科技战略与科技信息咨询服务，全面推进建设特色鲜明、优势突出、影响力显著的专业型科技智库。中国科学院成都文献情报中心于 2017 年入选首批 15 家“国家知识产权分析评议服务示范机构”、入选国家知识产权局认定的全国专利文献服务网点单位。2017 年其还入选了四川省首批 22 家新型智库之一——“现代产业与创新发展研究智库”。按照建设专业高水平科技智库的发展战略规划，中国科学院成都文献情报中心新建了“科学计量与科技评价研究中心”、“知识产权研究咨询中心”、“科学数据与知识管理实验室”、“中国科学院成都科学传播中心”及“学科领域知识发现研究中心”等新型开放型知识服务创新单元，还与战略合作机构和部门共建有“中科天府创新发展研究中心”、“中华智库研究中心”、“海丝知识产权研究中心”、地方科技智库联盟等一系列开放合作决策咨询知识服务单元。中国科学院成都文献情报中心是中国科学院知识产权信息服务中心依托单位。中国科学院成都文献情报中心负责管理中国科技网成都分中心、中国科学院科学数据中心成都分中心，并建设“高海拔宇宙线观测站”（Large High Altitude Air Showe Observat ory，LHAASO）数据分中心。中国科学院成都文献情报中心还建有国家科技图书文献中心成都镜像站、中国科学院成都科技查新咨询中心、四川省科技成果查新咨询服务中心成都分院分中心等服务单元。

中国科学院武汉文献情报中心（湖北省科学图书馆）1956 年 5 月成立，原名为中国科学院武汉分院图书馆，1962 年 10 月 6 日更名为中国科学院中南分院图书馆，后在 1971 年 3 月 1 日与湖北省科技情报研究所合并，更名为湖北省科技情报研究所，1979 年 1 月 1 日重建后定名为中国科学院武汉分院图书馆，1989 年 4 月 8 日更名为中国科学院武汉文献情报中心，同时保留原馆名。2002 年 6 月 10 日该中心整体进入中国科学院知识创新工程试点，2014 年 3 月 19 日，根据“中央编办复字〔2014〕13 号”文件批准，更名为中国科学院武汉文献情报中心。中国科学院武汉文献情报中心是国家科技文献情报体系的重要组成部分，是中南地区最大的科技图书馆，是中国科学院武汉科技查新咨询中心、湖北省查新咨询服务分中心、湖北省科技文献信息服务中心、中国科技网武汉分中心，并与中国光谷共建了“东湖高新技术开发区文献信息中心”“光谷生物城信息中心”，与湖北省产业与育成中心共建了“产业技术分析中心”。长期以来，在能源、新材料、先进制造、产业技术分析、生物安全及长江流域资源与环境等学科领域，有效支撑了战略决策一线、科学研究一线和区域发展一线的信息情报需求。

10.2.1　中国科学院文献情报中心的资源特色

中国科学院文献情报中心立足中国科学院，面向全国，主要为科研人员、科技管理和决策工作者提供自然科学基础学科、边缘交叉科学和高技术领域的科技文献资源保障、学科化信息服务和战略情报研究服务，并开展学术交流与科学文化传播服务。截至 2015 年 6 月底，中国科学院文献情报中心（包括三个地区中心）本着共建共享、“资源到所，服务到人”的服务理念，通过集团采购网络数据库 109 个，借助国家平台开通数据库 44 个，集成开通开放获取数据库 20 个。保障院内科研用户即查即得外文期刊（现刊）近 1.8 万种，外文图书 9.9 万卷/册，外文工具书 0.7 万卷/册，外文会议录 3.8 万卷/册，外文学位论文 48.5 万篇，外文行业报告 163.2 万篇；中文图书 35.2 万种（套）/37.8 万册，中文期刊 1.7 万种，中文学位论文 247.3 万篇。

（1）外文全文文献数据库。中国科学院文献情报中心（包括三个地区中心）提供了

63 个外文全文文献数据库，学科内容涉及数学、物理、化学、生命科学、社会科学、天文学、电气与电子学、计算机科学等领域，资源内容涉及期刊论文、会议论文、图书、参考工具书、科技报告、行业报告、学位论文等。中国科学院文献情报中心（包括三个地区中心）作为国家科技图书文献中心的成员馆，通过国家科技图书文献中心为该院用户提供多种全文数据库，其中 43 个外文全文期刊数据库在全院开通，1 个方正电子图书数据库在中国科学院文献情报中心（包括三个地区中心）开通。中国科学院文献情报中心（包括三个地区中心）通过各种渠道收集了 17 个开放获取的全文数据库，学科内容涉及数学、物理、生物、医学、计算机、图书情报等领域。

（2）外文文摘索引和事实工具型数据库。中国科学院文献情报中心（包括三个地区中心）提供了 33 个外文文摘索引和事实型工具型数据库（不包括 CSA 的 56 个子库）。

（3）中文全文文献数据库。中国科学院文献情报中心（包括三个地区中心）提供了 6 个中文全文文献数据库，包括中文期刊、电子图书和博硕学位论文。

（4）中文事实工具型数据库。中国科学院文献情报中心（包括三个地区中心）提供了 5 个中文事实工具型数据库。

（5）中文多媒体数据库。中国科学院文献情报中心（包括三个地区中心）还提供了 KUKE 数字音乐图书馆、网上报告厅等多媒体数据库。

10.2.2　中国科学院文献情报中心的服务体系

中国科学院文献情报中心既是一个物理的图书馆，更是一个无所不在的数字化、网络化的虚拟图书馆，可满足不同类型用户的不同需求。依托本馆、全院乃至全国、国外的文献信息资源，无论是在网上或出差在外，还是到中国科学院文献情报中心馆内，其都能够提供随时随地、个性化、多样化的服务。其服务体系主要如下。

1. 统一图书馆自动化系统书目检索

2013 年中国科学院文献情报中心牵头组织并实施中国科学院统一图书馆自动化系统，其目标是中国科学院的文献情报单元（包括中国科学院文献情报中心、各地区文献情报中心和各研究所的图书馆）共同使用一套图书馆自动化系统，实现书目的共享和馆藏的集成揭示，规范和协调各图书馆业务，方便读者对书刊的查检利用。目前，中国科学院统一图书馆自动化系统主体架构已经搭建完成，并已经在中国科学院文献情报中心及兰州、成都、武汉地区的文献情报中心上线试运行，推进中国科学院书目检索统一服务。

2. 联合目录检索

它可以检索国内 500 多家图书馆收藏的中外文期刊和中国科学院文献系统 40 余家研究所收藏的中西文图书，联机提交原文传递请求；提供与网络期刊、网络图书的全文链接，报道中国科学院最新收藏的中外文图书，并与一些大型数据库（Web of Science、OVID 等）的检索结果无缝链接。

3. 集成期刊目录

如果需要查找一种期刊而不知道它在哪个数据库，就可以使用集成期刊系统（目录），可以按照期刊刊名的字顺、学科大类、出版商/数据库、研究所 4 种方式浏览约 25000 种外文期刊，或在线浏览原文，或在线请求原文传递（最多两天传递），或进一步了解该期刊的详细信息。

4. 可视化跨库检索

中国科学院文献情报中心通过可视化跨库检索系统能对 42 个全文数据库、15 个文摘数据库、7 个电子图书库和多个图书馆公共目录数据库同时进行检索，用户在统一的界面输入检索关键词，就可同时检索多个数据库，并将检索结果以文本模式和图形化模式进行知识揭示。

5. 跨界信息检索

中国科学院文献情报中心跨界检索服务系统提供对科学数据、教学课件、仪器设备、学术会议、科研机构、科学家、工具、名词术语等非文献型资源的集成检索服务。检索对象为相关领域内权威的、可开放访问的网络资源，目前包括 8 类资源 62 个数据库。

6. 文献传递服务

中国科学院文献传递与馆际互借系统集成了中国科学院文献情报中心、地区中心、特色文献中心及各研究所成员馆的资源及服务力量，用户可通过系统提交文献传递申请，根据文献载体形式及馆藏地不同，可在 4 小时到 2 个工作日内通过电子邮件方式获得全文。文献传递申请提交时，可直接在系统填写申请单，或先检索中国科学院联合目录集成服务系统、文献情报中心资源集成发现系统，再提交申请。文献传递服务工作日每天提供 12 小时服务，周末和长假期间提供不间断服务，并与国内外主要图书馆及文献服务机构建立了文献共享合作关系，可最大限度地保障用户文献获取需求。

7. 专题检索服务

根据用户在科研创新活动各个阶段的文献获取需求，提供专题检索—全文传递一站式信息获取服务。全面查找期刊、会议、学位论文、专利文献、标准、数值等各种类型科技信息，提供科技文献题录、科技文献全文、文摘与全文翻译、市场与产品信息调研、定期或不定期信息跟踪与推送、重点机构与人物信息挖掘等服务。专题检索服务可通过中国科学院文献传递与馆际互借系统申请或邮箱委托，服务时间是 3～5 个工作日。

8. 馆际互借服务

中国科学院文献情报中心返还型馆际互借服务为中国科学院院内的读者提供图书代借服务并送书到所。中国科学院所属研究所（院、校）的读者可进入中国科学院文献情报中心文献传递读者系统的“图书代借”，登录后检索中国科学院图书联合目录和院外第三方图书馆的馆藏目录，并通过系统直接填写图书代借申请单发送到本所图书馆，由各所图书馆代理提供图书代借服务（各图书出借馆不接受读者个人直接提交的借阅申请）。

9. ScienceChina

ScienceChina 建立于 2002 年，是中国科学院知识创新工程——国家科学数字图书馆资助项目之一，由中国科学引文数据库、中国科技期刊引证指标、中国科学文献计量指标、中国科学院学位论文数据库构成，提供文摘数据与引文数据的检索服务，提供期刊引证指标与期刊对比分析检索，提供科研机构、著者年度产出及学术影响力的查询。中国科学引文数据库可以与其他文摘数据库、全文数据库、联合目录及中国科学院文献情报中心馆藏的开放接口链接，实现文献检索、全文获取的一站式服务，是查询中文科技文献信息的重要资源。

10. 网络参考咨询服务

中国科学院文献情报中心向中国科学院的用户提供每周 7 天的实时参考咨询服务，每个工作日都有学科馆员值守，通过网络随时在线回答用户有关文献信息利用上的各种问题。其余时间研究人员和研究生也可通过表单向学科馆员、学科专家提问，并在 2 个工作日内得到解答。他们提供图书馆常规服务指南、各类文献资源查询指引、信息检索方法和工具指导、科技常识解答、问答知识库检索、网络资源导航等服务。

11. 随易通

无论在家里还是在外地，在开会还是在野外，只要能上网，科研人员都可以使用随易通访问数据库，利用到和在研究所（办公室）内一样的信息资源。随易通分口令/密码和电子钥匙（E-key）两种使用方式。持有电子钥匙的用户可使用包括西文全文数据库在内的所有数据库，而口令/密码方式则仅限于中西文文摘数据库和中文全文数据库。

12. 中心现场服务

读者可以到中国科学院文献情报中心现场阅览、借书、检索、打印、咨询问题、参观各种展览、听报告等，还可利用图书馆的各种资源、服务、设施等。中国科学文献情报中心还提供研究生学习交流室（information commons）服务，在此交流室，可以检索、下载电子资源全文，使用各种各样的软件，阅览或借出人文社会科学方面的图书，可以预约或参加各种专题讲座，参与多人讨论问题。

10.2.3　借助中国科学院文献情报中心采集信息

借助中国科学院文献情报中心从事信息采集时，信息采集人员除了要了解中国科学院文献情报中心的馆藏目录，了解文献信息的分布情况和信息服务的项目以外，还需要注意以下几点。

1. 主要提供自然科学方面的科技文献信息

中国科学院文献情报中心是中国科学院在科技文献情报方面的国家级支撑机构，是国家科技情报的服务中心，主要提供自然科学方面的科技文献信息。所以要采集科技文献情报，借助中国科学院文献情报中心是最佳选择。其服务对象的主体是中国科学院的科研人员、科研管理人员和本科生、研究生。采集信息时最好与中国科学院内部人员建立良好的合作关系，以便获取中国科学院文献情报中心优质的资源与服务。

2. 信息采集者需要具备一定的学科知识背景

如果没有良好的学科知识，则无法辨别所采集的信息的针对性和有用性，也无法与图书馆馆员进行深入的沟通以获取目标信息。因为中国科学院国家科学图书馆的学科研究馆员一般具有较专门的学科知识背景，其更愿意与自己专业相关的人员进行交流，信息采集者知识素质越高，越能与学科图书馆员建立良好的关系，以获得他们的帮助。学科研究馆员是了解和检索相关领域研究信息或相关研究前沿信息所在的行家，通过他们的指引，采集信息有“得来全不费工夫”之妙。

3. 了解中国科学院文献情报中心的服务方式和服务途径

中国科学院文献情报中心既是一个实体的信息中心，也是一个网络化的数字图书馆，能满足不同类型用户的不同需求。依托中国科学院文献情报中心乃至全国、国外的文献信息资源，无论用户是在网上、出差在外或是到馆内，该中心都可为用户提供随时随地的个性化、多样化的服务。其提供信息服务的方式和途径是多样的。例如，在网络环境下，可以通过集成期刊系统采集期刊信息，可以通过可视化跨库检索系统对 42 个全文数据库、15 个文摘数据库、7 个电子图书库和多个图书馆公共目录数据库同时进行检索，此外还可通过跨界检索系统、随易通等途径来采集信息。具体方法可以参见中国科学院文献情报中心为用户编写的《资源与服务指南》，可登录中国科学院文献情报中心网站（http://www.las.ac.cn）后选择“服务项目”→“培训服务”，再选择“国家科学图书馆资源与服务指南”下载全文。

4. 利用网站提供的“问图书馆员”服务模块

该服务提供了实时咨询和非实时咨询的表单咨询两种方式。学科馆员按照不同的专业进行了分类，每个咨询馆员的姓名、图像、单位、职称、专长和联系方式都展示给用户，以便信息采集者在咨询图书馆员时更有针对性，能够获得更加准确和满意的答案。用户在采集信息时，可以根据需要和各学科馆员的专长，选择不同的学科馆员进行咨询，以获得他们的帮助。

10.3　国家经济信息系统的信息服务

10.3.1　国家经济信息系统

国家经济信息系统是党中央、国务院在新时期科学判断世界新技术革命和产业革命发展趋势，准确把握改革和发展形势，作出推进信息化建设，组建国家信息系统战略决策的成果。1986 年，国务院批准组建国家经济信息系统和国家经济信息中心。1987 年，国家经济信息中心正式成立。1988 年 1 月 22 日，邓小平同志亲笔题名“国家信息中心”。该中心由国家、省、地、县 4 级政府部门的信息中心构成个完整体系，机构总数超过 1000 家，专业技术人才超过 10 000 人。该系统坚持综合发展，形成了“决策支持服务、信息内容服务、信息技术服务”三大业务支柱；坚持共同发展，形成了“同使命、同兴衰、同荣辱”的有机整体；坚持创新发展，形成了具有自身特色的创新文化和创新理念。目前，其已成为我国从中央到地方传播经济信息的重要网络。国家经济信息系统是运用现代信息技术、数量经济学和管理科学，对经济和有关社会信息进行收集、加工、存储、分析和传递的人机结合的系统。其目标是辅助宏观经济决策，即及时而准确地为中央和地方各级政府及宏观经济管理部门提供各种信息服务和辅助决策手段；引导微观经济运行，即充分利用系统拥有的信息资源和现代化技术手段，及时提供和发布指导性经济信息，引导企业的经营方向和行为；提供信息咨询服务，即利用系统拥有的信息资源，为社会公众提供广泛的经济信息咨询和服务。

国家经济信息系统是一个跨地区、跨部门的综合性经济信息系统，由从中央到地方四个层次的信息中心构成的经济信息纵向系统和国务院各部委信息机构所构成的经济信息横向系统构成。目前，在全国 31 个省（自治区、直辖市）①、16 个副省级省会城市和计划单列市、地级市和 1200 多个县成立了信息中心。这一特大型信息系统应用工程的内容有七个业务系统和一个公共网络平台组成。其业务系统包括宏观经济预测系统、企业和产品信息系统、市场与价格信息系统、世界经济信息系统、经济法规系统、国外贷款项目管理信息系统和政府投资项目管理信息系统。横向除主系统外，还包括银行与保险、财政（税收）、能源、商业与物资、铁道、自然资源（国土与地质矿产）及国际经济等分系统。行业性信息系统由主要经济管理部门的信息机构组成，各系统均由多级网络组成，面向系统提供经济和科技信息。

10.3.2　业务系统信息服务内容

1. 国家法律法规信息系统

国家信息中心建有国家法律法规信息系统，包含多个法律法规数据库和相关的信息系统，并对其进行持续更新，同时出版光盘，为政府和社会提供法律法规信息咨询。该系统是国家信息中心最早开发的大型数据库之一，目前已成为我国知名的法律数据库。

该系统包括中华人民共和国成立以来颁布的全国人大法律、国务院行政法规、最高人民法院最高人民检察院司法解释、裁判文书、国务院各部门规章、各地地方性法规和地方政府规章，以及我国参加的国际公约和与外国签订的双边条约等。

该系统自 1993 年以来基本上每年都发行新光盘，涵盖新的法律法规内容，包括 Windows 版、Web 版和 Notes 版 3 个版本，分为局域网和单机两种使用方式。

① 不包括港澳台地区。

2. 宏观经济预测系统和世界经济信息系统

宏观经济预测系统和世界经济信息系统是利用第三期日元贷款建设的重点项目。它充分利用 IT 技术对国家和世界宏观经济信息进行收集、加工、整理、存储和管理，辅助经济分析人员进行经济信息跟踪分析和预测，及时、准确地向国务院、有关部委及社会各界提供经济信息，为宏观经济决策服务。该系统由国家信息中心经济预测部负责设计、开发、使用、管理和维护。

宏观经济预测系统和世界经济信息系统的信息主要来源于国内外相关机构、互联网及国家信息中心经济预测部等。其信息内容主要包括世界及中国宏观经济数据、经济政策法规、经济预测分析报告和经济动态信息等。

该系统基于 B/S 结构，包括中国宏观经济年度库、中国宏观经济年度高频库、中国宏观经济月度库、中国宏观经济月度高频库、中国地区经济年度库、世界宏观经济数据库、中国宏观经济年度模型数据库，以及涉及经济预测、经济评论、地区分析、行业分析、国际分析和政策文摘等内容的文献信息库。在功能方面，它提供数据查询、文献查询、信息展现、数据在线分析、数据输出、信息维护和远程传送等多种功能的服务。

自 1995 年底着手进行开发以来，该系统在完成提供经济信息、辅助经济分析任务的同时，不断地得到完善和发展。目前已成为国家信息中心经济预测部日常业务的综合系统，并为国家发展和改革委员会提供及时客观较为全面的经济信息。

3. 国家宏观经济监测预警系统

该系统是国家“七五”科技攻关重点项目。国家宏观经济监测预警系统于 1987 年由国家信息中心经济信息部与吉林大学商学院系统工程研究所合作研制开发完成（有部分成果继承自中华人民共和国国家经济委员会信息中心）。1988 年初，该系统投入试运行。1991 年初，国家信息中心经济信息部利用系统整体的优势，将该系统在国家经济信息系统内推广（1993 年底，该系统业务划归经济预测部）。为了完善和拓展经济监测预警系统的功能和应用范围，国家宏观经济监测预警系统被列入国家经济信息系统“八五”科研攻关项目，国家社会科学研究基金对这项工作的理论研究给予了资助。

该系统的建成和实施，对我国宏观经济管理部门和经济研究机构及时了解我国地区经济波动发展的不平衡性，准确判断和测定国家经济景气循环运行状态，促进我国宏观经济发展周期及其规律的深入研究，提高我国各级政府经济管理水平，制定国家经济政策，提供了关键而重要的决策辅助信息；基本上达到了该系统的总目标，即把握我国宏观经济的发展态势和波动规律，全面、准确、及时地获取我国宏观经济运行状态、地区差异、未来走势及我国经济景气动向的观测分析状况信息。

该系统包括三大部分。一是动态信息采集软件子系统，生成国家宏观经济景气监测指标数据库；二是经济监测预警分析软件子系统；三是监测分析信息输出软件子系统。

该系统的经济监测工作已历时十几年。国家信息中心经济预测部利用该系统定期分析我国经济形势，并据此撰写经过深加工的分析预测报告和政策建议报告，且受到了国务院、国家发展和改革委员会及其他有关部委领导的重视。

4. 企业与产品数据库

国家信息中心从 1992 年开始进行各种市场商业数据库的建设开发工作，经过多年的努力，已经建立了一系列应用数据库，为提供市场咨询服务打下了坚实基础。下面介绍其中六个主要的商业数据库。

（1）消费类电子产品零售市场监测数据库。从 1996 年开始建立，目前监测范围为全国 24 个商业活动发达城市近 500 家百货店和专营店。监测产品涉及彩电、电冰箱、洗衣机、空调器、微波炉、影碟机、组合音响、照相机、热水器和抽油烟机等近 20 个品种。这 24 个城市为生产企业最为关心且对生产企业销售贡献最大的地区。其数据项内容包括了产品退货信息，为国内同类数据库中数据项内容最丰富的数据库。

（2）服装零售市场数据库。提供相关具体服装销售信息，包括女装、男衬衣、男西服、羊毛绒衫、皮衣、童装、休闲 T 恤、成人内衣、女人内衣及儿童内衣等不同产品和百货商场服装类销售数据。其中北京和上海两大城市相关服装销售信息包括商场名称、品牌名称、销售量和销售额等详细数据，为目前国内所独有。

（3）化妆品零售市场数据库。提供相关具体化妆品销售信息，包括彩妆、护肤、美容、洗发、护发、染发、身体护理、香水等产品和百货商场化妆品类销售数据。其中，北京、上海两大城市相关化妆品销售详细数据为目前国内所独有。

（4）全国 34 城市商业经济宏观数据库。该数据库指标重点涉及描述城市商业经济发展的城市级主要经济指标和城市级人均消费支出指标，是了解城市级商业经济发展的重要渠道。城市主要经济指标包括按地区、商品用途、注册类型及行业划分的社会消费品零售总额数据，GDP 和其中的第三产业发展情况。

（5）全国 34 城市零售行业监测数据库。该数据库通过对全国社会消费品零售总额 42.5%的 35 个商业中心城市重点商业企业的月度数据监测，反映零售行业不同领域的市场变化情况，包括城市食品类监测数据、限额以上餐饮行业监测数据、烟酒饮料监测数据、连锁超市监测数据及体育娱乐用品监测数据等内容。

（6）全国 34 城市居民消费价格指数及重点商品价格监测数据库。该数据库包括主副食品、重点工业品及公共事业价格、重点主副食品价格，以及城市级居民消费各类价格指数等内容。

5. 国外贷款项目信息系统

国外贷款项目信息系统（External-loan Projects Information System，EPIS）是根据国家计划委员会（现国家发展和改革委员会）外资司的需求，通过采集各项目单位借用中长期外债（贷款期限一年以上）的数据建立的信息系统。该系统一方面及时、准确、全面地提供了各项目单位利用外资的情况，另一方面也反映了全国中长期外债的规模及外资的投向等方面的信息。

该系统在 1987 年由国家计划委员会外资司组织立项和调研，1992 年正式开始运行，至 1994 年完成了 6 次数据采集、处理和汇总，为国家计划委员会分析研究外债形式、总结使用国外贷款的经验、对项目单位使用外债的审批、制定我国利用外债的宏观规模等方面发挥了较大的作用。

为了进一步完善EPIS，改善原有系统的通信手段和软硬件工作平台，加强用户界面的友好性，减少系统的人为干预，适应汇率并轨及国家发展和改革委员会管理职能的变化，从1994年开始改造EPIS。改造后的EPIS目标是建成一个跨部门、地区，由国家、省（部）、地市（部属单位）构成的三级信息系统（地市级由省级负责建立）。这个系统能及时地采集我国签约、用款、还款和付息等系列情况。通过三级信息传输，可以对各层次的各类项目和债务随时进行查询，为国家发展和改革委员会及省部级有关单位及时提供不同范围的利用外资规模、贷款结构及投向、外债形势的综合汇总信息和测算信息，为编制利用外资计划、加强利用外资宏观管理提供准确的信息和有力的手段。

该项目由国家发展和改革委员会及国家信息中心组织开发实施，它由国家级系统和省（部）级系统（也适合于地市级使用）两部分组成。其系统的应用软件由国家级项目组统一开发，各单位可以根据实际情况，在满足国家需求的情况下进行调整。

按照系统的业务内容，EPIS 划分为数据收集、数据处理、系统管理和用户服务四大部分。

数据收集：主要以电子邮件的方式接收各种外债数据，并添加到系统中。软盘报送和手工录入方式为辅助方式。

数据处理：对收集上来的项目和债务数据进行编辑、修改、加载和错误数据反馈等整套循环净化处理。

系统管理：包括对本系统的数据库备份、恢复、重索引和系统运行管理等。

用户服务：包括外债数据汇总、测算、生成报表、查询服务和数据反馈等。

EPIS利用国家现有外资计划管理渠道，汇集了全国44个省、自治区、直辖市和计划单列市，以及国务院有关部委和直属企业集团、中央金融机构等近90个单位的数据。截至1999年12月底，该系统信息包括7000余个国家利用国外贷款项目，8000余个国家批准的利用外资计划和13 000多笔对外签约及11万多条债务变动信息。数据时间跨度为1979年至1999年12月。

EPIS的建成与应用，使国家经济决策与管理部门能及时了解我国利用外资的现状、历史、过程和趋势，在合理制定国家有关政策和实施有效管理及控制利用外资规模、提高外资利用效率、避免债务危机、减少重复引进等重大国策的形成过程中发挥了重要作用。

6. 政府投资项目管理系统

政府投资项目管理系统是由国家计划委员会（现为国家发展和改革委员会）投资司办公自动化领导小组根据具体业务进行系统总体设计，国家信息中心负责软件开发的一个信息管理系统。该系统于1997年初进行原型开发，1999年整合成型。

该系统分三期建设，第一期目标是建成国家计划委员会投资司内部项目管理网络系统；第二期目标是建成国家计划委员会内部相关专业司的项目管理系统；第三期建设目标是用两年时间将投资项目管理系统推广应用到各个省（自治区、直辖市）计划委员会投资处，最终建成全国性的分中央和省（自治区、直辖市）两级的政府投资项目管理网络系统。

政府投资项目管理系统包括项目基本情况库、投资情况库、建设情况库、前期工作情况库、问题及协调工作记录库、图像文件库和历史项目库等若干个数据库，完整地记录了一个项目从项目建议书、可研报告、开工报告到收尾、完工的全过程，库中已经存储了1997～2001年的全国大中型建设项目数据和1998～2000年国债投资项目数据，数据内容包括项目建议书、可研报告、开工报告的原件和领导批示的图像，以及新开工项目、续建项目和收尾项目的投资来源和投资额度、建设内容、建设规模等。应用系统可以完成整个计划编制过程，并跟踪项目进展情况。

政府投资项目管理系统所管理的项目范围纵向覆盖了全国49个省市，横向涉及水利部、建设部、教育部、卫生部、文化部和公安部等若干个国家部委，但项目数据的交换方式仍以纸介质为主。数据的交换周期是随机的，各省市、各部委可随时向国家计划委员会相关业务司局报送项目。而投资计划的下达则是分多批进行的，下达时间也是随机的。投资项目建设进度的监测工作则是按月进行的。全国大中型项目投资计划（计划大本）每年编制一次，一般在每年9月开始，11月完成，主要用于全国计划会议。

政府投资项目管理系统自1995年开始进行原型试点，1997年正式立项，相继建成了以国家计划委员会投资司为中心，覆盖了原国家计划委员会农经司、基础司、社会司、科技司、国土司、产业司和国家粮食储备局共8个专业司局，20多个业务处室的投资项目管理网络，基本实现了国家计划委员会内部投资项目的计算机管理。

1998年3月，国家计划委员会更名为国家发展计划委员会，2003年3月再次改组为国家发展和改革委员会。在后者支持下，全国首个国家级跨层级、跨地域、跨部门的全国投资项目在线审批监管平台于2018年12月顺利通过了验收。该平台横向联通47个中央部门，纵向贯通31个省（自治区、直辖市）、5个计划单列市、新疆生产建设兵团，实现了非涉密企业投资项目审批的“平台受理、并联办理、依责监管、全程监察”。国家发展和改革委员会也随后发布《2018年全国固定资产投资发展趋势监测报告及2019年投资形势展望》。此外，财政部政府和社会资本合作中心负责的全国PPP综合信息平台也顺利完成升级换代改造工作，于2020年2月17日上线，其包括信息管理和公开两大部分，以及项目库、咨询机构库、专家库、资料库等，大大提高了我国PPP项目监管、服务和信息披露能力。

7. 消费者意向调查信息系统

该系统于1995年6月由国家信息中心经济预测部市场处与国家计划委员会市场司合作开发而成。

消费者意向调查信息系统在全国范围内开展消费者意向抽样调查，将调查结果用计算机进行编辑和处理，分析各类消费者意向信息和反映宏观经济运行状况的消费者意向指数，在国内首次为国家宏观经济管理与决策部门和各级政府制定政策、发展规划提供判断国家宏观经济走势的先行指标——“消费者信息指数”，还为定期监测我国市场变动和准确地预测消费者需求提供一种新的办法，得到各级政府经济部门、政府经济研究机构和企业的广泛好评。消费者是经济活动的积极参与者，消费者群体行为对整个国民经济产生着越来越重要的影响。该系统的开发成功与实施，不仅为政府辅助判断经济走势和状况，避免或减少判断不当造成的经济“振荡”，而且还可为企业传递重要的经营决策信息，对提高企业的经济效益起一定的作用。

该系统的运用过程是：大样本抽样、系统设计、调查问卷设计、调查实施、调查信息处理、分析软件研制、基础信息加工和完成报表报告。成果形式为全国消费者意向调查信息数据库、原始资料处理软件、全国消费者信心指数模型、《全国消费者意向调查宏观系列报告》和《全国消费者意向调查家电系列报告》。

8. 中国房地产信息网

中国房地产信息网是由国家信息中心主办的专业性房地产信息网站，主要面向各级行政管理机构、银行信贷部门、房地产评估公司、土地评估机构、房地产开发企业及其他相关企业和消费者提供信息服务。

中国房地产信息网集新闻资讯、政策法规、统计数据、市场行情、基准地价和图书资料 6 方面内容，信息来源于国家发展和改革委员会、国家统计局、原建设部（现为住房和城乡建设部）、中国人民银行、原国土资源部（2018 年 3 月不再保留此机构）、国家信息中心、新华社和中新社等国内外权威政府部门及研究机构，资源渠道广阔。网站内容以房地产为核心，同时关注相关行业（土地、金融、税收、城建、规划、建材等），使用户可以多层面了解中国房地产业的发展现状与前景。信息每日更新两次，日更新文字量超过 10 万字；历史数据和信息资料齐全，具有连续性和可比性，并且采用了先进的网络技术手段，能够实时传递信息，具备强大的信息检索和表格式查询功能，是描述和研究中国房地产业现状和发展趋势的权威网站。

10.3.3　中国经济信息网

中国经济信息网是国家信息中心于 1996 年 12 月 3 日组建的以提供经济信息为主要业务的专业性信息服务网络，简称中经网。它继承了国家信息中心多年来丰富的信息资源和信息分析经验，利用自主开发的专网平台和互联网平台，为政府部门、金融机构、高等院校、企业集团、研究机构及海内外投资者提供宏观经济、行业经济、区域经济和法律法规等方面的动态信息、统计数据和研究报告，帮助其准确了解经济发展动向、市场变化趋势、政策导向和投资环境，为其经济管理和投资决策提供强有力的信息支持。

中经网的信息和业务内容可归纳为综合篇、行业篇、区域篇、数据库、视频篇、英文篇、企业篇、网站篇 8 大类。建设有中国经济统计数据库、中国法律法规库、中国企业产品库、中经网产业数据库、中外经济动态全文数据库、中国权威经济论文库、中国环境保护数据库、中国地区经济发展报告、中国行业年度报告、中国行业季度报告等内容，多次服务于全国人大会议的经济信息查询。

中经网通过与多个互联网运营商的宽带连接，以及与卫星通信公司的专线连接，为信息内容分发和互联网接入等各类网络应用提供了坚实的基础。中经网具有连接 21 个省市的 10M/45Mbps 的全国宽带网和 5 省市的 DDN 线路。通过省市信息中心又将该网络延伸至上百个地、市信息中心。中经网与中国电信、中国联通、中国铁通、广播电视信息网络、北京歌华有线各有 100M 光纤相连，与教研网有 10M 光纤相连，与中国科技网有 2M 微波相连。中经网牵头组建了中央各部委信息交换宽带（10M/100M）网。中经网日更新量达 200 万汉字和 500MB 的视频节目，通过卫星广播、专线传送、在线浏览、E-mail 定制、光/软盘和纸介质等方式为用户提供服务，是互联网上最大的中文经济信息库，是描述和研究中国经济的权威网站。

10.3.4　借助国家经济信息系统采集信息

国家经济信息系统主要有两个任务：一是服务中央和地方各级政府及宏观经济管理部门，为他们提供各种信息服务，辅助宏观经济决策；二是服务社会大众。其服务方式是在其各级网站即时发布全国或本地区的各类经济信息数据，供社会大众实施经济行为参考。该系统不同于其他的信息服务机构，它一般只主动服务于各级政府部门及各级宏观经济管理部门，定期将该系统采集到的经济数据上报给有关部门，或承担国家相关部门的经济课题研究任务。例如，2004 年，围绕“十一五”重大课题和宏观经济研究，国家信息中心完成、参与或承担了国家发展和改革委员会 20 余项课题研究任务，其中有“关于宏观调控分阶段的政策、效果分析和国内外评价”“关于国民经济和社会发展的安全战略研究”等。所以在借助该系统采集信息时，如果信息采集人员是国家政府部门的相关工作人员，那么就要熟知该系统为政府部门提供的各类服务和数据库资源，按需提取信息。如果信息采集者不是该系统所主动服务的对象，那么首先要确定自身所要采集信息所在的范围，锁定信息采集所应浏览的网站。由于该系统是由各省市经济信息中心与国家信息中心共同组成的，因此每一个中心的网站都实时在发布本地区的经济数据和各类经济研究报告，采集人员只有明确了信息采集的范围，才能在采集数据时有的放矢地选择目标网站，得到最及时的信息。如果采集信息时网站选择错误，如选择的是上一级信息中心网站，可能会因为所采集信息未上传到上级信息中心网站而挂靠在下一级信息机构网站，出现采集不到信息或信息不是最新的情况。其次，可以适当利用网络信息采集工具来采集信息。因为该系统的信息都是发布在各级信息中心的网站上，是一对多服务方式，并且不提供其他途径来为某人或企业进行信息服务，所以对于信息采集者而言，国家经济信息系统提供的信息只能是被动地接受。但信息采集者可以利用网络采集工具来选定目标，进行相关网站信息的主动采集。例如，利用“网络信息采集大师 NetGet”、“乐思网络信息采集系统”和“采集精灵 Visualget”等进行相关信息的定期采集。

10.4　新华社的信息产品服务

新华社前身是“红色中华通讯社”，创建于 1931 年 11 月，1937 年在延安改用现名。目前，新华社已成为报道形式最多、产品种类最全的世界性通讯社。新华社总社设在北京。全社的新闻采集和处理系统由总社、国内分社和国外分社三部分组成，拥有文字、图片和音视频等多渠道、多功能、多层次、多手段的新闻报道和发布体系。

随着世界科技的发展，新华社的通信技术已基本实现现代化，建成包括文字编辑、图片处理、新闻通信、经济信息、资料检索等十多个计算机信息处理系统，拥有包括卫星通信和互联网在内的传输网络。其卫星通信传输网络形成了以北京为中心，香港、纽约、巴黎、伦敦为转发中心，覆盖全国和世界100多个国家和地区的新闻通信体系。

新华社每天24小时不间断用中文、英文、法文、俄文、西班牙文、阿拉伯文、葡萄牙文和日文8种文字，向世界各地播发文字、图片、图表、音频、视频、网络和手机短信等各类新闻和经济信息产品。新华社日均播发文字新闻信息稿11000多条、图片900多张、音视频新闻20余条。

10.4.1 新华社的信息资源与服务

新华社的信息资源主要集中在新华社多媒体数据库。该数据库汇集新华社文字、图片、图表、视音频和报刊等全部资源和社会上其他有价值的新闻信息资源，是国内最大规模的多媒体、多文种新闻信息综合性数据库。文字系统不仅收录了新华社全部原创新闻信息，还汇集了大量的海内外媒体数据资源。通过整理加工形成了数百个特色鲜明的新闻信息产品。

新华社多媒体数据库始建于2002年，之后拓尔思信息技术股份有限公司与新华社技术局再次合作实施了新华社多媒体数据库英文检索引擎的提速改造，提速后的系统对于多媒体数据库的全文检索能够达到3～5s响应。目前，多媒体数据库中已经存储了数千万条多媒体信息，数据容量接近8TB，内容涵盖中、英、法、俄、西、阿及中文繁体在内的6个文种，以文字信息为主，包含图片、图表和音视频信息，并且与日俱增，成为中国媒体行业最大的多文种、多媒体数据库。该数据库于2004年7月1日正式对用户提供服务，是新华社对国内外用户提供新闻信息服务的总平台和总出口，汇集了新华社文字、图片、图表、视音频和报刊等各类新闻信息产品，以及各类新闻、各类历史资料，并具有高效灵活、实用检索和浏览、个性化定制与推送服务等多种功能。用户可以通过该数据库方便快捷、交互地选择需要的新闻信息产品。

由新华社和国家档案局双重领导的中国照片档案馆是国家级照片档案保管单位。拥有自19世纪下半叶以来的珍贵历史图片200余万底，每年以20万底的速度递增。

新华社新闻信息中心共设有七大专线，包括大客户信息专线、新华财经分析专线、环球财经实时信息专线、高管信息专线、对外中文信息专线、对外英文信息专线和海外信息专线，向客户提供宏观经济信息和行业信息服务。在此基础上形成了七大系列信息产品。

10.4.2 新华社的信息产品

1. 新华财经分析产品

该产品以研究机构、投资机构、政府及大中型企业的高管人士为服务对象，以各类分析报告为主要产品组合形式，提供顾问式信息服务。主要产品有《新华每日财经分析》、《新华财经分析周刊》、行业数据报告、行业分析报告、管理知识库点题咨询报告等。

（1）新华每日财经分析是每日经济速评信息的集成产品。在纵览每日国内外财经重要新闻信息的基础上，针对重点、热点和难点问题进行浓缩，每日早 8 时左右发刊，帮助用户在第一时间内了解财经发展动态。

（2）《新华财经分析周刊》集成新华社分析师每周经济研究成果，针对政策走向和经济形势进行深入、全面的研究，注重宏观面和独家分析，有较强的前瞻性和预警性，帮助用户从战略层面分析形势，把握机遇，预防风险，采取对策。

（3）行业数据报告采用科学智能化分析系统对经济数据进行分析处理，提供 600 多个行业的月度、季度、年度经营分析报告和 7000 多种商品的进出口分析报告，解析各行业经济运行态势和产品进出口状况，揭示其走向与趋势。

（4）行业分析报告汇集新华社经济分析师和特聘经济专家撰写的行业分析报告，针对重点行业和热点行业的竞争形势和发展趋势进行前瞻性、预警性分析，帮助用户洞悉发展环境，揭示产业规律，把准市场需求，寻找发展良机。

（5）管理知识库是企业管理人士的微观管理顾问，为用户提供国内外经营管理理念和策略、应用理论和实践案例。内容板块包括组织战略、资本运营、人力资源、企业文化和市场营销等。

（6）点题咨询报告是为用户提供的点题定制的分析报告。按用户的个性化需求，以项目制方式和专供渠道提供服务，为用户寻求最优解决方案，把握投资机会，规避潜在风险。

例如，行业分析报告中的数据分析报告依托科学的数据分析模型和数据挖掘技术，对各类经济数据进行智能化分析，可自动生成 600 多个行业的月度、季度、年度经营分析报告和 5000 多种商品的进出口分析报告，全面解读各行业经济和产品进出口发展状况，并进行趋势分析。数据分析报告的数据指标、时间范围可由用户自行设定，既可以在线分析，也可以打印成册、图文并茂，操作简便。经济数据主要来自国家海关、国家统计局和行业协会等权威机构，同时应用了新华社自行采集的经济数据。这些数据通过智能化报告生成系统和综合分析生成数据分析报告。

2. 环球财经实时信息产品

该产品面向广大投资者、大中型企业、研究机构和经济管理部门，提供全球证券、外汇和期货实时行情信息服务和财经资讯。它会 24 小时不间断向客户提供上海期货交易所、大连商品交易所、郑州商品交易所、上海证券交易所、深圳证券交易所香港联合交易和伦敦金属交易所等国内外数十家主要交易所的实时行情；每天滚动播出 20 多类、几千条国内外财经动态和市场分析性信息，是全球经济行情的千里眼和获取经济即时信息的直通车。

环球财经实时信息产品涵盖了农产品、金属、能源、证券和综合财经五大板块，每天向客户提供准确、及时、权威的实时行情、产品报价、最新动态、政策导向和数据查询等信息内容。

（1）农产品信息。它播发国内外农业、粮油生产与贸易信息，农业政策信息，以及现货市场动态及分析预测信息，向客户终端发送小麦、棉花、大豆、豆粕、玉米和豆油等国内外期货交易所的实时行情。

（2）金属信息。它主要向客户及时提供全球金属行业的产业政策和最新动态，以及重点企业的生产经营情况。向客户终端发送铜、铝、铅、锌、锡、镍、黄金、白银和铂金等国内外期货交易所的实时行情，并对金属市场走势进行分析和预测。

（3）能源信息。它主要提供石油、煤炭和电力的生产供应、消费流通和企业运营等内容。其中，石油信息包括国内外市场实时行情及走势分析。

（4）证券信息。它主要播发国内外重要证券市场的最新交易信息，上市公司数据，资本市场的深度分析和热点透视提供国内外利率政策、风险管理、保险保障等信息。内容板块有财经、股市、债市、基金、创业板和海外信息等栏目。

（5）综合财经信息。它快速报道国内外重要金融财经大势，财税、经贸、投资和消费等主要信息，及时提供国家宏观经济政策和财经数据信息，内容板块包括新华快递、政策解析、经贸参考、投资市场和管理方略等。

环球财经实时信息产品在企业界和政府部门产生了较大反响。目前，政府部门用户有中央财经领导小组、外交部、原国土资源部、原农业部现为农业农村部和原国家粮食局现为国家粮食和物资储备局等；企业和行业协会用户有中国钢铁工业协会、中国石油化工集团有限公司、中国国际信托投资公司、首都钢铁集团公司、东风汽车集团有限公司和江西铜业集团有限公司等。美国大豆协会、美国邦基公司和路易达孚公司等也是环球财经的忠实客户。

3. 高管信息产品

高管信息产品是新华社针对各行各业高层管理者开发的综合性高端信息系列产品，分为综合版、教育版、法制版、商务版、农村版、金融版、海外版和媒体集萃版等子产品。

（1）综合版。其内容主要是解读重大经济政策，调研经济热点问题，追踪管理新理念，剖析典型经营案例。主要栏目有经济观察、调查分析、资本、营销、品牌和案例等。

（2）教育版。其内容以新华社记者采写的国内外最新教育信息为主，主要栏目有关注与解读、深度分析、经验教训、观察与时评、海外纵览等，是教育行政部门负责人和学校管理者参考和借鉴的最佳选择。

（3）法制版。其服务对象是各级纪检、监察、人大、法院、检察院、法制办和司法部门，以及工商、税务海关和技术监督等行政执法部门。主要栏目有交流研讨、案例聚焦、地方传真、风采录、法规解读和海外视点等。

（4）商务版。它为商务部门、贸易机构、外向型企业和进出口公司等用户提供市场、内外贸和投资等方面的信息。主要栏目有政策解读、国内市场、对外贸易、投资参考和物流等。

（5）农村版。它以市、县、乡等各级政府部门领导、各类涉农企业、机构的管理和研究人员为服务对象，聚焦建设社会主义新农村中的热点、难点和焦点问题，交流国内外农村政策、发展动态及典型经验和教训，提供权威政策解析。主要栏目有农村管理、关注农民、农企案例、县域经济、政策解析和专题调研等。

（6）金融版。它主要及时发布和解读国内外利率政策和货币政策，动态发布银行、证券、保险和基金等行业的运行状况和典型，提供工业、投资和消费品市场等与投资密切相关的各类信息，以及对市场热点和突发事件的深度分析和热点透视。设有财经、股市、债市、基金、创业板和海外信息等栏目。主要内容板块包括政策解读、金融市场、银行动态、证券市场、保险保障、金融合作、金融案例、财经分析和地区财经等。

（7）海外版。它为政府决策及研究部门、企业高层提供有价值的海外参考信息。主要内容板块包括热点述评、海外看中国、政策措施、外论摘要、经济纵横、行业聚焦、台港澳动态、经营管理、科技之窗、风云人物、动态信息、资料荟萃、投资指导、会展商机和一周要闻等。

（8）媒体集萃版。它为用户提供从海内外媒体收集的最值得关注的信息，内容涵盖财政金融、产经资讯、政策法律、企业管理、文化教育及社会生活等。

4. 对外中文信息产品

对外中文信息产品目前主要有决策类的专供外企信息、数据化的中国经济信息和个性化的专供海外大客户信息三类产品。

（1）专供外企信息。它面向外资机构和三资企业管理层的共性需求，提供中国宏观经济政策、经济走势和投资热点信息及深度分析，帮助用户及时把握最新中国宏观经济政策、经济走势和投资热点。专供外企信息由深度分析性信息和动态资料性信息两部分组成。深度分析性信息主要跟踪和分析中国经济领域的重大事件和重要政策法规，提供官方和权威专家视点；第一时间报告主要经济运行指标走势；针对国外投资者关注的热点问题，进行专家点评。动态资料性信息由经济简讯、政策法规、聚集开发区、投资中国、投资商机和会展信息等固定栏目组成，及时发布国家及地方最新出台的涉外政策法规、开发区动态、各地经济简讯和外商投资动态等。该产品目前已拥有包括摩托罗拉、丰田汽车公司、顶新国际集团、金光纸业、正大集团和韩国现代电子有限公司等大型跨国公司在内的数百家终端用户。

（2）中国经济信息。它重点发布中国政策法规、投资环境和外资动态等综合性信息，以系统化、真实可靠的经济数据反映中国各地区、各领域的经济发展动向。并综合发布政策法规、投资环境和外资动态等信息。

（3）专供海外大客户信息。它为海外重要用户提供综合性定制信息、调研报告等咨询服务，也承接点题式调研报告等咨询服务。

5. 大客户信息产品

大客户信息产品以大型企业、政府部门和相关机构为主要服务对象，为 VIP 用户提供个性化、专业化和综合性信息服务。信息服务内容包括四大模块：每日快递、舆情监测、专题报告和特色信息。

（1）每日快递。在每天早 8 时前向用户高层领导提供国内外重大时事、政治、经济、社会要闻的“上班必读”，让用户第一时间洞悉全球财经大事，把握业界热点。

（2）舆情监测。它通过实时追踪千家国内外媒体，使用户随时了解媒体对自己及关注对象的报道，为用户扩大影响和规避风险提供第一手材料。它按行业和地区进行信息分类，回溯历史资料，通过纵向分析与横向比较使用户知己知彼，决胜市场。

（3）专题报告。它根据用户点题进行信息采集，在广泛深入调研的基础上，对行业产品产生重大影响的问题进行专题调研，利用权威、准确的数据提供个性化分析报告和解决方案。

（4）特色信息。它集成了 100 多种热点行业的动态信息和市场分析。它根据用户的不同需求，以新华社国内外信息采集网络为主，辅之以相应的信息采集点与联络员，提供独家行业宏观或微观信息。

该产品以上述四大模块为基础，通过卫星推送和互联网方式，为 VIP 信息用户提供一系列专供信息产品，如《政务专供》、《院校专供》、《酒类专供》、《房地产专供》、《钢铁专供》、《汽车专供》、《医药专供》、《IT 专供》、《出版专供》、《环保专供》、《科技专供》和《金融专供》等，并且可以针对用户需求进行多样化组合，形成个性化专供信息服务。

6. 对外英文信息产品

对外英文信息产品向海外企业、政府机构及相关用户提供中国经济信息服务，内容涉及中国政府的政策法规、官方言论、投资机会和经济预测等，以及时的信息和权威的分析帮助客户投资决策。该产品有综合英文信息产品和行业英文信息产品两大类。

1）综合英文信息产品

它主要为客户提供中国经济领域的宏观走势和不同行业的最新发展动态。该产品主要包括《中国经济信息》、《新华商业周刊》、《中国金融》和《中国经济数据》。该产品主要以外国企业的高级决策层为目标客户，产品内容涉及中国政府的政策法规、官方言论、投资机会和经济预测等。

《中国经济信息》（英文版）创办于 1988 年，是国内最早的英文综合经济信息产品。周一至周五发稿，日均发稿量为 80～100 条，内容涉及中国经济动态、市场分析、投资信息、官方经济数据。

《中国金融》为英文版周刊，追踪中国金融市场走向，为金融机构提供中国金融市场分析报告。

《新华商业周刊》为英文版周刊，为外国政府、企业管理层及研究人员提供中国商界的最新动态。

《中国经济数据》为英文半月刊，为用户提供详尽的经济数据和中国经济走势分析。

2）行业英文信息产品

它主要通过评论和图表等形式为用户提供专业化的能源、汽车、金属和 IT 领域的行业信息和市场分析。产品包括《中国油气》、《中国汽车 21 世纪》、《中国金属》和《新华电子信息》等。

《中国汽车 21 世纪》主要提供中国汽车市场的动态信息和走势分析。

《新华电子信息》为英文版周刊，发布权威的中国 IT 和电信行业信息。

《中国金属》为英文版双周刊，是最有全球影响力的中国金属信息刊物，为用户提供黑金属和有色金属行业的最新动态。

《中国油气》为英文版半月刊，为跨国石油公司、投资银行和国际咨询公司提供专业能源信息及分析。

7. 海外专供信息产品

该产品包括环球财经信息、产业经济信息的海外信息部分和亚洲网信息三个信息产品。

环球财经信息，包含了金融信息、金属信息、粮油食品信息和能源信息。产业经济信息，包含了医药信息、房地产信息、经贸信息、电子信息、汽车信息、纺织信息、轻工信息、化工信息和机械信息。该产品实时报道环球财经信息和产业经济信息海外各行业的市场行情、政策法规、行业动态、公司动态、业绩报告、市场调查、前沿产品和科技发展资讯，以及各类合作商机，如美国、欧洲、日本的股市行情，国际石油价格变化，石油生产国石油产量，美国食品和药物管理局批准的新药，以及各国和各地区房地产建材市场动态等。

亚洲网信息。它在第一时间翻译、编发来自海外企业和机构的一手信息，涉及企业购并和业务重组、新产品发布、公司业绩报告、公司金融活动、全球一流公司人事任免及展会信息等内容。

新华社的信息资源保障及分析研究报告的权威性主要来自两方面。其一，它拥有实力雄厚的社内外专家群体。这些专家来自新华社内部、政府经济管理部门、学术界及行业研究机构，组成了新华社专家团和新华社分析师两支队伍。其二，它有六大底层基础数据库的支撑：①统计数据库，以国家统计局和海关总署进出口数据为基础，以其他来源的数据为补充，对外提供行业月度经济数据、工业产品价格产量数据和海关进出口贸易数据；②竞争情报库，通过海量信息的处理，研究企业所处竞争环境、竞争形势和竞争策略，提供企业危机信息监测和市场新品跟踪服务；③数据分析库，通过数据挖掘工具对结构化数据进行专业化在线分析，实现对各类数据的多维分析预测；④专家思想库，汇聚专家群体的最新研究成果，能够为各级政府机构和企业财团决策层提供政策预警、投资机会、风险规避等多种实用性信息；⑤管理知识库，通过跟踪企业知识管理的理论发展及应用实践，帮助企业提升管理水平；⑥企业信息库，囊括了 740 万家企业信息，以及 16 万家大中型企业和 15 万家外资企业的相关信息。当然，新华社众多优秀的记者遍布国内外，能采集第一手的信息，这是其信息产品的重要来源。

10.4.3 借助新华社信息产品采集信息

新华社是中国信息市场最大的内容提供商。它的信息服务优势在于，第一，它拥有遍布全球的信息采集网络和先进的信息传输技术；第二，经济信息权威性较高，综合性强，时效快；第三，实施统一的发展战略，信息产品比较齐全，依托高新技术支撑；第四，拥有一批懂信息、懂技术、懂营销的高素质信息编辑和信息服务队伍；第五，贴近市场需求，信息服务规模化、一体化、集团化；第六，已建立了以高质量产品、高技术支持、高素质队伍、高层次用户为主干的信息服务体系。而新华社信息产品的服务对象是集团大客户、各行各业高层管理者、国内各级政府、国外政府和大中型企业等。但其服务费用一般相对高昂，非一般小型企业或个人用户所能承担。利用新华社信息产品进行信息采集要注意以下几方面。

1）根据信息需求与自身经济实力选择购买

信息采集人员应充分了解自身的信息需求和新华社专供信息服务的具体内容和服务范围。如果两者匹配，且性价比合理，就可以成交。如果购买信息产品价格较高，也可以采用组织同类企业联合购买、共同使用的方式，以节省费用。如果对所采集信息的时效性要求不是很高，可以采用订阅纸质信息产品的方式。一般来说，纸质信息产品，尤其是连续出版的信息产品，虽然时效性略逊一筹，但连续性强，也比较正式，信息质量更为可靠。

2）通过检索查阅，选择购买最佳信息

新华社信息产品一般是以网页的形式推送给用户，首页形式与普通网站相似，但具有普通检索和高级检索的功能；新华社信息产品可以数据库和文件夹的形式将其服务内容提供给用户，同时也提供普通检索和高级检索的功能。通过检索查阅，信息采集者能选择最佳信息，快速地采集到所需信息。

3）即时信息的购买

新华社信息产品的另一种服务形式是卫星推送方式。它主要应用在即时信息的推送，让用户第一时间获取所需的最新信息，保证信息的新颖性。这种服务方式受到特定用户的欢迎，如企业负责经济信息的采集人员、高层管理人员等。这种采集信息方式大多数是定向跟踪传递服务，有很强的针对性，提供的信息内容新颖，时效性强，但往往需要事先订购，其费用也会更高一些。

10.5　上海行业情报发展联盟

10.5.1　上海行业情报发展联盟简介

上海行业情报发展联盟是由上海科学技术情报研究所牵头，30 家情报服务链上的相关机构参与发起组建的国内第一个跨行业科技情报领域战略联盟。它汇聚了上海主要的情报服务机构，包括上海科学技术情报研究所、中国科学院上海科技查新咨询中心、上海市浦东科技信息中心、上海海事大学图书馆、上海市机电科技情报研究所、上海市化工科学技术情报研究所、中国科学院上海光学精密机械研究所信息管理中心等。通过上海行业情报发展联盟的构建，整合了情报服务机构的资源优势和服务能力。它是一个开放、创新的战略联盟，据该联盟的有关文字介绍，今后将吸纳更多的机构和组织加入。联盟不仅要成为打通情报服务链的大平台，还要成为能够发挥“增强情报意识，提升情报能力”的大平台，更重要的是要促进各行业的情报工作，特别是要围绕中心服务大局，走出一条“支撑自主创新，支持科学决策”的信息和智力支持系统建设新路。

上海行业情报发展联盟于 2010 年 9 月 9 日在上海图书馆（上海科学技术情报研究所）成立，并正式开通了上海行业情报服务网。目前，上海行业情报服务网能为用户提供近 20 类情报服务，包括科技查新、情报定制、市场研究、行业研究、竞争情报、决策咨询、科技评估、数据库定制、可行性分析、科技翻译等专题服务；还包括专利查新、侵权分析、专利专题分析、专利地图、法律状态检索、同族专利检索、专利战略、自主知识产权分析、技术秘密认定等以专利为主的知识产权服务，每类服务都附有服务简介和流程说明，为用户提供指导。

10.5.2　行业服务系统架构

上海行业情报发展联盟由上海科学技术情报研究所联合各个科研院所及高校情报单位结合自身专业特色提供行业信息服务。它将各个单位的专业研究和服务特色集中起来，形成一个综合的信息服务平台，主要有以下六个子系统。

1）生物技术行业情报服务网子系统

该子系统专注于生物行业面向上海、长三角乃至全国的研究与开发的产业价值链，服务的主要领域包括三方面。

（1）医药生物技术。重点涉及新药创制（心血管疾病、糖尿病、老年痴呆和抗肿瘤药物等慢性病）、疫苗（艾滋病、流感、肝炎）、干细胞治疗、组织工程与再生医学、生物芯片和生物医学工程。

（2）工业生物技术。以医用生物材料［多羟基链烷酸酯（PHAs）和聚乳酸（PLA）］、生物燃料乙醇、生物柴油、生物制氢、工业微生物、生物反应器和合成生物技术等为主要对象。

（3）农业生物技术。聚焦于转基因农作物和生态农业，提升农业技术发展水平。

2）软件行业情报服务网子系统

该子系统针对软件行业的技术热点如信息世博、云计算、软件即服务（software a a service，SaaS）等提供信息服务，并提供相关政策、知识产权、标准等信息支撑服务。重点服务领域包括操作系统、数据库、嵌入式软件、企业管理软件、系统集成、开源软件、网络与安全及通信软件等。

3）光电行业科技情报服务网子系统

该子系统服务于光电行业等重点领域，如高功率固体激光器、强激光技术及强场物理、光纤激光器、飞秒激光器、晶体硅太阳能电池、多晶硅太阳能电池、非晶硅太阳能电池、薄膜太阳能电池、多元化合物太阳能电池、太阳能材料、LED 照明、液晶显示技术、LED 背光显示技术、光刻和纳米光电材料等。

4）石油化工行业科技情报服务网子系统

该子系统以石油化工行业的科技情报服务为对象，主要服务领域为石化行业经济运行的调查研究、行业新情况和新问题研究、新兴产业发展、行业发展战略技术、行业预警、重点领域的创新成果、石化行业投资机会分析报告、行业简报、行业动态、文献检索、原文提供、科技查新、专利分析、化学品安全说明书（material safety data sheet，MSDS）编制和会展服务等。

5）上海行业情报服务网机电行业子系统

该子系统以机电行业作为情报服务领域，重点关注行业动态，行业科技情报，行业科技发展政策，企业科技发展战略决策，专利申报的新颖性、创造性、实用性评定，企业各项科技资格认定咨询，企业科技项目申报咨询，产品标准制定，国内外技术经济指标对比，科技成果评估，专利技术分析及评判，专利侵权，无效法律状况咨询，企业品牌（商标等）建设战略，聘请国内外专家咨询及指导服务，虚拟仿真技术分析，各语种科技文献翻译，国内外市场会议组织，知识产权申报加快流程等。

6）海事行业情报服务网子系统

该子系统重点服务海事行业，包括海运公司、港口、造船企业、船级社、海事局、引航站、船舶代理公司、海运货物运输代理公司、律师事务所、法院、航道管理局、海事院校、海事科研机构、船舶配件公司、海洋局、海运保险公司、海运投资公司、涉海贷款银行、内河航运公司、各级港航管理局、各省交通厅、海上搜寻救助局、海上打捞局、海事媒体等单位。

以上每个子系统都有行业总览、行业动向、情报产品、情报服务和行业资源五大板块，均设计安排了最新情报、专题专栏、行业资源、快速链接、科技查新、侵权分析和专利地图等栏目。通过选择相关栏目，都有实实在在的丰富内容，只要按图索骥，就能找到所需要的信息。

10.5.3 行业情报服务类型

上海行业情报发展联盟的行业情报服务主要包含三大块：科技查新、专题服务和专利服务。每块行业情报服务又包含许多服务。

1）科技查新

科技查新的服务范围包括科技立项、成果鉴定、高新技术成果转化、重点新产品申报、创新基金申报、高新技术企业认定、引进技术吸收与创新、奖励申报、专利查新等，以及国家高技术研究发展计划（863计划）、国家重点基础研究发展计划（973计划）火炬计划等相关信息需求，相关服务还包括引文检索、文献普查等。

2）专题服务

专题服务的范围包括情报定制、市场调研、行业研究、竞争情报、决策咨询、专题数据库定制、科技评估、科技翻译和可行性分析等内容。

3）专利服务

专利服务的范围包括专利查新、侵权分析、专利地图、专利专题分析、帮助申请专利、专利法律状态检索、同族专利检索、自主知识产权认定和专利战略等。

同时，服务网还为用户推出包括RSS（Really Simple Syndication）订阅、关键词订阅、情报推送、情报收藏和情报购物车等各类自助服务，以及专家咨询、会员投稿和网上报名等个性化服务。利用情报购物车，用户可以一步完成所需情报产品的选购。

10.5.4 借助上海行业情报发展联盟采集信息

上海行业情报发展联盟是一个跨行业、对接供需的科技情报服务领域的战略联盟，其服务对象是企业的管理人员、研发人员和市场开发人员，政府对企业进行管理和服务的机构，以及相关行业组织等。

借助上海行业情报发展联盟采集信息主要有以下两种采集方式。

1）利用上海行业情报服务网采集信息

该网站集成了大量的行业情报、专利情报和数据库资源，其中行业情报和专利情报大多以新闻动态和报告的形式展示出来，并可以免费使用。目前有 82 个中西文不同的数据库是能够注册后免费使用的。此外在网站上有一个“免费资源推荐”的小模块，可以采集到一定数量和质量的信息。需要注意的是，数据资源既有免费的，也有收费的。无论网站上提供的免费数据库资源还是收费数据库资源，该网站都将这些数据库进行了分类，如将通用数据库分为专利数据库和非专利数据库，然后进一步细分，从而起到导航的作用，并有助于提高信息采集的效率。因此具有附加值的情报研究产品是要收费的。我们在采集有关信息时，可以通过该网站设置的 QQ 或 MSN 与专家取得联系，实时沟通，通过付费的方式委托情报专家进行深入研究加工，购买情报研究产品。总之，该网站是联系服务对象与服务联盟的纽带，是沟通信息采集者与信息服务方的桥梁。信息采集者无论在何地域均可足不出户，利用网站的信息资源获取所需信息；或与信息服务方沟通，付费购买经过深加工的信息产品。

2）利用会员服务模块采集信息

上海行业情报服务网提供免费注册会员的服务，并为会员提供相应的服务模块。该服务模块提供了“我的委托”“我的提问”和“我的情报”三个子模块。对于一些需要系统解决方案的问题可以利用委托的形式，请上海行业情报发展联盟的专业人员加以解决，其服务费用根据服务项目而定；其他两个服务模块都是免费使用的，特别是“我的情报”模块里的信息定制，服务网采用 RSS 技术在用户定制目标信息后，可按期直接自动推送给用户。信息采集者可以根据自己的实际需求情况采取不同的信息采集策略，从而提高信息采集的质量和获取信息的速度。

10.6 科学数据共享工程

10.6.1 科学数据共享工程简介

科学数据是人类社会科技活动所产生的基本数据和资料，以及按照不同需求而系统加工的数据产品和相关信息。科学数据不仅是科技创新、经济发展和国家安全的重要战略资源，也是政府部门制定政策、进行科学决策的重要依据。科学数据共享工程作为国家科技基础条件平台建设的组成部分，旨在打破信息壁垒，整合离散的科学数据资源，构建面向全社会的共享服务体系，实现科学数据的合理流通。实施科学数据共享工程，对于增强我国科技创新能力，提高科技整体水平，促进社会和经济发展具有十分重要的意义。

科学数据共享工程建设的总体目标是构建国家科学数据管理与共享服务体系，制定和完善科学数据共享政策、法规与标准体系，增强科学数据资源积累，促进科学数据增值。科学数据共享工程在建设过程中始终遵循“统筹规划，资源共享；联合建设，同一标准；

需求主导，保障安全；突出重点，试点现行”的原则。自 2001 年底启动第一个试点——气象科学数据共享试点以来，在资源环境、农业、人口与健康、基础与前沿等领域共 24 个部门开展了科学数据共享工作，先后完成了 23 项具体标准的编制及一批管理办法；整合共享了跨部门、跨领域超过 250 亿元国家投入产生的数据资源，建立了若干数据库；积极开展数据共享服务，为科学研究和政府决策提供了坚实的支撑，成效显著。据不完全统计，截至 2005 年底，访问各个科学数据共享网站和分网站的用户总人次已经超过 1400 万人次，注册用户数接近 5 万人；数据在线下载量达到 15TB；先后为超过 1225 个（次）的国家重点基础研究发展计划（973 计划）、国家高技术研究发展计划（863 计划）、国家科技攻关计划、国家自然科学基金等重大项目和工程提供基础数据支撑，有力地促进了我国科技创新和社会发展。

10.6.2 科学数据共享工程体系结构

科学数据共享工程启动了农业、林业和气象等 9 个科学数据共享工程试点，在资源环境、农业、人口与健康、基础与前沿等领域共 24 个部门开展了科学数据共享工作。这里重点介绍几个科学数据共享中心。

1）农业科学数据共享中心

由中国农业科学院农业信息研究所主持，中国农业科学院部分专业研究所、中国水产科学研究院、中国热带农业科学院等单位参加建设。该中心建设是以农业科学数据共享服务需求为目的，为农业科技创新和农业科技管理决策提供农业科学数据信息资源的支撑和保障。农业科学数据共享中心按照作物、动物、水产、热作、草地与草业、农业区划、农业资源与环境、农业微生物、农业生物技术与生物安全、食品工程与农业质量标准、农业信息与科技发展和农业科技基础共 12 大类分年度进行数字化加工与整合，新增 44 个主体数据库，并对逐年增加的主体数据库进行更新和维护。

2）林业科学数据共享中心

其由中国林业科学院的主中心和分布于重点林业省（区）的 8～10 个分中心组成。其主要包括森林资源、林业生态环境、森林保护、木材科学、森林培育、林业科技基础、林业科学研究专题和林业建设基础数据八大类、50 多个专业数据库。其中，基于国家森林资源连续清查结果的省级森林资源分布数据库已经实现了全国覆盖，重点省（区）森林资源规划设计调查结果数据库已经覆盖了 22 个省（区），典型县（林业局）森林资源规划设计调查结果数据库已经收集整合了 700 多个县级行政区的资料。林业科学数据主中心和各分中心网站 2006～2008 年用户累计登录达 72 万多次，新增注册用户 38 878 人。用户在线下载数据总量超过 120GB，离线获取数据总量超过 200GB。

3）气象科学数据中心

由中国气象局国家气象信息中心气象资料室负责建设的国家气象科学数据中心（中国气象数据网）展开科学数据共享服务，是气象科学数据共享工程第一个试点中心。气象科学数据中心提供 27 个城市外加台风、暴雨、卫星服务分节点的地面气象资料、数值分析预报产品、气象卫星资料、高空气象资料、大气成分资料、科学试验和考察资料、海洋气象资料、历史气候代用资料、气象服务产品、气象辐射资料、气象灾害资料、农业气象资料、气象雷达资料等数据服务，并对降水、东亚气候观测、卫星和积雪等展开专题服务。

4）地震科学数据共享中心

由中国地震台网中心负责承建，目标是建立由1个国家地震科学数据共享中心、10个专业共享分中心和15个省级共享节点构成的地震科学数据共享系统。目前，地震科学数据共享工程已建成1个国家地震科学数据共享中心，地磁、强震动与工程震害、重力、深部探测、地球空间观测、地壳应力环境、地震地质与地震动力学、地震灾情、东部形变和西部形变10个分中心，以及南北地震带监测数据共享子网等6个区域子网。

5）中国可持续发展信息共享系统

中国可持续发展信息共享系统建立了1个总中心、18个分中心的集中和分布互相结合的中国可持续发展信息共享网络环境，建成了包含五大门类、29大类、76小类，来自各个行业和领域的主管部门与单位的中国可持续发展权威共享数据50GB，其中集中共享数据有20GB。

10.6.3 科学数据共享标准

科学数据共享工程最重要的基础是数据的标准化。只有统一、标准的数据才能实现科学数据的自由流通。为了保证科学数据规范，科学数据共享标准体系分为指导标准、通用标准和专用标准。

1）指导标准

用来阐述科学数据共享标准化的总体需求概念、组成和相互关系，以及使用的基本原则和方法等。科学数据共享工程中的指导标准包括《标准体系及参考模型》、《标准化指南》、《科学数据共享概念与术语》和《标准一致性测试》。

2）通用标准

通用标准是科学数据共享活动中具有共性的基础性标准。通用标准分为三类：数据类标准、服务类标准和管理与建设类标准。数据类标准包括元数据标准、分类与编码标准和数据内容标准三方面，如《元数据内容》、《元数据的XML/XSD置标规则》（SDS/T 2113—2004）、《元数据标准化基本原则和方法》、《科学数据分类与编码原则与方法》、《科学数据分类与编码》、《数据元标准化原则与方法》、《数据元目录》、《数据模式描述规则和方法》、《数据交换格式设计规则》、《数据图示表达规则和方法》和《空间框架数据标准》等。服务类标准是提供科学数据共享服务的相关标准的总称。服务类标准包括数据发现服务标准、数据访问服务标准、数据表示服务标准和数据操作服务标准四方面标准。管理与建设类标准用于指导系统的建设，规范系统的运行。管理与建设类标准包括《质量管理规范》、《数据发布管理规则》、《运行管理规定》、《信息安全管理规范》、《共享效益评价规范》、《工程验收规范》、《科学数据中心建设规范》和《科学数据网建设规范》等。

3）专用标准

专用标准就是根据通用标准制定出来的满足特定领域数据共享需求的标准。重点是反映具体领域数据特点的数据类标准，包括领域数据类标准、领域服务类标准和领域管理与建设类标准。

10.6.4　科学数据采集

科学数据共享工程由于是采取一个主中心和几个分中心的结构，涉及 24 个部门的不同类型的数据，因此，在提供服务方面有各自的特色。对科学数据共享工程的数据采集主要有两种方式。

1）在线共享方式采集

用户通过网络的共享数据资源采集科学数据。依托科学数据共享工程主站点及各分中心开通的网络平台提供在线共享服务，直接可以采集到科学数据。在线共享方式采集信息有两种方式。一种是直接选择数据资源采集科学数据。例如，用户可以直接从国家科学数据中心网站浏览数据，也可以无须登录直接查询气象资料和海洋资料。另一种是通过注册成为会员来采集信息。海洋科学数据共享中心分普通用户、普通会员与高级会员。该中心向各级别用户提供的数据库内容不同，级别越高数据库的种类越多，内容越详尽。普通用户无须注册，可以直接采集信息，普通会员需要注册才能采集信息，高级会员需在线注册并实名认证。

2）离线共享方式采集

科学数据共享工程的各分中心针对数据应用专业性较强的用户或不具备高速网络条件的基层用户提供光盘等介质复制邮寄的数据服务。还有些信息共享中心积极提供主动服务，定期或不定期地将科学数据目录和相关服务的信息发送给用户，并随时报道最新的科学数据。因此，可以通过咨询服务要求提供光盘等数据，即可以离线采集数据。

10.7　全国文化信息资源共享工程

10.7.1　全国文化信息资源共享工程简介

全国文化信息资源共享工程是在新形势下为了打破落后地区信息闭塞的状况，缩小“数字鸿沟”，提高全民的科学文化素质而实施的一项公共文化基础工程。它是我国文化部和财政部共同实施的一项公益性服务的重大文化项目，极大地缓解了基层群众看书难、看电影难和看戏难的问题，是实现基层群众享受基本文化权益的重要途径。

该工程应用现代科学技术，将中华优秀文化信息资源进行数字化加工整合，通过工程网络体系，以互联网、卫星、移动存储、镜像、光盘和有线电视/数字电视网等方式，实现中华优秀文化信息资源在全国范围内的共建共享。“十一五”时期，该工程在各个方面都取得了令人瞩目的成绩，已建成 1 个国家中心、33 个省级分中心、2 867 个县级支中心、22 963 个乡镇基层服务点、59.7 万个村基层服务点，基本实现了“村村通”，覆盖城乡的服务网络初步形成，数字资源建设总量达到108TB，工作队伍达到68万人，累计服务9.6亿人次，建设与服务成效显著。

10.7.2　全国文化信息资源共享工程框架体系

全国文化信息资源共享工程充分利用现代科学技术，通过国家骨干通信网络系统，整合中华优秀传统文化及现有的各类文化信息资源，实现全国文化信息资源的共建共享。其框架体系主要包括以下三方面。

1）网络框架

实现网络联网的"135"计划，即在建设国家中心的基础上，建设30个以上省级分中心或专业分中心；借助国家骨干通信网，在分中心的周围搭建起一个包括全国5000个以上的县、乡、街道和社区图书馆或文化馆、文化站的联网系统，实现数字文化信息资源的广泛传播与利用。截至2010年底，已建成1个国家中心、33个省级分中心（覆盖率达100%)、2867个县级支中心（覆盖率达95%)、22 963个乡镇基层服务点（覆盖率达67%）和59.7万个村基层服务点（覆盖率达98%)。

2）资源框架

（1）完成全国图书馆、博物馆、美术馆、艺术研究等机构的文化信息资源联合目录。对原有数据加以整合，制作新数据，建成上述机构的文化信息资源联合目录，搭建起一个公益性的元数据交换平台。

（2）完成以"百万册（件）文献共建"与"四个一优秀作品"为核心的数字资源建设，即完成100万册（件）文献、1000台优秀地方剧目，1000部优秀音乐作品，1000部优秀美术作品、1000件珍贵文物的数字化，并提供网上服务。

（3）整合贴近大众生活的社会文化信息资源。社会文化信息资源包括科普知识、法律常识、生活礼仪、农业科技、卫生保健及百科知识等资源库。

（4）建设支持文化信息资源共建的基础信息资源。截至2010年底，资源总量达到108.04TB，其中，文化共享工程国家中心建设的资源达28.9TB，包括艺术欣赏、农业科技、文化教育、知识讲座、少儿动漫等视频类资源30909部（场)、19390小时，少数民族语言资源1956小时；各地建设的资源总量达到76.4TB。中国国家图书馆为全国文化信息资源共享工程提供了2.74TB的数字资源。

3）服务框架

通过文化信息资源联合目录，建立网上文化信息资源导航系统；利用由国家中心、省级分中心及基层中心组成的网络开展服务。

10.7.3　利用共享工程对文化信息资源的采集

利用全国文化信息资源共享工程进行信息采集活动，可以通过以下几项措施来实现。

1）利用互联网访问采集信息

全国文化信息资源共享工程是以网络作为基础实现共享服务的。全国33个省级分中心全部开通电子政务外网，该网络已成为国家中心与各省级分中心之间资源传输的主渠道。江苏、陕西和广西等还采用虚报专网技术，提高了资源的传送和使用效率。利用互联网可以实现共享工程的信息采集。

2）通过卫星设施采集信息

在边远地区和网络条件不太发达的地区可以通过卫星传输数据实现信息采集。现在基本上是通过中央教育台的卫星传输频道向基层传输，这就需要在基层有一个接收天线和一个接收器，通过这种方式进行采集。

3）利用交互式网络电视采集信息

信息采集者利用交互式网络电视可以实现信息的采集。该方法目前尚没有普遍采用。

4）利用数字电视直接采集信息

我国已经有 25 个城市开始推行数字电视。可以通过数字电视有选择地收看全国文化信息资源共享工程播放的信息资源以采集信息。

5）索取光盘或材料

在网络条件不太成熟的地方，全国文化信息资源共享工程的基层机构提供移动硬盘、光盘和打印材料等给群众发放。信息采集者可以通过这种形式向全国文化信息资源共享工程的基层机构索取信息。

10.8 信息咨询机构的信息服务

信息咨询是一种基于各种信息的收集、加工、整理和传递，解答咨询者的问题，促使信息更有效地利用的业务活动。我国的信息咨询机构有两类：一类是传统的高校和政府事业单位（主要是科研院所的情报系统），这一类信息咨询机构占了我国信息咨询机构的大多数，其主要为政府、企业提供决策咨询服务。决策咨询是信息咨询机构受信息需求单位的委托为信息需求单位的决策提供信息服务。社会发展面临的许多重大经济政策及各项规章制度的制定与实施都依赖于决策咨询。在我国，通过设立不同的智库来为社会发展提供决策咨询。这些智库主要依托高校和政府事业单位，具有典型的公益性。新华社 2009 年 1 月出版的《瞭望》周刊封面文章《中国智库锋芒待砺——多视角看中国智库》中选出了我国 42 个在国内外有重大影响的智库——中国主要决策咨询研究机构，其中包括中共中央党校（国家行政学院）、中共中央政策研究室、国务院研究室、中国科学院、中国社会科学院、中国工程院、国务院发展研究中心、中国人民解放军军事科学院、中国人民解放军国防大学、中国宏观经济研究院、商务部国际贸易经济合作研究院、中国财政科学研究所、中国国际问题研究院、中国人民银行研究局、国家信息中心、国务院国有资产监督管理委员会研究中心、上海市人民政府发展研究中心、上海社会科学院、上海国际问题研究所、广东省社会科学院、中国改革开放论坛、中国经济体制改革研究会、中国太平洋经济合作全国委员会、中国经济改革研究基金会、中国电子信息产业发展研究院（赛迪集团）、中国（海南）改革发展研究院、中国（深圳）综合开发研究院、中国战略与管理研究会、北京大学中国经济研究中心、清华大学国情研究院、北京大学光华管理学院、厦门大学台湾研究院、北京大学国际关系学院、清华大学国际关系研究所、清华大学国际传播研究中心、中国人民大学中国经济改革与发展研究院、中国人民大学国际关系学院、中国人民大学中国财政金融政策研究中心、浙江大学民营经济研究中心、复旦大学世界经济研究所和复旦大学中国社会主义市场经济研究中心等。这些咨询机构承担着国家重大经济、政策咨询。近 10 年来，咨询机构又有了新的发展，数量有所增加。

另一类是国外或民营咨询机构，又称信息咨询公司或者管理咨询公司。近 10 年来，这类信息咨询公司在我国数量激增。世界著名的咨询公司纷纷涌入中国市场，开辟咨询业务。国内咨询公司也如雨后春笋，不断诞生创业。他们往往借助新技术手段，利用专业化的分析工具，聚焦于某一领域，为企业和个人提供更加灵活的咨询服务。但这类咨询公司是以盈利为目的的，因此，其咨询服务要收取较昂贵的费用。

10.8.1　咨询产业的层次

咨询产业从纵向上可以划分为三个层次，即信息咨询业、管理咨询业和战略咨询业。在每一个层次上又可以从横向上细分为不同的业务领域。

信息咨询业是咨询产业的基础层。处于信息咨询层次上的咨询公司主要从事市场信息调查、收集、整理和分析业务，为企业决策提供准确、完善的辅助信息。著名的咨询公司有 D&B、Gartner Group、盖洛普（中国）咨询、零点调查、华南国际市场研究、慧聪信息和浩宸商务等，都是主要从事信息咨询方面的业务。

信息咨询业的特点是，其服务对象主要是企业而不是一般民众。企业对信息咨询业服务的需要多以年为周期，如许多企业每年年底请专业咨询公司组织市场调查和分析，了解企业产品在市场上所占份额、客户对产品的满意度等。当然，当社会突然出现热点问题、网络出现新的舆情信息时也会有随机咨询的情况。信息咨询一般不按工时收费，通常是按项目来定价收费。

管理咨询业是咨询产业的核心层。在管理咨询层次上的咨询公司主要按照企业管理的各个层面划分专业业务领域，这些领域一般包括投融资咨询、财务会计咨询、税收咨询、市场营销咨询、人力资源咨询、生产管理咨询、工程技术咨询、业务流程重组与管理信息化咨询等。

管理咨询业的特点是，咨询业务的开展，一般要求咨询顾问与企业相应的业务人员密切联系，了解企业棘手问题，从而对症下药，对企业管理的某些层面进行管理改造，或对企业管理进行全面改造。因为企业健康发展一般情况下 3 年左右会上一个台阶，所以许多企业一般以 3 年左右的时间为期，请专业咨询公司对其把脉，进行一次管理改造。当然，并非所有企业都是如此程式化运作，只要企业管理出现了问题或者有企业发展需要，企业管理层向管理咨询公司随时咨询的案例比比皆是。

管理咨询顾问不仅要为企业管理的某些领域、某些层次设计良好的运行模式，也有可能要辅助企业实施管理改造，而不仅仅是提供咨询报告。管理咨询顾问需要具备企业管理的某些专门领域的知识（最好能掌握 MBA、EMBA 的知识体系），以及一些特定行业的企业管理经验。从事管理信息化咨询的顾问还需要有足够的 IT 背景知识及对行业发展良好的预测能力，能够对企业未来的发展作出比较科学的预判。

管理咨询业务许多是按人天工作时间收费，在西方国家通常按每人每天 1000 美元以上的价格收费。但有些管理咨询业务（如投融资咨询等）则是按项目定价收费，价格会依据管理咨询公司的知名度差异而不同。随着时代的发展，按项目收费的方式越来越多，更受企业的欢迎。

战略咨询业位于咨询产业的最高层次。战略咨询层的管理咨询公司主要是为企业提供战略设计、竞争策略、业务领域分析与规划设计等服务，同时也有一些咨询公司主要面向政府提供政策决策咨询。而战略咨询的管理咨询公司提供战略与决策咨询服务的难度较大，往往也难以见到明显的成效，从业风险较大。因此，专门从事战略与决策咨询服务的公司较少，大多数咨询公司通常是将业务领域扩展到管理咨询层次上。国际上最著名的战略咨询公司是麦肯锡。

欧美一流咨询公司职业经理人及职业管理专家刘启明则认为，咨询业可以分为四类。第一类是以美国 IDC（International Data Corporation）为代表的跨行业信息咨询公司，其特点是对外销售基于行业评估的第三方研究报告。第二类是市场研究类公司，其特点是接受客户委托进行调查研究，并以提供数据分析为主，以提出解决方案为辅，并不需要客户提供资料，而是通过电话采访、问卷调查等方式自己取得数据。市场研究类公司中全球排名第一的是 AC 尼尔森。第三类是管理咨询类公司，包括专业性的公司和综合性的公司两种。专业性的公司又分为很多种，如人们时常提到的四大会计师事务所——普华永道、安永、毕马威、德勤，属于专业的财务咨询类公司。综合性的公司即战略型的公司，这类公司中最有名的是麦肯锡。第四类是各大投资银行，这是经济咨询业最高端的公司，著名的摩根士丹利就属于此类。

刘启明认为，以上四类咨询公司组成了咨询业的金字塔，其中跨行业信息咨询公司位于金字塔的底层，往上一层是市场研究类公司，再往上一层是管理咨询类公司，顶层是各大投资银行。

10.8.2　信息咨询公司的服务

随着我国信息化社会的进展，信息咨询公司的服务项目也正在朝多元化的方向发展，也就是向管理咨询方向发展。据了解，市场上许多信息咨询公司与管理咨询公司的业务已经合二为一，其开展的咨询服务业务主要有以下一些方面。

1）投资咨询服务

投资咨询服务主要为采用金融工具理财的企业和个人提供金融分析研究报告类服务和投资风险评估服务等。随着金融产品越来越多，人们的理财意识越来越高，此类投资咨询服务有广阔的发展市场。投资咨询服务越来越受人们的欢迎。

2）企业培训

信息咨询公司用其丰富的管理理论和丰富的大量案例，为企业员工提供颇具价值的培训服务，这是信息咨询服务的一种新的拓展。企业的发展离不开人的发展，员工的职业培训就成为最重要的工作。但是，企业员工局限于自身的业务，接触面有限，与外界缺乏沟通，导致信息不畅，难以获得实质性的提高。信息咨询公司专注于信息业务，其视野更为广阔，能提供更为全面的信息与前沿知识。因此，信息咨询公司不仅提供信息咨询服务，还为企业员工的发展提供专业知识服务，提升员工的职业水平。

3）信用服务与信用管理

信息咨询公司的资信调查服务可以使企业了解自己的信用度，了解自己在消费者心目中的形象与地位，从而提高交流自信心，放开手脚拓展市场；或者将重点放在改善自己的企业形象上，致力于提高产品质量，提升企业产品在消费者心目中的信用度，为未来更好地开展业务奠定基础。同时，借助信用服务，可以查询合作伙伴的历史行为记录，审视它们的信用水平，评估信用状况，为开展交易提供前提。

4）市场研究

市场研究主要包括市场细分方面的研究、市场深度方面的研究、市场拓展方面的研究、市场开辟方面的研究、市场投资方面的研究等。信息咨询公司通过开发检测软件，对企业涉及市场的各个因素及状况进行监测，实时采集市场信息，分析市场壮大，并提供专业的市场分析工具供企业使用。借助信息咨询公司的帮助，企业可以随时了解市场的变化状况，进一步预测市场的发展，模拟市场的下一阶段的演化情况，为企业市场决策提供支持。

5）管理咨询

信息咨询公司还针对企业发展或日常管理中存在的问题，开展企业战略规划管理咨询、营销管理咨询、质量体系认证咨询、组织结构咨询、管理流程咨询、生产管理咨询、质量管理咨询、绩效管理咨询、人力资源管理与开发咨询等多种服务项目。信息咨询公司往往凭借企业发展的历史数据，借助独特的数据分析与问题分析方法，挖掘管理中存在的问题，提出具体的解决方案。这些咨询公司帮助企业解决管理上的问题，提高管理效率，让企业更具灵活性，提升企业应对市场变化的能力。

6）国际中介咨询

在全球经济体的大背景下，特别是中国加入世界贸易组织（World Trade Organization，WTO）以来，一些国外的企业纷纷进入中国这个日益兴旺的消费市场，抢占这一巨大的新兴市场蛋糕。这些企业带来的不仅是先进的技术与管理经验，还涉及许多国际业务的运作与管理。国内企业要与外国企业打交道，必须先对其公司背景、运作方式、交易流程等展开调查，以便知己知彼。同时，国内的企业也要走出去，开辟海外市场，但海外的法律法规、市场销售情况等也需要足够的了解才能开始驾船出海。对国内企业而言，自己调研不仅耗时耗力，而且很可能出现重大失误。借助信息咨询公司的国际中介咨询服务来解决这一问题是一个非常便利、高效的途径。负责国际中介咨询服的信息咨询公司往往具有很好的国际背景，对海外市场与业务极为熟悉，能为公司提供海外市场相关的经济环境、政治环境和文化环境等方面的咨询研究服务。

10.8.3 借助信息咨询公司的信息采集

借助信息咨询公司进行信息采集，是企业与个人获取信息的重要途径之一。信息咨询公司是企业的外脑，其提供高智力服务来帮助客户解决问题。信息咨询公司同时也是以盈利为目的的商业化公司，虽然会有部分的免费信息，但其主体产品仍是收费的。与公益性咨询服务机构相比，信息咨询公司的服务更加个性化，大部分属于量身定做的。其服务模式是在确定咨询意向后建立咨询项目，派遣专家小组负责该项目，从前期的需求分析到最后的改进措施实施与评价均由该小组负责。

借助信息咨询公司采集信息，主要是以付费的方式购买信息咨询公司的产品或付费享受其提供的服务。因此借助信息咨询公司采集信息要注意以下几方面。

1）信息咨询公司的选择

信息咨询业的发展使得信息咨询公司如雨后春笋般出现。经过几十年的发展，本土信息咨询公司开始做大做强，在国内较出名的信息咨询公司中，本土信息咨询公司所占比例逐渐增大，但目前知名度较高的依然是国外信息咨询公司的中国分公司。毕竟国际大型信息咨询公司有着一定的优势。例如，在管理咨询领域，麦肯锡、罗兰·贝格、锡恩咨询等大型信息咨询公司，通过多年的完善形成了系统的方法论、案例信息库及科学的咨询工具，更重要的是在咨询师队伍建设、项目管理等方面已经具备了完善的体系。信息采集者对信息咨询公司的选择要依照自身需求与能力。著名公司的服务价格高，对于资金不够、需求不高的企业，不用选择著名公司，以免造成资源浪费。但也不能随意选择，至少要看对方是否有能力解决企业的问题，无法解决问题的信息咨询更是浪费。信息采集者可以通过口碑、信息咨询公司曾完成的项目、研究人员构成等方面粗略评价信息咨询公司，然后通过具体商谈，了解详细情况，比较之后选择最符合需求的信息咨询公司合作。

2）注重双方的交流和沟通

在确定合作前，双方应有较深入的了解，因为信息采集者的深层信息需求往往不能通过一次交流来全部展示出来。信息采集者要详述要求和预期，委托后更要时时跟进，关注信息任务的完成情况，在关注与沟通中了解信息咨询公司的真正实力，以便下次选择信息咨询公司时节省选择成本或沟通成本，提高信息采集的效率。

10.9　国外著名图书馆的信息服务

获取国外文献资源必然要用到文献传递服务。文献传递服务是图书馆情报咨询工作中不可或缺的一项主要工作，也是各图书馆和情报采集机构发展较为迅速的一项日常工作。目前，网络上有许多文献传递机构，在采集有关信息时，也可借助于它们的帮助来完成信息采集任务。

10.9.1　美国国会图书馆

美国国会图书馆被公认为是世界上规模最大的图书馆。它以 1.3 亿的馆藏量成为图书馆历史上的“巨无霸”，馆内书架的总长超过 800km。在美国国会图书馆的馆藏总量中，有 0.29 亿册包括 450 种语言的图书、0.12 亿张照片、0.58 亿件手稿，还有大量珍贵的国家档案和文件，以及难以估价的艺术珍品。

美国国会图书馆的首要任务是满足美国国会研究的需要，此外，它还为其他政府部门和一般读者服务，并通过馆际互借为各研究图书馆服务。

美国国会图书馆已成为美国国会、政府学术界和一般读者的参考咨询中心、国际交换和国际互借中心、全国目录中心、各国政府出版物和联合国资料收藏中心、国内外馆际协作中心和图书馆学研究中心。

美国国会图书馆网址是 http://www.loc.gov/index.Html。

10.9.2　大不列颠图书馆文献提供中心

成立于 1970 年的大不列颠图书馆文献提供中心（British Library's Document Supply Center，BLDSC）是英国面向世界的大型文献配送中心，它以文献资料丰富、服务周到、配送及时而闻名。其前身是大不列颠图书馆外借部。该中心藏书量极为丰富，几乎覆盖科技、社科、人类学等各学科范畴和所有文献类型。系列会议文献和年代久远的书刊收藏是其馆藏特点。在馆际互借的模式方面，英国偏重于集中型模式。在地区图书馆系统所承担的馆际互借文献服务中，只有 20%由系统自身提供，而 80%是从国家中央馆藏中心即大不列颠图书馆文献提供中心获得的。其服务的网址是 http://blpc.bl.uk/。

10.9.3　联机计算机图书馆中心

联机计算机图书馆中心的前身是 1967 年成立的美国俄亥俄学院图书馆中心（Ohio College Library Center），由于中心服务范围的扩大及图书馆成员的增多，1981 年更名为联机计算机图书馆中心，总部设在美国俄亥俄州的都柏林。目前，它已联合了 84 个国家的 50540 个各类型图书馆，建立了包含世界上 400 余种语言文字、超过 4200 万条记录的联合目录数据库（World Cat Database），而且还在以每 15 秒钟增加 1 条新记录的速度递增。其服务网址是 https://www.oclc.org/en/home.html。

10.9.4　UnCover

UnCover 是隶属于美国 CARL（Colorado Alliance of Research Libraries）公司的一个文献快递中心。它拥有当前世界上规模最大、内容更新最快的期刊目次数据库——UnCover 数据库。该数据库建于 1988 年，其宗旨是提供期刊文献资源的各种信息产品，目标是为那些以期刊为获得信息手段的用户提供及时、全面且效果显著的服务。UnCover 的特色功能是利用最新的文献传递和报道获取最新的文献信息。

据悉，UnCover 收录期刊已超过 18000 种，拥有期刊论文索引（文摘）800 多万篇，并且还在以每天 5000 篇的速度不断扩充。UnCover 数据库广泛覆盖多种学科主题，在该库收录的 18000 种期刊中约有 51%的学科属于科技、医学和农林（纯科学、应用科学和医学），40%属于社会科学（政治、商业、历史、地理、教育、社会、政治学、心理学、宗教与哲学），剩余的 9%为艺术、文学、音乐和建筑学。即使比例最小（2%）的宗教与哲学也有 340 种期刊供查阅，因而非常适合于科研人员利用。

10.9.5　德国 Subito 在线馆际互借系统

Subito 是国际性的图书馆学位论文集成发现系统（dissertation discovery system，DDS），是德国教育和科研部为了加快文献资料提供速度而建立起来的，现已有德国、奥地利、瑞士等国的 33 个图书馆参加，是国际上众多图书馆提供文献资料的一种服务系统。Subito 有着 33 个图书馆的几百万种期刊及图书，形成了一个为科学、经济和社会等所有领域提供信息的重要基地。

10.9.6　加拿大科学技术资料中心

加拿大科学技术资料中心（Canada Institute for Scientific and Technical Information，CISTI）隶属于加拿大国家科学图书馆，其文献传递服务中心建于 1924 年。CISTI 提供科技、医学、工程与农业领域的期刊文章和技术报告等，收藏范围为从 1800 年至今。其馆藏包括 54000 多种期刊，700000 多种图书、手稿、会议论文、技术报告及翻译资料等。CISTI 的服务对象是国内和国外的个人。

第 11 章　信息采集中的法律问题

信息采集活动在采集有关“人”的信息时，不可避免地要涉及复杂的人际关系；在采集有关“物”的信息时，也会涉及“物”的所有权问题；还有诸如信息采集者是否有权利来采集信息，某些敏感信息是否涉及采访对象的隐私，采集信息是否需要信息拥有者或信息发布者的许可，信息采集者在具体实施信息采集时有哪些权利与义务等诸多问题，信息采集者在采集信息之前，都要对这些问题有一定的了解。信息采集者在采集信息时，还要恪守一定的道德标准，遵守一定的法律规范，正确地处理信息采集中遇到的各种棘手问题，才能确保信息采集的顺利进行，使信息采集者与信息采集对象双方更好地默契配合，在既符合道德标准，又符合法律规范的前提下，顺利地完成信息采集任务，从而为保证信息有效地传递和合理地利用，发挥应有的作用奠定基础。

在信息技术日益进步的背景下，一方面，人们获取信息的手段和方式越来越多，越来越容易；另一方面，人们的隐私权、信息拥有的权益也越来越难以得到合理的保护。因此，世界各地开始颁布一些法律法规，以约束人们的信息行为。本章讨论信息采集相关的社会问题和法律问题，探索信息采集问题的法律解决途径。

11.1　信息采集的基本法律问题

11.1.1　信息采集的合法性问题

信息采集的合法性问题，指的是信息采集者是否具有信息采集的权利，即信息知情权问题。1948 年发布的《世界人权宣言》第十九条规定：“人人有权享有主张和发表意见的自由：此项权利包括持有主张而不受干涉的自由，和通过任何媒介和不论国界寻求、接受和传递消息的自由。”从这项对信息自由权利的表述来看，通过任何媒介和不论国界寻求信息是人人享有的权利。该项规定后来被联合国《公民权利和政治权利国际公约》所传承，并在许多地区性条约和许多国家的立法中得到接受和发展。美国 1967 年颁布的《信息自由法》，就“确立了公众从联邦政府机构获取信息的权利”。英国的《信息自由法》第一部分开篇语即是“信息的权利”。保障信息权并不一定是保障知情权，但是保障知情权，就必定要以信息权得到保障为前提。我国宪法第四十七条中强调，“中华人民共和国公民有进行科学研究、文学艺术创作和其他文化活动的自由。国家对于从事教育、科学、技术、文学、艺术和其他文化事业的公民的有益于人民的创造性工作，给以鼓励和帮助”。在这条法律所列举的创造性工作中，离不开信息的采集、开发和应用，公民既然有以信息为基础的活动和创造性工作的自由，那么就必然享有一定的信息权利。

可见，对信息采集权利，世界有一个基本的共同认识，那就是人们拥有获取信息的基本权利。但是从各国制定的法律来看仍然不是很成熟。在我国，由于信息化水平不太高，法律层次相关的发展比较低，迄今还没有很完善的信息法律来解决信息采集活动所产生的问题。一些相关的法律界定涉及的范围比较模糊，涉及的面比较窄，很难较好地解决信息采集中出现的问题，容易造成“信息采集合法性”之类的社会问题或法律问题。例如，2010 年 7 月 23 日《人民网》转载《法制日报》记者报道的“江苏男子采集公民信息出售，批捕环节遇法律障碍”就是典型的案例，凸显了信息采集的合法性问题。

江苏男子甄某是一名 80 后大学生，他利用网络自动采集、与“网友”交换等方式，收集了 240G 硬盘容量的公民个人信息，仅分类文件夹就多达 20 多万个。2010 年 3 月初，涉嫌通过网络买卖公民个人信息的犯罪嫌疑人甄某被江苏省南京市警方抓获。警方在其作案用的计算机中，发现了海量的公民个人信息，其中包括私家车主、航空 VIP 会员、高尔夫会员、医院患者、企业老总、楼盘业主、移动联通用户、银行客户等分门别类的文件夹，而每个文件夹中都有几百条甚至几万条个人信息。在不到 1 年的时间里，甄某非法买卖公民信息获利超过 4 万元。根据 2009 年 2 月 28 日通过的《中华人民共和国刑法修正案（七）》新设定的非法获取公民个人信息罪规定，“国家机关或者金融、电信、交通、教育、医疗等单位的工作人员，违反国家规定，将本单位在履行职责或者提供服务过程中获得的公民个人信息，出售或者非法提供给他人，情节严重的，处三年以下有期徒刑或者拘役，并处或者单处罚金”。“窃取或者以其他方法非法获取上述信息，情节严重的，依照前款的规定处罚”。然而，由于在批捕过程中，有关方面认为犯罪嫌疑人未构成“非法获取公民个人信息罪”所规定的“在履行职责或提供公共服务过程中，利用公权力采集到的公民个人信息的国家机关或者单位，出售或者非法提供公民个人信息的活动”这一条件，在被公安机关抓获后，因为证据、主体等多重难题，没有被检察机关正式批捕。非法获取公民个人信息罪的立法本意是铲除出售或非法提供公民个人信息的市场，禁止以非法手段大量收集公民个人信息，但是，机械地限定“非法获取”的主体或方式将使这一罪名在司法实践中形同虚设。因为立法的不足，这条罪名出现了“空设”现象。

显然，甄某的信息采集权是钻了法律的空子，但他本身可能并没有意会到这一点。但即使“合法”，有这样那样的法律空子可钻，这种信息采集行为显然也是不道德的，是不可取的。如果他的信息采集和信息贩卖行为造成了严重的社会后果，他肯定将会被追溯承担相关的法律责任。因为从危害的后果看，任何人通过出卖个人信息获利，直接危害到的是公民个人信息安全和社会管理秩序，并且是引发敲诈勒索、绑架等其他犯罪的“源头”之一，如果造成了严重的社会犯罪，甄某将不得不面临被起诉判罪的危险。

11.1.2　信息采集者的限制问题

一般来讲，信息采集者具有获取信息的权利，即信息知情权。但是，一些敏感信息，如国家机密，并不是所有人都能够随便采集的，只有国家特定的行政机构或单位，经过特定的许可，才能进行相关的信息采集。同时，对特定的信息采集者如地理数据采集者，也有特定的限制。我国《中华人民共和国测绘法》（2017 年修订）第八条中规定：“外国的组织或者个人在中华人民共和国领域和中华人民共和国管辖的其他海域从事测绘活动，应当经国务院测绘地理信息主管部门会同军队测绘部门批准，并遵守中华人民共和国有关法律、行政法规的规定。外国的组织或者个人在中华人民共和国领域从事测绘活动，应当与中华人民共和国有关部门或者单位合作进行，并不得涉及国家秘密和危害国家安全。”同时第二十七条也规定从事测绘活动的单位应当具备一定的条件，并依法取得相应等级的测绘资质证书后，方可从事测绘活动。这两条规定，就分别对外国信息采集者和本国信息采集者的信息采集行为、信息采集资质进行了制约和限制。

但是，当前突飞猛进的信息技术，对信息采集者的限制有时形同虚设。网络技术使信息传递可以突破各种审查，在互联网上自由传递。而且网络的匿名性使信息采集者可以很好地伪装自己，利用各种假身份非法采集信息，利用各种欺骗手段使采集者的身份难以确认。卫星技术使得地理信息采集的限制被打破，借助高分辨率的卫星，可以很轻松地采集到一些隐蔽的地理信息，并且可以跨地域作业，打破地域限制，使信息采集者明目张胆地进行采集而不用担心受异国的法律制裁。现代通信技术特别是移动通信技术让手机、平板电脑、笔记本成为信息传递的主要通道，让信息传递时间更短，速度更快，移动性更强，信号更难识别。同时，高科技隐蔽性设施层出不穷地应用在非法信息采集活动中，让信息采集者披上了重重的防护外套和伪装，即使有心去鉴别，也给信息保护机构带来巨大困难。再者，信息采集技术的不断发展，使对信息采集者的信息采集限制问题变得越来越突出。各种非法信息采集活动利用恶意程序、病毒、伪造代码等实现自动地、隐蔽性地信息采集，让信息保护机构防不胜防。

11.1.3　采集信息的许可问题

一般来说，采集信息都要得到信息采集对象的许可。当然，也有许多免费信息是无须经过许可便能自由采集使用的。这里所说的采集信息许可问题，主要是指有些信息的采集，必须得到国家、行政机构的许可和批准。我国《中华人民共和国政府信息公开条例》第二十九条规定：“公民、法人或者其他组织申请获取政府信息的，应当向行政机关的政府信息公开工作机构提出，并采用包括信件、数据电文在内的书面形式；采用书面形式确有困难的，申请人可以口头提出，由受理该申请的政府信息公开工作机构代为填写政府信息公开申请。”我国《中华人民共和国测绘法》（2017 年修订）第二十七条规定：“国家对从事测绘活动的单位实行测绘资质管理制度。从事测绘活动的单位应当具备下列条件，并依法取得相应等级的测绘资质证书，方可从事测绘活动：（一）有法人资格；（二）有与从事的测绘活动相适应的专业技术人员；（三）有与从事的测绘活动相适应的技术装备和设施；（四）有健全的技术和质量保证体系、安全保障措施、信息安全保密管理制度以及测绘成果和资料档案管理制度。”第二十八条规定：“国务院测绘地理信息主管部门和省、自治区、直辖市人民政府测绘地理信息主管部门按照各自的职责负责测绘资质审查、发放测绘资质证书。具体办法由国务院测绘地理信息主管部门商国务院其他有关部门规定。军队测绘部门负责军事测绘单位的测绘资质审查。”这几条法规强调了信息采集的“许可”要求，为信息采集者提供了采集信息的合法依据。但是，我们也应当看到，信息采集活动涉及领域广泛，牵扯面广，根本无法做出全面的许可规定。因此，采集信息的许可问题在今后必然还会遇到。

针对保护所有权的角度设置许可制度，《中华人民共和国著作权法》是最明显的例子。《中华人民共和国著作权法》的第二十四条规定："使用他人作品应当同著作权人订立许可使用合同，本法规定可以不经许可的除外。许可使用合同包括下列主要内容：（一）许可使用的权利种类；（二）许可使用的权利是专有使用权或者非专有使用权；（三）许可使用的地域范围、期间；（四）付酬标准和办法；（五）违约责任；（六）双方认为需要约定的其他内容。"

但是，当前采集信息的许可问题正向两个方向延伸。

一是合法许可不接受信息采集。当信息采集者按照许可制度的要求提交许可申请时，有关机构和部门往往采取不受理或拖延，以及用各种借口不让信息采集者采集信息。由于缺乏有效的监督手段及公开透明的管理措施，特别是以官压民现象，让信息采集者无法采集到信息。

因为要准备一篇关于"我国的副职研究"的学术研究论文，清华大学研究生李某从 2011 年 5 月中旬开始就陆续向 24 个国务院部委提出申请，要求公开各自部委的"副部长分管部门、兼职状况及负责联系的单位"等信息。然而，国土资源部、科技部和教育部却拒绝公开。为此，2011 年 9 月 9 日，李某向北京市第一中级人民法院递交行政诉状，将国土资源部、科技部和教育部告上法庭，要求法院裁判上述三部门履行信息公开义务。据李某向记者介绍，虽然她的起诉请求迟迟未能得到受理，但在法院的多方努力下，国土部等三部委终于相继对李某申请公开的信息予以公开。

二是非法采集者绕过许可非法采集。一些高科技信息采集工具的使用，可以让信息采集变得非常隐蔽，难以察觉，信息采集者根本无须得到许可便能获取信息。特别是利用网络来采集信息时，信息采集者往往利用病毒、伪装程序等手段大肆采集、掠夺信息，使信息采集许可变得名存实亡。

11.1.4　采集信息的隐私问题

采集信息有时会涉及个人隐私问题。随着社会的进步，个人隐私权也更加受到重视。《中华人民共和国宪法》第四十条规定："中华人民共和国公民的通信自由和通信秘密受法律的保护，除因国家安全或者追究刑事犯罪的需要，由公安机关或者检察机关依照法律规定的程序对通信进行检查外，任何组织或者个人不得以任何理由侵犯公民的通信自由和通信秘密。"《中华人民共和国刑法》第二百五十二条设立了侵犯通信自由罪，规定"对隐匿、毁弃或者非法开拆他人信件，侵犯公民通信自由权利，情节严重的；处一年以下有期徒刑或者拘役"。第二百五十三条设立了私自开拆、隐匿、毁弃邮件、电报罪，侵犯公民个人信息罪，强调保障了个人信息和个人隐私的权利。

中国的宪法和刑法都强调了重视、保护个人通信自由及个人信息安全。但是，即便在极力主张、保护个人通信自由、标榜特别尊重个人隐私权的美国，个人通信自由也并不是百分之百地受到保障。根据《美国爱国者法案》（2001），警察机关有权搜索电话、电子邮件通信、医疗、财务和其他种类的记录；强化了警察和移民管理单位拘留、驱逐被怀疑与恐怖主义有关的外籍人士的权力。该法案延伸了恐怖主义的定义，扩大了警察机关可随意采集通信信息的范围。2008 年 7 月 9 日，美国参议院通过的新版窃听法案，给予了参与窃听项目的电信公司法律豁免权，同时允许美国政府以反恐为由在未经法庭批准的情况下，可以对通信一方在美国境外的国际通信进行窃听。其实，“反恐”只不过是一个幌子，政府下设的联邦调查局之类的机构，可以以此为由肆意窃听个人通信，拆看邮件，采集个人有关信息则是不争的事实。

同样，在中国，由于信息保护的意识不强，大量的个人信息被非法采集盗卖，并用于犯罪。例如，2006 年 12 月 27 日 CCTV 焦点访谈节目，就曾披露个人信息遭非法采集盗卖现象。研究生李某接到一个自称是电信局打来的电话，称他的手机号被盗用，要求他配合调查，关机两个小时。李某照办。不料在这一时间内，他的父母接到电话，说李某发生车祸，急需一笔救命钱。打电话的人称自己是李某的班主任。李某的家人赶紧给儿子手机打电话确认，却发现关机。他们急忙按打电话的人指定的账号汇去了一万元。事后李某家人才知道被骗了。报道说，个人信息如电话号码、婚姻、家庭住址、医疗档案、收入等，有些是属于隐私方面的信息，在买房、看病等社会交往中必须提供，但这些资料未经许可很有可能被不法分子采集贩卖，从而造成对个人的骚扰或经济损害。研究生李某就是自己的家庭电话信息被非法盗用的受害者之一。

在采集信息的过程中，注意个人隐私信息的保护问题，是重要的社会问题，也是道德问题和法律问题。通信交往只是个人隐私的一部分。事实上，在信息泛滥而又日益重要的现代信息社会，个人隐私并没有很好地得到保护。但是，我们在从事信息采集、信息利用的时候，应该特别注意这个问题。

11.1.5　采集信息的跨国际问题

信息无国界，但是法律有国界。信息的无界与法律的有界就是一对矛盾。有矛盾就可能存在冲突，采集信息时的国际法律适用问题就会凸显出来。

（1）法律是由各个国家自行制定的，彼此之间存在差异。各国立法的根据和意图不同，对法律条文的解释和说明也各不相同。对于政府信息公开，英美等国都通过立法来实施。例如，美国的《信息自由法》、英国的《信息自由法案 2000》就是用法律形式强制政府有关信息必须公开。而我国制定的是一种规章条例，即《中华人民共和国政府信息公开条例》，对政府信息公开方面的制约强度不及英美等国。在政府信息公开的范畴、内容和形式等方面，我国与英国、美国也是明显不同的。其相关的规定和适用范围不同，如果运用英美等国的法律，来要求采集中国政府部门的有关信息，显然是行不通的。

（2）在信息流通中，各国对一些敏感信息采取各种手段，限制其流通，从而造成采集信息的跨国际问题。如各个国家的国家级机密信息，都是不允许其自由流通的，即使本国居民，也难得一见。其流通被限制在极小的范围之内。即便是世界通行的网络信息，各个国家通过海关、网络过滤软件、通信信号频率限制等手段，把握了信息流通环节的关口，使许多重要的敏感信息无法畅通无阻地流通，采集跨国信息因此变得困难。

（3）法律适用的范畴、领域不同，也造成了采集信息的跨国际问题。因为国家之间法律适用范畴和执行领域的差异，同样的法律法规，其运用和执行的对象存在差异。比如某些信息，在一些国家不被视为机密，允许自由采集与流通；而在另一些国家，就被视为机密，严厉禁止自由采集与流通。信息的自由发布，在一些国家是受法律保护的，采集当然也是自由自主的；而在另一些国家，是不允许信息的自由发布的，相应的信息采集活动也是禁止的，甚至是违法的。

尽管当前的一些国际公约如《保护录音制品制作者防止未经许可复制其录音制品公约》《伯尔尼保护文学和艺术作品公约》《世界版权公约》等的出现，大大地改善了信息采集的跨国际问题，但是，相对于信息的广度与深度来讲，现有的国际公约是远远不够的。信息采集的跨国际问题是现实存在的，也可能永远存在。因为各国都有自己的切身利益，无法用法律条文来制约和强制统一。

11.2　信息采集的法律管制

信息资源作为信息的采集对象，使信息采集活动能够获取巨大的经济利益与商业利益。面对信息采集活动中产生的各类问题，各国纷纷制定相关法律，以约束信息采集活动中双方的行为，确保信息采集双方的权益。美国、英国等都制定有《信息自由法》，俄罗斯也出台了《俄罗斯联邦信息、信息化和信息保护法》，印度制定了《信息技术法》等，而我国在这一领域至今还没有出台以信息为主题的法律。我国主要依靠相关的法律和条例来保护信息活动中的各种权益，解决信息所涉及的各类法律问题。这里主要从知识产权、隐私权、公共信息知情权、特殊信息特许权等方面来介绍我国信息采集活动中的有关法律管制制度。

11.2.1　信息采集中的知识产权法律管制

知识产权是一种无形财产权，是从事智力创造性活动取得成果后依法享有的权利。根据 1967 年在斯德哥尔摩签订的《建立世界知识产权组织公约》的规定，知识产权包括对下列各项知识财产的权利：文学、艺术和科学作品；表演艺术家的表演及唱片和广播节目；人类一切活动领域的发明；科学发现；工业品外观设计；商标、服务标记以及商业名称和标志；制止不正当竞争以及在工业、科学、文学或艺术领域内由于智力活动而产生的一切其他权利。总之，广义的知识产权涉及人类一切智力创造的成果。

从现代对知识产权权益的理解出发，知识产权主要有控制权、使用权、处分权、收益权。控制权即控制权利所保护的对象的权利。使用权指权利人对其权利保护对象进行使用的权利。处分权指权利人按照自己的意思处置自己权利的权利，包括设定质权、许可他人使用、转让（出卖、赠予、投资）抛弃等权利。收益权即通过使用或处分获得财产利益的权利。此外，作为一种法律上的权利，知识产权当然含有禁止他人侵害的权能，这是不言而喻的。

知识产权法是指因调整知识产权的归属、行使、管理和保护等活动中产生的社会关系的法律规范的总称。知识产权法律体系一般包含著作权法律制度、商标权法律制度、专利权法律制度、商号权法律制度、产地标记权法律制度、工业版权法律制度、商业秘密法律制度、反不正当竞争法律制度及其他保护知识产权的法律制度。

我国知识产权法主要体现在《中华人民共和国著作权法》、《中华人民共和国专利法》、《中华人民共和国商标法》和《中华人民共和国反不正当竞争法》上。这些法律所涉及的著作人的作品、专利、商标、商业秘密都与信息采集活动密切相关。当信息采集活动涉及知识产权的时候，就需要依靠这几部法律来解决。

我国颁布的《中华人民共和国著作权法》所界定的著作权包括发表权、署名权、修改权、保护作品完整权、复制权、发行权、出租权、展览权、表演权、放映权、广播权、信息网络传播权、摄制权、改编权、翻译权、汇编权，以及应当由著作权人享有的其他权利。而当信息采集活动对他人著作的作品进行了发表、修改、复制、翻译等行为，就会与著作人所享有的权利产生冲突。冲突所产生的法律问题，就需要我们依据《中华人民共和国著作权法》来解释。

对于专利，国家每年将相关的专利信息公布在国家知识产权局的网站上，用户可以自由检索。专利信息采集活动的法律问题主要是软件专利问题。当计算机程序及其有关文档成为专利时，就受到我国《中华人民共和国专利法》及《计算机软件保护条例》的保护。任何单位或者个人未经软件专利权人许可，非法复制、行使软件的信息采集行为都属于非法行为。

商标作为知识产权保护的对象主要是防止被非法使用。《中华人民共和国商标法》第三条："经商标局核准注册的商标为注册商标，包括商品商标、服务商标和集体商标、证明商标；商标注册人享有商标专用权，受法律保护。"因此，依据我国的法律，专利和商标的使用必须得到拥有者的许可。

对于商业秘密，《中华人民共和国刑法》第二百一十九条侵犯商业秘密罪规定，"有下列侵犯商业秘密行为之一，给商业秘密的权利人造成重大损失的，处三年以下有期徒刑或者拘役，并处或者单处罚金；造成特别严重后果的，处三年以上七年以下有期徒刑，并处罚金：（一）以盗窃、利诱、胁迫或者其他不正当手段获取权利人的商业秘密的；（二）披露、使用或者允许他人使用以前项手段获取的权利人的商业秘密的；（三）违反约定或者违反权利人有关保守商业秘密的要求，披露、使用或者允许他人使用其所掌握的商业秘密的。明知或者应知前款所列行为，获取、使用或者披露他人的商业秘密的，以侵犯商业秘密论。本条所称商业秘密，是指不为公众所知悉，能为权利人带来经济利益，具有实用性并经权利人采取保密措施的技术信息和经营信息。"《中华人民共和国反不正当竞争法》也明确规定，经营者不得以盗窃、利诱、胁迫或者其他不正当手段获取权利人的商业秘密。著名的"力拓案"就是典型代表。

11.2.2 信息采集中的隐私权法律管制

隐私，在《现代汉语词典》中的解释是："不愿告人或不愿公开的个人的事"。传统意义上的隐私大致可以分为三部分：私人信息、私人活动及私人领域。

隐私权作为一种基本人格权是指自然人依法享有的对其个人的、与公共利益无关的私人信息、私人生活和私人空间自主进行支配的具体人格权。《中华人民共和国民法通则》第一百零一条规定："公民、法人享有名誉权，公民的人格尊严受法律保护，禁止用侮辱、诽谤等方式损害公民、法人的名誉"。但隐私权的保护范围也受到公共利益的限制，当隐私权与公共利益发生冲突时，应当依据公共利益的要求进行调整。

隐私权的基本内容包括以下四种权利：隐私隐瞒权，是指权利主体对自己的隐私进行隐瞒，不为人所知的权利；隐私利用权，是指权利主体对自己的个人资讯进行利用以满足自己精神物质需要的权利；隐私维护权，是指隐私权主体对自己的隐私所享有的维护其不可侵犯性，在受到非法侵害时寻求司法保护的权利；隐私支配权，是指自然人对自己的隐私有权按照自己的意愿进行支配。

对于信息采集活动中所涉及的隐私问题，欧盟有《个人数据保护指令》，我国澳门特别行政区有《个人资料保护法》，而我国内地主要依靠《中华人民共和国宪法》《中华人民共和国刑法》《中华人民共和国民法通则》《中华人民共和国邮政法》等来解释。特别是 2009 年出台的《中华人民共和国刑法修正案（七）》规定了"出售、非法提供公民个人信息罪"和"非法获取公民个人信息罪"，弥补了刑法对公民个人信息保护的空白。

在隐私信息通信方面，《中华人民共和国宪法》第四十条规定："中华人民共和国公民的通信自由和通信秘密受法律的保护，除因国家安全或者追究刑事犯罪的需要，由公安机关或者检察机关依照法律规定的程序对通信进行检查外，任何组织或者个人不得以任何理由侵犯公民的通信自由和通信秘密。"宪法这一条文已间接将公民通信自由和通信秘密规定为一定权限的权利，即执法部门可依法定程序对公民个人的隐私权加以限制，这与国际公约的规定是相一致的。《中华人民共和国邮政法》在宪法的基础上，进一步强调了公民的通信自由和通信秘密受法律保护。《中华人民共和国刑法》第二百五十二条规定："隐匿、毁弃或者非法开拆他人信件，侵犯公民通信自由权利，情节严重的，处一年以下有期徒刑或者拘役。"《中华人民共和国刑法》第二百五十三条规定："邮政工作人员私自开拆或者隐匿、毁弃邮件、电报的，处二年以下有期徒刑或者拘役。"

对于隐私数据保护上，首先是基本信息保护，如名称权、姓名权、肖像权的保护。《中华人民共和国民法通则》第九十九条规定："公民享有姓名权，有权决定、使用和依照规定改变自己的姓名，禁止他人干涉、盗用、假冒。法人、个体工商户、个人合伙享有名称权。企业法人、个体工商户、个人合伙有权使用、依法转让自己的名称。"第一百条规定："公民享有肖像权，未经本人同意，不得以营利为目的使用公民的肖像。"其次是与公民的行为相关的信息的保护，包括交易信息、信用信息、使用信息等。以信用信息为例，目前我国建成的个人征信系统是世界最大的个人征信数据库，是个人信用档案库。2011 年发布的征求公众意见的《征信管理条例（第二次征求意见稿）》明确规定："征信机构采集个人信息应当经信息主体本人同意。未经信息主体本人同意采集的个人信息，征信机构不得采集，他人也不得向征信机构提供"。"禁止征信机构采集个人的宗教信仰、基因、指纹、血型、疾病和病史信息以及法律、行政法规规定禁止采集的其他的信息。"同时，征信机构应当将信息处理操作的目的、收集信息类别及用途等内容适度公开。而且信息主体有权按照国务院征信业监督管理部门的规定向征信机构查询自己的信用报告。此次的《征信管理条例》可以说对于个人隐私数据的保护做了非常明确的规定。

11.2.3 公共信息采集权的法律管制

公共信息是由公共部门在开展公共服务时产生的信息。公共信息与公众生活密切相关，一般由政府主导的公共部门、公益性组织、营利机构等产生。公共信息涉及对象面广、范围大、影响深远。

对于私人信息的采集，我国有宪法、刑法等保障公民信息的隐私权。那么对于一些涉及生活方面的公共信息的采集，国家采取信息公开、披露的原则，将人们所关心的公共信息公布于众，任其自由采集，让公民享有公共信息知情权。公共信息实行公开披露，有助于公共服务的良好开展、公共政策的有力执行、社会的稳定发展。

目前，我国公共信息披露涉及政府、经济、管理等各个公共部门，以法律、条例和办法作为信息披露的准则。《中华人民共和国政府信息公开条例》第六条规定："行政机关应当及时、准确地公开政府信息。行政机关发现影响或者可能影响社会稳定、扰乱社会和经济管理秩序的虚假或者不完整信息的，应当发布准确的政府信息予以澄清。"《中华人民共和国统计法》第二十三条也规定："县级以上人民政府统计机构按照国家有关规定，定期公布统计资料"。《中华人民共和国证券法》第二十三条规定："证券发行申请经注册后，发行人应当依照法律、行政法规的规定，在证券公开发行前公告公开发行募集文件，并将该文件置备于指定场所供公众查阅。"《上市公司信息披露管理办法》第二条规定："信息披露义务人应当真实、准确、完整、及时地披露信息，不得有虚假记载、误导性陈述或者重大遗漏。信息披露义务人应当同时向所有投资者公开披露信息。在境内、外市场发行证券及其衍生品种并上市的公司在境外市场披露的信息，应当同时在境内市场披露。"

我国公共信息披露让公民享有公共信息采集权，使合法许可不接受信息采集的问题得到了解决，让公民在采集公共信息时有充足的依据。但是公共信息覆盖面广，问题牵扯复杂，相关的条例与法律在面对复杂的信息采集活动时难免会漏洞百出，一部信息公开的法律仍不可缺少。

11.2.4 特殊信息特许权的法律管制

特殊信息主要是涉及国家安全与国家重大利益的信息，如国家秘密、地理信息、军事信息等。这类信息对于国家安全、国家发展有至关重要的作用。以国家秘密为例，我国《中华人民共和国保守国家秘密法》（2010 年修订）第九条规定："下列涉及国家安全和利益的事项，泄露后可能损害国家在政治、经济、国防、外交等领域的安全和利益的，应当确定为国家秘密：（一）国家事务重大决策中的秘密事项；（二）国防建设和武装力量活动中的秘密事项；（三）外交和外事活动中的秘密事项以及对外承担保密义务的秘密事项；（四）国民经济和社会发展中的秘密事项；（五）科学技术中的秘密事项；（六）维护国家安全活动和追查刑事犯罪中的秘密事项；（七）经国家保密行政管理部门确定的其他秘密事项。政党的秘密事项中符合前款规定的，属于国家秘密。"如果这类信息被泄漏出去，则会造成国家重大的损失。正是由于特殊信息对国家安全和发展有着重要作用，我国针对各类特殊信息制定了相应的法律来保护，防止特殊信息被非法采集。

特许信息往往由特殊的用户群体，经过严格审批程序才能采集。其所涉及的法律多对内容、群体、审批流程做了详细规定。我国《中华人民共和国保守国家秘密法》（2010 年修订）第十六条规定："国家秘密的知悉范围，应当根据工作需要限定在最小范围。国家秘密的知悉范围能够限定到具体人员的，限定到具体人员；不能限定到具体人员的，限定到机关、单位，由机关、单位限定到具体人员。国家秘密的知悉范围以外的人员，因工作需要知悉国家秘密的，应当经过机关、单位负责人批准。"

有一些涉及司法、档案等的文献信息也属于特殊信息。这类信息所涉及的法律与法规，主要出于保护信息所涉及的内容对国家和社会有保存价值，或者对于个人具有隐私性。法律对这类信息的采集往往以时间、地点、人物等限制措施来实施保护。我国《中华人民共和国档案法》第二十条规定："机关、团体、企业事业单位和其他组织以及公民根据经济建设、国防建设、教学科研和其他各项工作的需要，可以按照有关规定，利用档案馆未开放的档案以及有关机关、团体、企业事业单位和其他组织保存的档案。利用未开放档案的办法，由国家档案行政管理部门和有关主管部门规定。"对于档案开放的起始时间实行区别对待，国家档案馆保管的档案，一般应当自形成之日起满三十年向社会开放。经济、科学、技术、文化等类档案向社会开放的期限，可以少于三十年，涉及国家安全或者重大利益以及其他到期不宜开放的档案向社会开放的期限，可以多于三十年，具体期限由国家档案行政管理部门制订，报国务院批准施行。我国的《中华人民共和国律师法》对于涉及诉讼的文书、案卷的查询做了特殊规定：律师担任辩护人的，自人民检察院对案件审查起诉之日起，有权查阅、摘抄、复制本案的案卷材料。

11.3　信息采集中的权利与义务

在对信息采集进行法律管制的过程中，首先需要了解的是参与各方的权利与义务。信息采集活动主要涉及信息采集者、信息发送者与信息服务平台等相关的参与对象。这些参与对象都拥有各自的权利，并承担相应的义务。明确这三者的权利与义务，是我们解决信息采集中的法律问题的关键。

11.3.1　信息采集者的权利与义务

信息采集者是信息采集活动的推动者，其目的是获取有价值的信息。因此信息采集者的权利主要围绕能否有资格获取信息，能否利用信息。

1. 获取信息的权利

拉塞尔认为，知情权是一种综合性的公民权利，它至少包含五方面的权利要求，即"获取信息的权利，免于事前检查的出版权利，免于因出版而遭受未经合法程序的报复的权利，接近传播所必需之设施、资料的权利，以及免受政府或其他公民以法律为借口干扰信息分配、传播的权利。”1946 年联合国通过的第 59 号决议，宣布知情权为基本人权之一，强调知情权是实现一切自由权利的关键。信息知情权赋予人们可以采集信息的权利。下面我们从公共领域和私人领域来谈谈信息采集的权利。

对于公共领域的信息，获取信息的权利毋庸置疑。美国的《信息自由法》强调，其要解决的首要问题就是确保公众对政府信息的获取权，为公众提供获取政府信息的机会。根据这一法律，美国公民享有从政府的档案馆、手稿馆、图书馆、报纸、杂志、电台、电视台、情报所、科研所采集信息，并利用信息的权利。我国的宪法也强调，“中华人民共和国公民有进行科学研究、文学艺术创作和其他文化活动的自由”。这种自由是以获取信息的权利为基础的。它表明人们能够从报纸、电视等传媒及图书馆等公共机构自由地采集其所需的信息进行文化活动。在《信息网络传播权保护条例》第七条中详细表明，“图书馆、档案馆、纪念馆、博物馆、美术馆等可以不经著作权人许可，通过信息网络向本馆馆舍内服务对象提供本馆收藏的合法出版的数字作品和依法为陈列或者保存版本的需要以数字化形式复制的作品，不向其支付报酬，但不得直接或者间接获得经济利益。当事人另有约定的除外。”

对于个人信息，国家保护公民采集自身相关信息的权利。我国宪法明确强调公民的通信自由和通信秘密受法律保护。《中华人民共和国邮政法》第三条也说明，公民的通信自由和通信秘密受法律保护。当然，这种权利也可以委托代表自身利益的群体。《中华人民共和国律师法》第三十四条规定：“律师担任辩护人的，自人民检察院对案件审查起诉之日起，有权查阅、摘抄、复制本案的案卷材料。”

一些特殊机构为了防治某些意外情况，保护公民合法权益，维护社会稳定而被赋予其收集某类信息的权利。如《中华人民共和国突发事件应对法》第三十八条规定：“县级以上人民政府及其有关部门、专业机构应当通过多种途径收集突发事件信息”。

2. 合法利用信息的权利

信息采集者采集信息就是希望其采集到的信息能够为其所用。出于保护知识产权和隐私权的目的，信息的利用必需遵守一定的要求。我国著作权法就规定公民作品的发表权保护期为作者终生及其死亡后五十年。即作者发表作品到去世后五十年内需经过许可采集者才能拥有其作品的发表权，但是过了此期限采集者无须许可即拥有作品的发表权。

同时，著作权法第二十二条还提出了某些无须许可即可合法利用信息的权利。

“在下列情况下使用作品，可以不经著作权人许可，不向其支付报酬，但应当指明作者姓名、作品名称，并且不得侵犯著作权人依照本法享有的其他权利：（一）为个人学习、研究或者欣赏，使用他人已经发表的作品；（二）为介绍、评论某一作品或者说明某一问题，在作品中适当引用他人已经发表的作品；（三）为报道时事新闻，在报纸、期刊、广播电台、电视台等媒体中不可避免地再现或者引用已经发表的作品；（四）报纸、期刊、广播电台、电视台等媒体刊登或者播放其他报纸、期刊、广播电台、电视台等媒体已经发表的关于政治、经济、宗教问题的时事性文章，但作者声明不许刊登、播放的除外；（五）报纸、期刊、广播电台、电视台等媒体刊登或者播放在公众集会上发表的讲话，但作者声明不许刊登、播放的除外；（六）为学校课堂教学或者科学研究，翻译或者少量复制已经发表的作品，供教学或者科研人员使用，但不得出版发行；（七）国家机关为执行公务在合理范围内使用已经发表的作品；（八）图书馆、档案馆、纪念馆、博物馆、美术馆等为陈列或者保存版本的需要，复制本馆收藏的作品；（九）免费表演已经发表的作品，该表演未向公众收取费用，也未向表演者支付报酬；（十）对设置或者陈列在室外公共场所的艺术作品进行临摹、绘画、摄影、录像；（十一）将中国公民、法人或者其他组织已经发表的以汉语言文字创作的作品翻译成少数民族语言文字作品在国内出版发行；（十二）将已经发表的作品改成盲文出版。”

另外对法律、法规，国家机关的决议、决定、命令和其他具有立法、行政、司法性质的文件及其官方正式译文，时事新闻，历法、通用数表、通用表格和公式等信息不受著作权法保护，即用户可以合法使用。

3. 信息采集者的义务

信息采集者的义务主要包含三个方面，即主体公布义务、规范信息用途、支付费用的义务。

1）主体公布义务

信息采集者在采集活动过程中应该公布采集者本身的基本信息、采集信息的用途、对于被采集信息所涉及的隐私的保护情况等内容。匿名、隐蔽的信息采集活动与信息的公众的知情权相违背，不符合法律规范的原则。以人口普查为例，我国的《全国人口普查条例》第二条说明“人口普查的目的是全面掌握全国人口的基本情况，为研究制定人口政策和经济社会发展规划提供依据，为社会公众提供人口统计信息服务”。第三条中介绍其采集信息的主体，“各级人民政府设立由统计机构和有关部门组成的人口普查机构（以下简称普查机构），负责人口普查的组织实施工作”。第四条中规定“人口普查对象提供的资料，应当依法予以保密。”当然，对于合法的信息采集而没有要求公开身份的可以不公开。

2）规范信息用途

信息采集者对于采集信息的用途有约定的，按照彼此的约定来确定信息用途；没有约定的，应该将采集信息的用途明确告诉信息资源所有者，而且保证采集的信息不作他用。还是以人口普查为例，《全国人口普查条例》中规定，“人口普查中获得的能够识别或者推断单个普查对象身份的资料，任何单位和个人不得对外提供、泄露，不得作为对人口普查对象作出具体行政行为的依据，不得用于人口普查以外的目的”。

3）支付费用的义务

信息采集者所采集的信息特别是文学作品、计算机软件等往往凝结着信息载体所有者的智慧结晶，受著作权、版权等保护，信息采集者必须支付一定的费用来补偿他们的劳动成果。我国《中华人民共和国著作权法》《计算机软件保护条例》都强调，作者享有作品许可权及获取报酬的权利，任何人不得侵犯作者的署名权、修改权、保护作品完整权和获得报酬的权利。

11.3.2 信息发送者的权利与义务

信息发送者也有权利和义务。信息发送者的权利主要包含其是否能够自由发布信息，哪些信息是可以豁免公开的，哪些信息是由其来负责公开发布的。信息发送者的义务主要是其发布的信息内容是否符合相关的法律与制度的要求，是否必须有承担发布的责任。

1. 信息发送者的权利

1）*发布信息权利*

我国宪法从基本法上赋予了公民享有言论自由，即表达信息、传递信息的权利。而著作权法从发布信息最终的形式——著作的角度来规定，中国公民、法人或者其他组织的作品，不论是否发表，依照本法享有著作权。而在著作权中首要的为发表权，即决定作品是否公之于众的权利。从发布信息的渠道上来看，主要是传统的纸质出版与网络传播两种方式，涉及《出版管理条例》和《信息网络传播权保护条例》。《出版管理条例》第五条规定，“公民依法行使出版自由的权利，各级人民政府应当予以保障”。第二十三条规定：“公民可以依照本条例规定，在出版物上自由表达自己对国家事务、经济和文化事业、社会事务的见解和意愿，自由发表自己从事科学研究、文学艺术创作和其他文化活动的成果。”《信息网络传播权保护条例》第二条规定“权利人享有的信息网络传播权受著作权法和本条例保护”。其所涉及的信息网络传播权，是指以有线或者无线方式向公众提供作品、表演或者录音录像制品，使公众可以在其个人选定的时间和地点获得作品、表演或者录音录像制品的权利。《计算机软件保护条例》明确规定软件著作权人享有发表权和信息网络传播权。

2）*豁免公开权利*

政府信息公开使人们享有知情权，也迫使政府及公共机构必须公开披露相关信息。在公开的同时，公共机构对于某些信息也享有豁免公开的权利。美国《信息自由法》明确规定了九项豁免条款（exemptions），旨在保护特殊种类的信息。向未经授权的人披露这种信息会导致明显的危害或出现违反法律的行为。《信息自由法》规定的九项豁免公开的政府信息如下：（一）总统行政命令明确划定的国防或外交秘密；（二）纯属行政机构内部的人事规章和工作制度；（三）其他法律明确规定不得公开的信息；（四）第三方的商业秘密以及第三方向政府机构提供的含有特惠或机密情况的金融、商务与科技信息；（五）除了正与该机构进行诉讼的机构之外，其他当事人依法不能利用的机构之间或机构内部的备忘录或函件；（六）公开后会明显地不正当侵犯公民隐私权的人事、医疗档案或类似的个人信息；（七）为执法而生成的某些记录和信息；（八）金融管理部门为控制金融机构而使用的信息；（九）关于油井的地质的和地球物理的信息。

同样，依据我国《中华人民共和国政府信息公开条例》，涉及国家秘密、商业秘密、个人隐私的政府信息是不允许公开的，除非经权利人同意公开，或者行政机关认为不公开可能对公共利益造成重大影响的涉及商业秘密、个人隐私的政府信息，可以予以公开。

3）许可权利

信息发送者对于自身拥有的信息享有知识产权的保护。这种保护允许其通过许可的形式将权利转移给被许可使用的对象。《中华人民共和国著作权法》第二十四条明确规定，“使用他人作品应当同著作权人订立许可使用合同”。

2. 信息发送者的义务

信息发送者的义务主要涉及信息内容是否健康、合法，对发布的信息负有举证解释义务。另外，信息发布者是公共机构的，有责任公开其所掌握的信息。

1）信息举证义务

美国《信息自由法》最能体现该义务。其第三款强调，政府拒绝提供信息要负举证责任。政府拒绝提供申请人查询的信息，必须负责说明理由。例如，证明该信息属于豁免公开的事项。联邦政府机构每年要向国会提供一份年度报告，汇报有关情况——诸如申请提供信息而被拒绝的次数和理由，当事人就此向政府官员提出申诉的次数、结果及理由，拒绝提供信息的官员姓名、职称、职位及参与案件的数目，等等。

2）保证信息内容符合国家法律

首先需要保证信息内容是健康、积极的信息。我国《出版管理条例》第二十五条规定：“任何出版物不得含有下列内容：（一）反对宪法确定的基本原则的；（二）危害国家统一、主权和领土完整的；（三）泄露国家秘密、危害国家安全或者损害国家荣誉和利益的；（四）煽动民族仇恨、民族歧视，破坏民族团结，或者侵害民族风俗、习惯的；（五）宣扬邪教、迷信的；（六）扰乱社会秩序，破坏社会稳定的；（七）宣扬淫秽、赌博、暴力或者教唆犯罪的；（八）侮辱或者诽谤他人，侵害他人合法权益的；（九）危害社会公德或者民族优秀文化传统的；（十）有法律、行政法规和国家规定禁止的其他内容的。”

其次是保证维护社会稳定的信息要真实。《中华人民共和国突发事件应对法》规定，任何单位和个人不得编造、传播有关突发事件事态发展或者应急处置工作的虚假信息。

再次是规范信息内容表达的意图。在传递信息过程中，某类信息特别是广告类的信息，容易造成人们对于信息的误解，因此，需要对信息内容的表达规范。通过标明其意图，如注明“广告”或者“AD”字样，来规范信息内容表达的意图。《互联网电子邮件服务管理办法》第十三条规定，“任何组织或者个人不得有下列发送或者委托发送互联网电子邮件的行为：（一）故意隐匿或者伪造互联网电子邮件信封信息；（二）未经互联网电子邮件接收者明确同意，向其发送包含商业广告内容的互联网电子邮件；（三）发送包含商业广告内容的互联网电子邮件时，未在互联网电子邮件标题信息前部注明“广告”或者“AD”字样。”

3）公共信息披露义务

公共部门所属的信息发送者对于国家法律、法规所要求公开披露的信息有公开的义务。其目的是让公众能够了解相关情况，合理利用公共资源。目前，我国颁布了《中华人民共和国政府信息公开条例》《环境信息公开办法（试行）》《商业特许经营信息披露管理办法》《上市公司信息披露管理办法》《电力企业信息披露规定》《商业银行信息披露办法》《医疗卫生服务单位信息公开管理办法（试行）》《高等学校信息公开办法》等相关的公共信息披露规定，所属相关单位有义务按照规定要求公开披露相关信息。

11.3.3 信息服务平台的权利与义务

信息服务平台是信息展示的平台，其提供类似第三方的服务，是供信息采集者和信息发送者之间交流的平台。信息服务平台大多数自己不发布信息，只是对发布者发布的信息进行管理，提供交流手段和交流渠道。对于信息的真伪、信息是否侵权一般不作判断。目前，信息服务平台的范围非常广泛，网络上流行的论坛、博客、微博等都属于信息服务平台。

1. 信息服务平台的权利

信息服务平台的权利主要是对于信息的管理权，确定何人可以发布信息，何人可以采集信息。

1）信息的管理权

信息的管理权主要是信息的展示层次，其关注的是信息的如何展示，而对于信息的内容一般不做修改。《信息网络传播权保护条例》第七条规定："图书馆、档案馆、纪念馆、博物馆、美术馆等可以不经著作权人许可，通过信息网络向本馆馆舍内服务对象提供本馆收藏的合法出版的数字作品和依法为陈列或者保存版本的需要以数字化形式复制的作品，不向其支付报酬，但不得直接或者间接获得经济利益。当事人另有约定的除外。"

2）决定服务群体

决定服务群体是确定何人可以发布信息、何人可以采集信息。同时，也对于服务群体与信息服务平台之间的关系以某种形式加以约束，普遍使用会员制形式来约束。

2. 信息服务平台的义务

信息服务平台开展信息服务具有的义务主要有以下几方面。

1）取得信息服务平台资质

信息服务平台开展信息服务必须符合我国的法律，遵循一定的规范，取得合法的资质。根据《出版管理条例》的规定，取得出版单位资质应当具备下列条件："（一）有出版单位的名称、章程；（二）有符合国务院出版行政部门认定的主办单位及其主管机关；（三）有确定的业务范围；（四）有 30 万元以上的注册资本和固定的工作场所；（五）有适应业务范围需要的组织机构和符合国家规定的资格条件的编辑出版专业人员；（六）法律、行政法规规定的其他条件。审批设立出版单位，除依照前款所列条件外，还应当符合国家关于出版单位总量、结构、布局的规划。"并且设立层级申请制度，"由其主办单位向所在地省、自治区、直辖市人民政府出版行政主管部门提出申请；省、自治区、直辖市人民政府出版行政主管部门审核同意后，报国务院出版行政主管部门审批"。而开展网络信息服务实行备案制，要求到工商管理部门登记备案。同时，对于医药、新闻等特殊类信息的信息服务采取许可制度，需要得到相应的部门的审批。

2）保证内容的原始性

信息服务平台对于信息发送者发布的信息必须保证信息的内容为原始内容，不能擅自修改其内容。《中华人民共和国著作权法》规定，只有经作者许可，图书出版者、报社、期刊社才能对内容作修改。《信息网络传播权保护条例》第五条规定：“未经权利人许可，任何组织或者个人不得进行下列行为：（一）故意删除或者改变通过信息网络向公众提供的作品、表演、录音录像制品的权利管理电子信息，但由于技术上的原因无法避免删除或者改变的除外；（二）通过信息网络向公众提供明知或者应知未经权利人许可被删除或者改变权利管理电子信息的作品、表演、录音录像制品。”

3）对信息内容的审查义务

信息服务平台对信息内容有审查义务以确保信息是符合国家规定的、健康的信息。《出版管理条例》要求出版单位实行编辑责任制度，保障出版物刊载的内容符合本条例的规定。

4）纠错义务

涉及信息侵权时，信息服务平台要根据受害者的要求，不再发布该侵权信息或删除该信息，并予以声明。信息服务平台履行纠错义务的前提是信息侵权受害者能够提供相应的证据证明侵权行为发生。《信息网络传播权保护条例》第十五条规定：“网络服务提供者接到权利人的通知书后，应当立即删除涉嫌侵权的作品、表演、录音录像制品，或者断开与涉嫌侵权的作品、表演、录音录像制品的链接，并同时将通知书转送提供作品、表演、录音录像制品的服务对象；服务对象网络地址不明、无法转送的，应当将通知书的内容同时在信息网络上公告。”《期刊出版管理规定》第二十六条规定：“期刊刊载的内容不真实、不公正，致使公民、法人或者其他组织的合法权益受到侵害的，期刊出版单位应当公开更正，消除影响，并依法承担其他民事责任。”“期刊刊载的内容不真实、不公正，致使公民、法人或者其他组织的合法权益受到侵害的，当事人有权要求期刊出版单位更正或者答辩，期刊出版单位应当在其最近出版的一期期刊上予以发表；拒绝发表的，当事人可以向人民法院提出诉讼。”

5）举证义务

对于涉及司法程序时，信息服务平台对于所涉及的信息双方有举证义务。《信息网络传播权保护条例》第二十五条规定：“网络服务提供者无正当理由拒绝提供或者拖延提供涉嫌侵权的服务对象的姓名（名称）、联系方式、网络地址等资料的，由著作权行政管理部门予以警告；情节严重的，没收主要用于提供网络服务的计算机等设备。”

11.4　信息采集中的法律纠纷

11.4.1　信息采集活动的侵权行为

信息采集活动的侵权行为主要包括以下六种。

1. 非法信息采集行为

非法信息采集行为是指不具备合法身份的信息采集者采取非法的手段采集信息的行为。非法手段主要是盗窃、利诱、胁迫或者其他不正当手段。《中华人民共和国反不正当竞争法》设定侵犯商业秘密罪，严厉打击采取非法手段获取商业秘密。《中华人民共和国测绘法》对于测绘资质审查和发放都交给国务院测绘行政主管部门和省、自治区、直辖市人民政府测绘行政主管部门。军队测绘主管部门负责军事测绘单位的测绘资质审查。《中华人民共和国测绘法》第二十九条规定："测绘单位不得超越资质等级许可的范围从事测绘活动，不得以其他测绘单位的名义从事测绘活动，不得允许其他单位以本单位的名义从事测绘活动。"

2. 非法利用行为

信息采集者可以采集信息以便学习、浏览、研究，但是不可以将采集的信息应用于损害权利人权利的其他目的。《中华人民共和国著作权法》规定，复制权、发行权、出租权、展览权、表演权、放映权、广播权、信息网络传播权、摄制权、改编权、翻译权、汇编权都属于著作权，由著作权人享有。因此未经著作权人许可通过复印、拓印、录音、录像、翻录、翻拍等方式将作品制作一份或者多份拿去发行、展览、表演、放映、广播或者放置在网络上的行为都属于非法利用行为。《互联网电子邮件服务管理办法》第十二条规定，"任何组织或者个人不得有下列行为：（一）未经授权利用他人的计算机系统发送互联网电子邮件；（二）将采用在线自动收集、字母或者数字任意组合等手段获得的他人的互联网电子邮件地址用于出售、共享、交换或者向通过上述方式获得的电子邮件地址发送互联网电子邮件。"

3. 保护不当行为

信息服务平台对于其采集到的信息具有保管义务，防止被非法利用。同时，合法的信息采集者也需要对其采集的信息采取措施，防止信息随意流出而被非法利用。故意泄漏或者疏忽大意导致涉及隐私的信息被传播、利用的就构成了保护不当行为。

4. 隐瞒信息行为

负有信息公开义务的公共机构或企业对应该公布的信息应及时予以公布。而故意隐瞒不予公布信息，就极大地损害了公众的知情权，造成了侵权行为。我国《互联网电子邮件服务管理办法》第十三条规定："任何组织或者个人不得有下列发送或者委托发送互联网电子邮件的行为：（一）故意隐匿或者伪造互联网电子邮件信封信息；（二）未经互联网电子邮件接收者明确同意，向其发送包含商业广告内容的互联网电子邮件；（三）发送包含商业广告内容的互联网电子邮件时，未在互联网电子邮件标题信息前部注明"广告"或者"AD"字样。"

5. 有害信息采集行为

我国的《出版管理条例》第二十七条规定："出版物的内容不真实或者不公正，致使公民、法人或者其他组织的合法权益受到侵害的，其出版单位应当公开更正，消除影响，并依法承担其他民事责任。报纸、期刊发表的作品内容不真实或者不公正，致使公民、法人或者其他组织的合法权益受到侵害的，当事人有权要求有关出版单位更正或者答辩，有关出版单位应当在其近期出版的报纸、期刊上予以发表；拒绝发表的，当事人可以向人民法院提起诉讼。”

6. 阻止、干扰信息采集活动的行为

对非法干扰、阻止和破坏出版物出版、印刷或者复制、进口、发行的行为，我国县级以上各级人民政府出版行政主管部门及其他有关部门，有权及时采取措施，予以制止。

11.4.2 侵权行为的法律责任

侵权行为的法律责任分为民事责任和刑事责任两种。

1. 民事责任

《中华人民共和国侵权责任法》定义的民事权益主要包括生命权、健康权、姓名权、名誉权、荣誉权、肖像权、隐私权、婚姻自主权、监护权、所有权、用益物权、担保物权、著作权、专利权、商标专用权、发现权、股权、继承权等人身、财产权益。该法并且规定“被侵权人有权请求侵权人承担侵权责任”。信息采集所涉及的法律管制很大部分是民事权益，活动的侵权行为造成的损害如果较为个别、情节不严重、影响范围不广的情况下，一般以侵权行为承担民事责任。

对于发生民事侵权行为，可以依据《中华人民共和国侵权责任法》第十五条，要求侵权责任方停止侵害、排除妨碍、消除危险、返还财产、恢复原状、赔偿损失、赔礼道歉、消除影响、恢复名誉。由于信息不同于其他标的物的特殊特性，信息采集活动中所涉及的民事责任主要是停止侵权行为、消除侵权影响并赔偿损失。我国《中华人民共和国民法通则》第一百一十八条规定：“公民、法人的著作权（版权）、专利权、商标专用权、发现权、发明权和其他科技成果权受到剽窃、篡改、假冒等侵害的，有权要求停止侵害，消除影响，赔偿损失。”第一百二十条规定：“公民的姓名权、肖像权、名誉权、荣誉权受到侵害的，有权要求停止侵害，恢复名誉，消除影响，赔礼道歉，并可以要求赔偿损失。法人的名称权、名誉权、荣誉权受到侵害的，适用前款规定。”我国《中华人民共和国反不正当竞争法》、《中华人民共和国著作权法》对于侵权行为也作了同样的规定。如果信息采集活动中发生了侵权行为，受害方可以依据以上法律寻求帮助。

对于网络信息采集活动中的侵权行为，《中华人民共和国侵权责任法》第三十六条有专门的规定，“网络用户、网络服务提供者利用网络侵害他人民事权益的，应当承担侵权责任。网络用户利用网络服务实施侵权行为的，被侵权人有权通知网络服务提供者采取删除、屏蔽、断开链接等必要措施。网络服务提供者接到通知后未及时采取必要措施的，对损害的扩大部分与该网络用户承担连带责任。网络服务提供者知道网络用户利用其网络服务侵害他人民事权益，未采取必要措施的，与该网络用户承担连带责任。”用户可以依此解决网络信息采集中的侵权行为。

属于民事责任的还有行政责任。

行政责任指行政法律关系主体由于违反行政法律规范，或不履行行政法律义务，损害行政法所保护的个人、组织的合法权益；或国家、社会公益依法应承担的行政法律后果。故又称为“行政法律责任”。信息采集活动所涉及的行政责任大多与公共信息采集相关。信息采集的行政责任一般以取消采集信息权利、行政处分、消除影响为主。

我国《中华人民共和国政府信息公开条例》第五十三条规定：“行政机关违反本条例的规定，有下列情形之一的，由上一级行政机关责令改正；情节严重的，对负有责任的领导人员和直接责任人员依法给予处分；构成犯罪的，依法追究刑事责任：（一）不依法履行政府信息公开职能；（二）不及时更新公开的政府信息内容、政府信息公开指南和政府信息公开目录；（三）违反本条例规定的其他情形。”

我国《中华人民共和国测绘法》第五十五条规定：“违反本法规定，未取得测绘资质证书，擅自从事测绘活动的，责令停止违法行为，没收违法所得和测绘成果，并处测绘约定报酬一倍以上二倍以下的罚款；情节严重的，没收测绘工具。以欺骗手段取得测绘资质证书从事测绘活动的，吊销测绘资质证书，没收违法所得和测绘成果，并处测绘约定报酬一倍以上二倍以下的罚款；情节严重的，没收测绘工具。”

2. 刑事责任

当信息采集活动严重影响到社会、国家、公民的利益，涉及面广、范围大、情节比较恶劣时，信息采集活动的侵权行为需要负刑事责任。特别是金融、证券、期货等经济单位，因为面向广大的用户群体，影响面大，容易出现非法信息采集活动。

根据2009年2月通过的《中华人民共和国刑法修正案（七）》，其中新设定的非法获取公民个人信息罪的规定：“国家机关或者金融、电信、交通、教育、医疗等单位的工作人员，违反国家规定，将本单位在履行职责或者提供服务过程中获得的公民个人信息，出售或者非法提供给他人，情节严重的，处三年以下有期徒刑或者拘役，并处或者单处罚金。窃取或者以其他方法非法获取上述信息，情节严重的，依照前款的规定处罚。”

《中华人民共和国刑法修正案（七）》对证券、期货、金融机构非法泄漏信息的刑事责任做了说明：“证券、期货交易内幕信息的知情人员或者非法获取证券、期货交易内幕信息的人员，在涉及证券的发行，证券、期货交易或者其他对证券、期货交易价格有重大影响的信息尚未公开前，买入或者卖出该证券，或者从事与该内幕信息有关的期货交易，或者泄露该信息，或者明示、暗示他人从事上述交易活动，情节严重的，处五年以下有期徒刑或者拘役，并处或者单处违法所得一倍以上五倍以下罚金；情节特别严重的，处五年以上十年以下有期徒刑，并处违法所得一倍以上五倍以下罚金。”

《中华人民共和国刑法修正案（七）》在第二百八十五条中增加了第二款、第三款来规范涉及计算机系统的信息侵权行为的刑事责任：“违反国家规定，侵入前款规定以外的计算机信息系统或者采用其他技术手段，获取该计算机信息系统中存储、处理或者传输的数据，或者对该计算机信息系统实施非法控制，情节严重的，处三年以下有期徒刑或者拘役，并处或者单处罚金；情节特别严重的，处三年以上七年以下有期徒刑，并处罚金。”“提供专门用于侵入、非法控制计算机信息系统的程序、工具，或者明知他人实施侵入、非法控制计算机信息系统的违法犯罪行为而为其提供程序、工具，情节严重的，依照前款的规定处罚。”其后，2015 年通过的《中华人民共和国刑法修正案（九）》在刑法第二百八十五条中再增加一款作为第四款：“单位犯前三款罪的，对单位判处罚金，并对其直接负责的主管人员和其他直接责任人员，依照各该款的规定处罚。”

对于国家机密，我国的《中华人民共和国保守国家秘密法》第三条明确规定：“国家秘密受法律保护。一切国家机关、武装力量、政党、社会团体、企业事业单位和公民都有保守国家秘密的义务。任何危害国家秘密安全的行为，都必须受到法律追究。”

对于商业秘密，我国《中华人民共和国刑法》第二百一十九条规定：“有下列侵犯商业秘密行为之一，给商业秘密的权利人造成重大损失的，处三年以下有期徒刑或者拘役，并处或者单处罚金；造成特别严重后果的，处三年以上七年以下有期徒刑，并处罚金：（一）以盗窃、利诱、胁迫或者其他不正当手段获取权利人的商业秘密的；（二）披露、使用或者允许他人使用以前项手段获取的权利人的商业秘密的；（三）违反约定或者违反权利人有关保守商业秘密的要求，披露、使用或者允许他人使用其所掌握的商业秘密的。明知或者应知前款所列行为，获取、使用或者披露他人的商业秘密的，以侵犯商业秘密论。”

2009 年 8 月 11 日，上海市检察机关以涉嫌侵犯商业秘密罪和非国家工作人员受贿罪，对澳大利亚某矿业公司上海办事处胡某等 4 人作出批准逮捕决定。

犯罪嫌疑人胡某原籍中国天津，现为澳大利亚籍，系该矿业公司上海办事处首席代表，另外 3 名犯罪嫌疑人刘某、葛某、王某为该矿业公司中方雇员。侦查机关经过深入侦查，初步查明胡某等 4 人涉嫌以不正当手段获取中国钢铁企业商业秘密的犯罪事实，触犯中国刑法第二百一十九条规定的侵犯商业秘密罪。同时，胡某等 4 人还涉嫌商业贿赂犯罪。于是提请检察机关批准逮捕。检察机关经审查认为，有证据证明胡士泰等 4 人涉嫌上述犯罪，依法对其作出批准逮捕的决定。

上海市第一中级人民法院于 2010 年 3 月 29 日下午对该案作出一审判决，认定胡某、王某、葛某、刘某 4 人犯非国家工作人员受贿罪、侵犯商业秘密罪，分别判处有期徒刑 14 年到 7 年不等。所有 4 名高管均犯有受贿和窃取商业机密罪。这是非法采集机密信息获罪的著名案例。

11.4.3　调解与仲裁

调解是指在有关组织、机关、机构、个人或法院的主持下，对当事人之间的纠纷进行裁决的活动。仲裁是指纠纷当事人在自愿的基础上达成协议，将纠纷提交非司法机构（仲裁委员会）的第三者审理，并作出对争议各方均有约束力的裁决的一种解决纠纷的制度和方式。信息采集活动涉及民事权益的可以申请调解和仲裁。但是调解往往只适用知识产权和隐私权类信息采集问题的解决。

《中华人民共和国著作权法》强调著作权纠纷可以调解，也可以根据当事人达成的书面仲裁协议或者著作权合同中的仲裁条款，向仲裁机构申请仲裁。当事人没有书面仲裁协议，也没有在著作权合同中订立仲裁条款的，可以直接向人民法院起诉。

参考文献

阿尔文·托夫勒，1996. 力量转移[M]. 刘炳章，译. 北京：新华出版社.

曾五一，黄炳艺，2005. 调查问卷的可信度和有效度分析[J]. 统计与信息论坛，（6）：13-17.

陈景年，2008. 选择性贝叶斯分类算法研究[D]. 北京：北京交通大学.

陈瑜芳，何克右，2009. 网络蜘蛛的设计与实现[J]. 现代计算机（专业版），（11）：141-144，148.

代根兴，周晓燕，1999. 信息资源概念研究[J]. 情报理论与实践，（6）：397-400.

戴维民，2009. 信息组织[M]. 北京：高等教育出版社.

丁国锋，非法获取公民个人信息罪成“空设”？[N]. 法制日报，2010-07-23（4）.

冯承柏，王崇德，1996.“信息资源”的研究[J]. 情报理论与实践，（6）：8-11.

符福恒，1995. 信息管理学[M]. 北京：国防工业出版社.

符福峘，1997. 信息资源学[M]. 北京：海洋出版社.

付光宇，2008. 国外网络信息资源采集研究及其启示[J]. 科技情报开发与经济，（31）：89-90，109.

高凯，郭力炜，许云峰，2010. 网络信息检索技术及搜索引擎系统开发[M]，北京：科学出版社.

胡昌平，等，1990. 信息社会学[M]. 南昌：江西科学技术出版社.

胡昌平，1995. 信息管理科学导论[M]. 北京：科学技术文献出版社.

胡昌平，2001. 信息管理科学导论（修订版）[M]. 北京：高等教育出版社.

黄晓斌，邱明辉，2005. 网络信息过滤方法的比较研究[J]. 大学图书馆学报，（1）：42-48.

康天增，1996. 神经网络的原理和应用[J]. 机电设备，（05）：32-36.

李保利，陈玉忠，俞士汶，2008. 信息抽取研究综述[J]. 计算机工程与应用，（10）：1-5，66.

李华伟，2004. 中外缴送制度的立法与实践及其对我国制定缴送法规的启示[J]. 国家图书馆学刊，（1）：47-51，89.

李华伟，中外缴送制度的立法与实践及其对我国制定缴送法规的启示[J]. 国家图书馆学刊，2004（1）：47-51，89.

刘玮，2005. 论网络调查及其优化措施[J]. 情报科学，23（2）：297-300.

刘兹恒，2008. 信息媒体及其采集[M]. 北京：北京大学出版社.

娄策群，2005. 信息管理学基础[M]. 2 版. 北京：科学出版社.

卢泰宏，1993. 国家信息政策[M]. 北京：科学技术文献出版社.

吕建新，李晋瑞，2009.“信息”的源流发展及内涵详考[J]. 图书情报工作，53（8）：47-49，141.

马保国，侯存军，王文丰，等. 2006. Web 数据挖掘技术及应用[J]. 计算机与数字工程，（6）：20-22.

马费成，等，2001. 信息资源管理[M]. 武汉：武汉大学出版社.

马费成，2009. 信息资源开发与管理[M]. 北京：电子工业出版社.

马景娣，2003. 查全率—查准率间存在顺变关系的数学证明[J]. 情报科学，（1）：27-29.

梅海燕，2002. 信息过滤问题的研究[J]. 现代图书情报技术，（2）：44-47.

孟广均，等. 2003. 信息资源管理导论[M]. 2 版. 北京：科学出版社.

亓莱滨，张亦辉，郑有增，等. 2003. 调查问卷的信度效度分析[J]. 当代教育科学，（22）：53-54.

邱均平，1997. 论信息资源与社会发展的关系[J]. 图书情报工作，（2）：10-15.

宋小卫，1994. 美国《情报自由法》的立法历程[J]. 新闻与传播研究，（2）：80-87.

谭荣波，梅晓仁，2007. SPSS 统计分析实用教程[M]. 北京：科学出版社.

万静，水利部公开最到位 20 部门期限内答复 3 部门拒绝公开实质信息被诉至法庭[N]. 法制日报，2011-09-15（006）.
王洵，1981. 查全率与查准率[J]. 情报科学，（3）：40-44.
乌家培，1996. 信息资源与信息经济学[J]. 经济学动态，（2）：8-11.
吴慰慈，董焱. 2008. 图书馆学概论[M]. 北京：国家图书馆出版社.
吴慰慈，等，1996. 从文献资源建设到信息资源建设[J]. 图书馆，（6）：4-7.
夏南强，2001. 类书通论[M]. 武汉：湖北人民出版社.
徐中华，2008. Web 信息抽取方法概述[J]. 经营管理者，（9）：169-170.
严怡民，1994. 情报学概论（修订版）[M]. 武汉：武汉大学出版社.
颜端武，王曰芬，2010. 信息获取与用户服务[M]. 北京：科学出版社.
员立亭，杨玉麟，2007. 公共信息开放与服务若干问题探讨[J]. 图书馆工作，（3）：35-38.
岳剑波，1999. 信息管理基础[M]. 北京：清华大学出版社.
张涤华，1984. 历代文学总集说略[J]. 安徽教育学院学报（社会科学版），（1）：79-86.
张帆，2003. 信息存储与检索[M]. 北京：高等教育出版社.
张海燕，2009. 浅谈科技查新管理[J]. 中国科技信息，（21）：184，186.
张虎，田茂峰，2007. 信度分析在调查问卷设计中的应用[J]. 统计与决策，（21）：25-27.
章新华，1997. 遗传算法及其应用[J]. 火力与指挥控制，（4）：49-53.
HAN J，KAMBER M，2007. 数据挖掘概念与技术[M]. 范明，孟小峰，译. 北京：机械工业出版社.
LEVITAN K B，1982. Information Resources as “Goods” in the Life Cycle of Information Production[J]. Journal of the American Society for Information Science，33（1）：44-54.